Selbstverpflichtung zum nachhaltigen Publizieren

Nicht nur publizistisch, sondern auch als Unternehmen setzt sich der oekom verlag konsequent für Nachhaltigkeit ein. Bei Ausstattung und Produktion der Publikationen orientieren wir uns an höchsten ökologischen Kriterien.

Dieses Buch wurde auf 100 % Recyclingpapier, zertifiziert mit dem FSC®-Siegel und dem Blauen Engel (RAL-UZ 14), gedruckt. Auch für den Karton des Umschlags wurde ein Papier, das FSC®-ausgezeichnet ist, gewählt. Alle durch diese Publikation verursachten CO2-Emissionen werden durch Investitionen in ein Gold-Standard Projekt kompensiert. Die Mehrkosten hierfür trägt der Verlag. Mehr Informationen finden Sie unter: www.oekom.de/nachhaltiger-verlag

Bibliografische Information der Deutschen Nationalbibliothek:
Die Deutsche Nationalbibliothek verzeichnet diese Publikation in der Deutschen Nationalbibliografie; detaillierte bibliografische Daten sind im Internet über http://dnb.d-nb.de abrufbar.

© 2020 oekom verlag München
Gesellschaft für ökologische Kommunikation mbH
Waltherstraße 29, 80337 München

Satz und Lektorat: Matthias Jung
Korrektur: Maike Specht
Umschlaggestaltung: Mirjam Höschl, oekom
Umschlaggrafiken: MSNTY/Shutterstock.com
Druck: CPI books GmbH, Leck

ISBN 978-3-96238-258-2

Matthias Jung

Unverbundenes verbinden

Dialog und Spiritualität
in der sozial-ökonomischen Transformation

Inhaltsverzeichnis

Aufbrechen

>»Die christliche Spiritualität regt zu einem Wachstum mit
Mäßigkeit an und zu einer Fähigkeit, mit dem Wenigen froh
zu sein. Es ist eine Rückkehr zu der Einfachheit, die uns erlaubt innezuhalten, um das Kleine zu würdigen, dankbar zu
sein für die Möglichkeiten, die das Leben bietet, ohne uns
an das zu hängen, was wir haben, noch uns über das zu
grämen, was wir nicht haben.«[1]

Irgendwann am Ende des Winters 2020 wird mir bewusst: Alles wird anders. Schleichend sickert das Corona-Virus in meinen Kopf ein. Noch
Ende Februar beschäftigt mich auf einer Dienstreise nach Ettlingen zur
Konferenz des Forums Agile Verwaltung die Frage, ob ich abends angesichts eines angekündigten Sturms mit der Bahn noch nach Hause komme.
Zwei Wochen später reisen einige aus Angst vor Ansteckung nicht mehr zu
einer Tagung in Cloppenburg an. Am Wochenende danach besuchen uns
noch zwei unserer Kinder und wir sind froh, als sie abends problemlos
zurückfahren können. Einen Tag später, am Montag, dem 16. März, beginnt unser Haus kirchlicher Dienste in Absprache mit dem Landeskirchenamt alle Mitarbeitenden möglichst sofort ins Home-Office zu schicken. Ich gehe über den Gang und spreche mit meinem Team über die
Anordnung. Mir sind die Gefühle noch sehr präsent, eine Mischung aus
Erleichterung vor allem bei denen, die Tag für Tag nach Hannover pendeln,
und sprachloser Überraschung angesichts dessen, was da plötzlich passiert.
Unser Haus, das stolz auf seine Kommunikationskultur ist und daher Home-Office eher zurückhaltend gegenübersteht, macht alles dicht. Eine
Woche später beginnt der deutschlandweite Lockdown.

Als das Corona-Virus zuschlägt, hatte ich bereits ein Dreivierteljahr lang
für dieses Buch Recherchen betrieben und mit Menschen gesprochen. Eine
grobe Skizze existierte. Mit einem Mal fühlt sich alles falsch an. Macht es
überhaupt Sinn, weiter daran zu arbeiten? An einem Freitagnachmittag
während der Ausgangsbeschränkungen schleiche ich mich in die Dienststelle und breite in einem der verwaisten Sitzungsräume alles aus, was ich
bis dahin geschrieben und notiert hatte. Am Ende war mir klar: Es passt

zusammen. Vieles, was ich schon angedacht hatte, bekommt zwar durch die Pandemie eine neue Bewertung, aber es gibt auch etliche Aspekte in der Herausforderung einer sozial-ökonomischen Transformation im Horizont dessen, was man »Klimakrise« nannte, die durch Corona verstärkt wurden. Bestimmte Aspekte treten deutlicher hervor, andere verlieren an Relevanz.

Ich hatte vor, in einer biografisch gefärbten Weise meine Erfahrungen als Pfarrer im Kirchlichen Dienst in der Arbeitswelt (KDA) zu reflektieren. Wie bin ich zu dem geworden, der ich bin? Was bedeutet New Work für Arbeitswelt und Wirtschaft, vor allem auch angesichts der anstehenden sozial-ökonomischen Transformation? Wie verändert die Klimakrise Wahrnehmungen und Perspektiven? Was hat es mit den wunderbaren Erfahrungen des Dialogs auf sich? Welche Rolle spielen Narrative, und wie hängen diese mit der Großen Erzählung zusammen? Wie verbindet sich meine persönliche Begeisterung fürs Erzählen, fürs Träumen, fürs Schreiben mit diesen Fragen? Und was bedeutet das alles für mich *persönlich*, theologisch, geistlich, spirituell? Welche Texte und Motive aus der biblischen wie christlichen Tradition rühren etwas in mir an? Wie komme ich in einen Dialog mit dieser Tradition, mit »Gott«, aus dem heraus Narrative entstehen? Und wie sehen die Gegen-Geschichten aus, die immanent zugleich sichtbar werden und benannt werden müssen? Mein Ziel lautete, miteinander zu verbinden, was in mir bisher unverbunden nebeneinander existiert.

Unverbundenes verbinden.

Der Titel geht auf Bine Adamczak zurück: »Die Revolution schafft nicht aus dem Nichts, sie verknüpft bisher Unverbundenes in neuer Weise.«[2]

Dies verbindet sich für mich mit einem Bild von Hannah Arendt, die davon spricht, dass all unser Tun nicht mehr, aber auch nicht weniger ist als Fäden in Gewebe schlagen, die andere vor uns gewebt haben.[3] Das gilt auch für ein Buch, einen längeren Text. Text kommt von bekanntlich von textere und meint weben oder flechten. Um einen Stoff am Ende weben zu können, braucht es zunächst Fäden, dann das Garn und schließlich die Idee und den Entwurf eines Musters. Diese drei Schritte entsprechen den drei Kapiteln dieses Buchs, sie markieren grob die zeitliche Abfolge meines Schreibprozesses und machen zugleich die innere unauflösliche Verbundenheit des Gedankengangs deutlich, entwickelt in vielen Gesprächen und Begegnungen.

»Meine Fäden finden« lenkt den Blick zunächst auf die Vergangenheit. Wo komme ich her, was hat mich geprägt, mit wem fühle ich mich verbunden, welche Geschichten aus meinem Erleben erzähle ich immer wieder und warum, welche beschäftigen mich gerade in dieser Zeit? Ich versuche, Fäden aufzuspüren, zentrale Fragestellungen zu identifizieren und Schlüsselerfahrungen zu beschreiben.

»Neues Garn spinnen« richtet den Blick auf die Gegenwart. Nun geht es darum, aus meinen Fäden und Fäden anderer ein Garn zu spinnen, das geeignet ist, später in Muster eingewoben zu werden. Dazu beschreibe ich Begegnungen aus diesem Jahr, analoge, digitale und literarische Begegnungen.

»An Mustern mitweben« schaut nach vorn in die Zukunft. Ich versuche für mich zu verbinden, was ich als unverbunden wahrgenommen und empfunden habe. Ich erzähle davon, wie und wo ich es erlebt habe, dass sich Unverbundenes verbindet. In der Hoffnung, andere anzuregen, für sich selbst ebenfalls Unverbundenes zu verbinden. Damit Neues geschieht.

Meine Fäden finden

> »Wir müssen die Geschichten, in denen sich längst solidarisches Handeln zeigt und noch mehr Begehren sichtbar wird, öfter als bisher verknüpfen.«[4]

Ein Unternehmersohn wird KDA-Pastor

»Pfarrer? Brauche mer net!« So lautete spontan die Antwort eines Großonkels, als er erfuhr, dass ich evangelische Theologie studieren wollte.

Ich entstamme einer Unternehmerfamilie. Seit 1855, so steht es in der Chronik, betrieb meine Familie zunächst Kohle-, später Holzhandel. Als ich 1961 geboren wurde, gehörte unserer Großfamilie die größte Holzgroßhandelsgesellschaft in Mittelhessen mit mehreren Standorten. Mein Vater hatte den Betrieb in Wetzlar schon als junger Mann übernehmen müssen, da mein Großvater früh verstarb. Von Geburt an schwerhörig, hat mein Vater zeitlebens darunter gelitten, nicht studieren zu können. »Ihr sollt es einmal besser haben!« – diesen Satz habe ich oft von meinen Eltern gehört, und er bezog sich insbesondere auf eine gute Schulbildung und einen Hochschulabschluss. Eric Berne vertritt die These, dass Menschen von ihren Eltern ein Skript mitbekommen, eine Lebensaufgabe, die es abzuarbeiten gilt. Mein Skript lautete: »Studiere, was auch immer, danach kannst du machen, was du willst!« Ich habe beides seinerzeit ernst genommen, ein Studium schien mir selbstverständlich, aber auf Holzwirtschaft oder Jura, die beiden Favoriten meiner Eltern, hatte ich keine Lust. Was aber dann?

Die Entscheidung für Theologie reifte in der evangelischen Jugendarbeit meiner Kirchengemeinde, in der ich mich nach meiner Konfirmation engagierte. Das Pfarramt interessierte mich zunächst nicht. Ich träumte eher von einer wissenschaftlichen Karriere, weil ich die intensiven Diskussionen über Bibel, Kirche, Gott und Glaube in meinem Umfeld schätzte. Ich wollte den Dingen auf den Grund gehen, hinterfragen, reflektieren und in meiner jugendlichen Naivität Glaube und Denken versöhnen.

Im Studium waren es zwei Lehrer, die mich prägten: der Systematiker Wilfried Härle und der Sozialethiker Wolfgang Huber, später Bischof in Berlin und Ratsvorsitzender der EKD. An Wilfried Härle faszinierte mich die Grundhaltung, ehrlich theologisch zu denken und die eigene Person nicht auszuklammern. Wolfgang Huber war damals junger Professor in Marburg und vermittelte uns die Grundlagen sozialethischer Denkweise in enger Anbindung an die Theologie des Pfarrers und Widerstandskämpfers Dietrich Bonhoeffer und an die Barmer Theologische Erklärung. Es war die Zeit der Friedensbewegung, die ihren Höhepunkt in den beiden Demonstrationen im Hofgarten in Bonn fand. Wolfgang Huber brachte uns Studierenden bei, dass es nicht ausreicht sich mit Gesinnung und gutem Willen für Frieden und Abrüstung einzusetzen. Einfach nur Plakate hochhalten, auf denen steht: Christus ist unser Friede, das war für ihn eine fahrlässige Verkürzung. Fahrlässig aus zweierlei Sicht: Zum einen hielt er es für unabdingbar, dass sich Christ*innen tief in die jeweiligen Sachfragen einarbeiten, um kompetent und sachgerecht zu ethischen Urteilen zu kommen. Zum anderen schulden wir als christliche Kirche der Welt die inhaltlich reflektierte Botschaft. Um es verkürzt und plakativ zu sagen: Gesinnungsethik ist zu kurz gesprungen, es bedarf einer Verantwortungsethik, die aber die Gesinnung mit reflektiert. Dieses Muster theologischen Denkens prägt mich bis heute, ich ergänze noch, was Wolfgang Huber damals nicht wörtlich formulierte im Hörsaal, aber auf der Linie seiner Argumentation liegt: Die ethische Rede von Kirche muss so formuliert sein, dass sie im Grundsatz von allen verstanden werden kann. Positionierungen in der »Sprache Kanaans«, die, wie wir heute sagen, nur in der eigenen Filterblase verstanden wird, sind ein Verrat an unserer Botschaft, die sich an »alle Welt« richtet.

An alle Welt, aber dabei immer mit der »Option für die Armen« oder dem »Blick von unten«, das schärfte Wolfgang Huber uns auch immer wieder ein. Der Blick von unten geht auf eine Formulierung von Dietrich Bonhoeffer zurück:

»Es bleibt ein Erlebnis von unvergleichlichem Wert, daß wir die großen Ereignisse der Weltgeschichte einmal von unten, aus der Perspektive der Ausgeschalteten, Beargwöhnten, Schlechtbehandelten, Machtlosen, Unterdrückten und Verhöhnten, kurz der Leidenden sehen gelernt haben.

Wenn nur in dieser Zeit nicht Bitterkeit oder Neid das Herz zerfressen hat, daß wir Großes und Kleines, Glück und Unglück, Stärke und Schwäche mit neuen Augen ansehen, daß unser Blick für Größe, Menschlichkeit, Recht und Barmherzigkeit klarer, freier, unbestechlicher geworden ist, ja, daß das persönliche Leiden ein tauglicherer Schlüssel, ein fruchtbareres Prinzip zur betrachtenden und tätigen Erschließung der Welt ist als persönliches Glück.«[5]

Im Jahr 1990 fand ich mich am Niederrhein als Gemeindepastor in der Evangelischen Kirchengemeinde Götterswickerhamm in Voerde wieder. Neben der Tätigkeit in der Gemeinde wurde von uns Pastor*innen erwartet, dass wir auch auf regionaler Ebene Aufgaben übernehmen. Im Kirchenkreis Dinslaken waren gerade zwei Positionen unbesetzt: Sekten und Weltanschauungen oder Kirchlicher Dienst in der Arbeitswelt (KDA).

Ich habe beim KDA sofort die Hand gehoben. Nicht nur, weil ich überhaupt keine Lust verspürte, mich mit dem Thema Sekten zu beschäftigen. Ich fand auch, KDA, das passt zu mir als Unternehmersohn, der von Wolfgang Huber die Leidenschaft für die Sozialethik gelernt hat. Die Beauftragung beinhaltete die Zusammenarbeit mit Jürgen Widera und Hans-Peter Lauer, zwei hauptamtlichen Pfarrern im KDA in der Region. Inhaltlich ging es vor allem um die Frage, wie der anstehende und sich bereits vollziehende Strukturwandel bei Kohle und Stahl sozial verträglich gestaltet werden kann. Ich spürte damals sofort, dass mir diese Aufgabe lag, weil sie mich in mehrfacher Hinsicht als Grenzgänger definiert: als Grenzgänger zwischen den beiden weitgehend unverbundenen Lebensbereichen Kirche und Arbeitswelt und als Grenzgänger zwischen den Belangen von Arbeitgebervertreter*innen und Arbeiter*innen. Ich erinnere mich daran, dass ich bereits in der Schule dazwischenging, wenn in links orientierten Zirkeln Schüler (es waren praktisch nur männliche Jugendliche) auf den »bösen« Unternehmern und Kapitalistenschweinen herumhackten und dabei nur Männer vor Augen hatten. Schon damals wählte ich aus dem Bauch heraus die Form der Geschichte und erzählte meinen Mitschülern von den Belastungen, die ich in der Tätigkeit meines Vaters beobachte: die Insolvenzen von Schreinereien, die große Lücken in die Einnahmen der Holzhandlung riss. Der Frust, wenn sich wieder einmal montags einer seiner Fahrer mit einem auf dem Fußballplatz zugezogenen Kreuzbandriss für Monate abmeldete. Und ich wusste genau: Wenn mein Vater nachmittags wortlos nach Hause kam, sich meine Mutter schnappte und sie erst mal spazieren gingen, dann war irgendetwas passiert, das mein Vater buchstäblich mit nach Hause brachte. Das Unternehmerdasein ist keineswegs immer nur ein Zuckerschlecken, so lautete die Botschaft, die ich schon als Zehntklässler vermittelte.

Zwischen den Stühlen sitzen, zwischen Welten hin und her wandern, diese Erfahrung faszinierte mich an meinen Tätigkeiten in der Gemeinde und im KDA. Morgens Gespräch auf der Zeche mit dem Ziel, junge Menschen in Ausbildung zu bekommen oder Chancen für Langzeitarbeitslose auszuloten, nachmittags Konfirmandenunterricht und Taufbesuch, abends vielleicht ein Planungstreffen zu einem Vortrag oder Workshop. Auf der einen Seite in der Gemeinde ganz dabei zu sein und zugleich zu wissen, es gibt noch ganz andere Welten. Der Platz zwischen den Stühlen ist der Platz, an dem ich mich am wohlsten fühle. Mein Verständnis pastoraler Arbeit ist von dieser Haltung geprägt, die allerdings nicht gleichbedeutend ist mit Uneindeutigkeit. Auch zwischen den Stühlen gilt es Positionen zu beziehen, ich muss wissen, wo ich inhaltlich stehe, allerdings immer verbunden mit der Bereitschaft, allen Seiten zuzuhören, die eigene Position zu reflektieren und auch begründet zu verändern.

Wenn ich an diese Jahre im Rheinland zurückdenke, sind es vor allem zwei Geschichten, die ich immer wieder erzähle.

Man kann über den Strukturwandel an Rhein und Ruhr vieles sagen, aufs Ganze gesehen, ist eines vermieden worden, was Anfang der Neunzigerjahre noch als Horrorszenario lebendig war: der Absturz einer ganzen Industrieregion ins Bodenlose. Kein Bergmann soll ins Bergfreie fallen, diese Losung gab die Gewerkschaft aus, und die Arbeitgeber bei Kohle und Stahl, die trotz ihrer Größe mental und kulturell eher als Familienunternehmen durchgingen, teilten diese Losung. Strukturwandel braucht Zeit, Solidarität und Hoffnung, so lautete der Grundsatz, der in der Zivilgesellschaft von nahezu allen geteilt wurde. Natürlich, es gibt bis heute Stadtteile in den Ruhrgebietsstädten, die sich von diesem Wandel nicht erholt haben, und die meisten Städte in der Region stehen immer noch unter Haushaltssicherung, aber der totale Absturz der Reviere an Rhein und Ruhr wurde in einer gemeinsamen Kraftanstrengung vermieden. Die Akteure waren miteinander im Gespräch, und auch von der Kirche wurde erwartet, dass sie einen Beitrag leistet. Daraus zog ich für mich eine Konsequenz, als ich aufgefordert wurde, zusammen mit dem KDA eine Kreissynode zum Strukturwandel vorzubereiten.

»Das mache ich gerne«, sagte ich, »aber unter einer Bedingung: Am Ende darf nicht nur eine Erklärung stehen, womit wir als Kirche anderen sagen, was sie jetzt tun oder lassen sollten. Ich möchte, dass am Ende der Synode ein konkreter Beschluss steht, mit dem wir uns als Kirchenkreis Dinslaken zu etwas verpflichten. Reden allein ist mir zu wenig.«

Ein wenig erstaunt und positiv überrascht war ich am Ende schon, als die Synode die Gründung eines Projekts zur Vermittlung schwer vermittelbarer Langzeitarbeitsloser beschloss.

Bis heute begegnen mir immer wieder Menschen in Führungsetagen, die ihre Erfahrungen damals im Ruhrpott gemacht haben. Oft werden sie von Unternehmen engagiert, die in notwendigen Umstrukturierungsprozessen bewusst möglichst sozial verträglich mit der eigenen Belegschaft umgehen wollen. Sie sind wie ich von dieser Erfahrung geprägt, die sich in meine Haltung eingebrannt hat: Es lohnt, Zeit zu investieren, sich Solidarität auf die Fahne zu schreiben und so in Veränderungsprozessen Hoffnung zu machen. Dazu, davon bin ich zutiefst überzeugt, braucht es Menschen, die bereit und in der Lage sind, dazwischenzugehen, zu moderieren und zu verbinden, was auf den ersten Blick unverbunden aussieht, kurz, es braucht Grenzgänger*innen.

Eine zweite Erfahrung.

Wenn man so will, fand die letzte große Auseinandersetzung um den Steinkohlebergbau in Deutschland auf dem Gelände meiner eigenen Kirchengemeinde statt. Gab es in den Neunzigerjahren noch das Band der Solidarität durchs Ruhrgebiet und 1996 an Heilig Abend einen Gottesdienst tausend Meter unter Tage auf der Zeche Dinslaken-Lohberg, zu dem auch der damalige Wirtschaftsminister Wolfgang Clement mit uns einfuhr, sah es wenige Jahre völlig anders aus. Das Genehmigungsverfahren um den Rahmenbetriebsplan für die Zeche Duisburg-Walsum spaltete 2001 die Bevölkerung. Die einen fürchteten um ihre Arbeitsplätze und die Zukunft ihrer Familien, die anderen fürchteten nicht nur massive Schäden durch Bergsenkungen an ihren Häusern, sie hatten auch große Angst vor dem angedachten Kohleabbau unter dem Rhein und all dem, was damit einherging. Meterhohe Spundwände, Sorge vor Hochwasser. Oder was passiert, wenn die Ewigkeitspumpen eines Tages nicht mehr pumpen und besiedelte Landschaften absaufen? In dieser aufgewühlten Zeit, in der es zeitweise so aussah, als würden Bergbaubefürworter*innen und Bergbaugegner*innen nicht nur gegenseitig Plakate zerstören, haben Jürgen Widera und ich die Erfahrung gemacht, welche Rolle Kirche spielen kann, wenn ihr Vertrauen entgegengebracht wird. Hinter verschlossenen Türen fand ein von uns moderiertes Gespräch der Wortführer*innen beider Seiten statt, das zumindest dazu führte, dass die Emotionen heruntergekühlt wurden und Gewalt vermieden wurde. Am Ausgang des Konflikts änderte das Gespräch freilich nichts. Das Ende des Steinkohlebergbaus wurde beschlossen. Es dauerte noch siebzehn Jahre, bis Ende 2018 die letzte Zeche in Ibbenbüren schloss.

Als KDA stellten wir uns in den ersten Jahren nach der Jahrtausendwende die Frage: Wenn der Strom künftig nicht mehr aus der Kohle kommt, wie kann dann ein nationaler Sockel der Energieversorgung aussehen? Das führte zu einer für mich in doppelter Hinsicht erschreckenden Erkenntnis.

Zunächst hatten wir, dreißig Jahre nach den »Grenzen des Wachstums«, in all diesen Diskussionen Umweltschutz, Erderwärmung oder erneuerbare Energien in unseren eigenen sozialethischen (!) und theologischen (!) Argumentationsmustern überhaupt nicht in Betracht gezogen. Wir hatten uns einseitig das Narrativ der Kohleindustrie und des politischen Konsenses in der Bundesrepublik zu eigen gemacht: Hauptsache, der Strom fließt. Kohlestrom hielten wir für sinnvoller als Atomstrom. Und wir argumentierten mit unmenschlichen Arbeitsbedingungen von Kumpeln in China und anderswo im Unterschied zu unseren Hightech-Zechen.

Erst jetzt begann ich, begannen wir zu fragen: Wo könnte der Strom denn noch herkommen? Wie könnte ein nationaler Energiesockel ohne Steinkohle aussehen? Zu meiner Bestürzung und Beschämung stellte ich fest, dass es in Voerde, meiner eigenen Stadt, ein Unternehmen namens Winergy gab, schon damals Weltmarktführer in der Herstellung von Getrieben für Windkraftturbinen. Hundertfach bin ich dort vorbeigefahren, ohne zu ahnen, was sich hinter den Fabrikmauern verbarg.

Seither hat das Grenzgänger-Dasein für mich eine weitere Komponente erhalten. Ich muss mich auch mit den mir fremden, eher unbekannten, unvertrauten und manchmal emotional unangenehmen Positionen befassen, um die Gefahr zu verkleinern, von blinden Flecken gesteuert zu werden.

Mit Frithjof Bergmann über die Alpen

Juni 2007, die Schneeschmelze ist vorangeschritten, die Alpenpässe sind wieder frei. Ich bin mit meinem Rad in der Schweiz unterwegs. Seit Jahren strampele ich schweißüberströmt Passstraßen in den Alpen hinauf und genieße hinten herunter auf den schnellen Abfahrten den Fahrtwind, der mir um die Beine streicht. Diesmal geht es von Andermatt ins Engadin, von dort aus über das Vinschgau und Meran hinüber bis nach Brixen. Im Gepäck steckt ein Buch, das ich abends lese. Weil ich darin so viel unterstreiche und an den Rand schreibe, kaufe ich später zu Hause das Buch noch einmal, gebe es meiner Frau Christine und sage: »Lies mal, es könnte unser Leben verändern.« Es klingt wie in einer Seifenoper, aber es hat sich wirklich so zugetragen. Frithjof Bergmanns Buch »Neue Arbeit, neue Kultur« hat unser Leben nachhaltig beeinflusst.

Wenige Tage zuvor hatten wir erstmals vom »Urvater« von New Work gehört. Auf dem Kirchentag in Köln saß er auf einem Podium. Eigentlich wollten Christine und ich dort Franz Müntefering hören. Doch Frithjof Bergmann war viel interessanter. Er sprach über Arbeit und Ökonomie in einer für uns völlig ungewohnten Weise. Unser Eindruck war, hier öffnet sich ein Spalt zu einer anderen Welt, zu einer anderen Sicht auf unser aller Arbeit.

Zurück aus Köln, recherchierten wir und stießen auf das bereits genannte Buch. Ich kaufte es, packte es in die Radtaschen und fing an, im Zug darin zu lesen. Ich habe die Bilder dieser Tage noch intensiv vor Augen: In Flims, Sils Maria und Meran saß ich nach meinen Touren in der Sonne und las, auf den langen Anstiegen dachte ich über die Thesen nach, solange mir die Anstrengung dazu Luft ließ. Ich kam mit einer gespannten Erwartung zurück an den Niederrhein, ins Gemeindepfarramt und zu meiner Tätigkeit im KDA: Sieht die Welt verändert aus, und wenn ja, wie?

Das hat viel mit der visionären Kraft des Ansatzes zu tun, mit den eindrücklichen Bildern, die Frithjof Bergmann verwendet. Er vergleicht den entfesselten und entfremdenden Lohnkapitalismus mit einem Zug, der dem Abgrund entgegenrast. Alle sehen die Landschaft draußen vorbeirasen, aber niemand findet die Bremse. Er spricht von der (Erwerbs-) Arbeit als einer milden Krankheit, die montags beginnt und – Gott sei Dank! – am Freitag schon wieder vorüber ist. Er beschreibt die Armut der Begierde, die Menschen nicht mehr fühlen lässt, was sie begehren im Blick auf ihre Arbeit, ihre Begabungen, Wünsche, Fähigkeiten und Interessen. In einem Satz zusammengefasst, Frithjof Bergmann ist der Meinung, dass es kaum etwas anderes gibt, das Menschen glücklicher und zufriedener macht, als eine Arbeit, die sie »wirklich, wirklich wollen«. Dieser Gedanke wird von vielen schmunzelnd als das Mantra der Neuen Arbeit bezeichnet.

Christine fand das genauso spannend wie ich, und so haben wir Kontakt zum Netzwerk von NANK (Neue Arbeit, neue Kultur) gesucht. Im Winter 2008 fuhren wir nach Potsdam, um Rosalind Honig zu treffen. Rosalind organisierte ein jährliches Treffen unter der Überschrift: »Offene Mentor/innen Akademie der Neuen Arbeit«. Christine hat seither in jedem Jahr teilgenommen, ich etliche Male. Dort und bei anderen Veranstaltungen haben wir Frithjof Bergmann auch persönlich kennengelernt. Das waren eindrucksvolle Begegnungen, Frithjof ist ein begnadeter Redner, der seine Vision im Gespräch oder Vortrag wunderbar formulieren kann. Höhepunkt für uns waren mehrere Tage, in denen er im Umfeld eines Vortrags bei uns im Pfarrhaus wohnte und wir ihn und seine charismatische Kraft hautnah erleben konnten.

In der Begegnung mit ihm habe ich mir diese Frage auch gestellt: Was wäre denn für mich eine Arbeit, die ich wirklich, wirklich will? Die Antwort fand ich schnell, ich schreibe nicht nur gerne, sondern mich zieht auch die Arbeit an längeren Texten magisch an. Mir stand wieder vor Augen, dass ich als junger Theologiestudent davon geträumt hatte, zu promovieren und eine wissenschaftliche Karriere anzustreben. Einmal ein Buch schreiben, das wollte ich schon lange. Aber wie und worüber? Ein Jahr nach der Begegnung mit Frithjof habe ich bei Traugott Jähnichen in Bochum an der Ruhruniversität mit meiner Dissertation[6] begonnen und sie berufsbegleitend durchgezogen. In diesen Jahren wurde mir bewusst, wie antreibend eine tiefe innere Motivation sein kann. Sie kostet Kraft und sie gibt Kraft.

Die Begegnung mit Frithjof und sein Verständnis von New Work haben meine Tätigkeit im KDA stark beeinflusst. Von daher beobachte ich aufmerksam, dass in den letzten Jahren der Begriff New Work zu einem Un-Wort geworden ist, unter dem mittlerweile alles und nichts verstanden wird. Gleichzeitig wird verstärkt gefragt: Wer hat den Begriff eigentlich zuerst verwendet? Dabei stoßen Menschen vermehrt auf Frithjof. Diese Rückbindung ist gut und wichtig, aber ich bin mir mit Mitstreiter*innen wie Markus Väth, Hendrik Epe, Nina Kaienburg, Christine und anderen darin einig: Wir müssen seinen Ansatz kritisch lesen, auf aktuelle Entwicklungen beziehen und das Konzept weiterdenken. Was bedeutet New Work im Sinne Frithjofs heute, in einer Zeit, in der die Krise des neoliberalen oder neoklassischen Kapitalismus allgegenwärtig ist? Menschen wollen arbeiten, sich einbringen, sinnvoller und sinnstiftender (Erwerbs-) Arbeit nachgehen, doch wie kann das konkret aussehen? Diese Frage wird immer drängender gestellt in einer Zeit, die von zunehmender Verunsicherung über die Zukunft geprägt ist. Die Corona-Krise intensiviert alle diese Fragen, Ängste, Hoffnungen noch einmal, die Frage von Frithjof ist nach wie vor aktuell: Was ist für mich eine Arbeit, die ich wirklich, wirklich will?

Die Zukunft kommt ins Spiel

8. Juni 2012. Ich verfolge im Berliner Congress Center den Vortrag von Richard Wilkinson über »Ungleichheit als gesellschaftliches und soziales Problem«. Es war eher Zufall, dass sich mir die Möglichkeit eröffnete, am Transformationskongress teilzunehmen, zu dem DGB, der deutsche Naturschutzring und Einrichtungen der evangelischen Kirche gemeinsam eingeladen hatten. Da sich eine Fahrt in die Hauptstadt gut mit meinem direkt anschließenden Urlaub verbinden ließ, vertrat ich die rheinische Kirche auf dem Kongress. In der Rückschau eine glückliche Fügung, es wurde eine Schlüsselerfahrung in meinem Leben.

Während der beiden Tage beeindruckt mich zuallererst das Ringen um eine gemeinsame Sprache. Bewusst wurden in der Vorbereitung alle Themen ausgeklammert, in denen die drei großen gesellschaftlichen Verbände kontroverse Auffassungen vertreten. Ziel war es, sich darüber zu verständigen, worin man sich einig ist. Man wollte ausloten, wo sich Koalitionen und gemeinsame Pfade eröffnen. Vor allem in den Workshops trat allerdings zutage, dass wir zunächst einiges an Arbeit zu leisten hatten, um uns überhaupt zu verstehen. Heute würde man sagen: Wir waren alle sprachlich in unseren eigenen Filterblasen unterwegs. Wir konnten uns zwar auf allgemeine unverbindliche Aussagen einigen, aber wenn es in die Tiefe ging, dann musste viel Übersetzungsarbeit geleistet werden: Was verstehe ich, was verstehst du unter Nachhaltigkeit oder Transformation? Das dauerte, sodass kaum Zeit blieb für die eigentliche Frage: Wo wollen wir gemeinsam hin?

Der Impuls, der vieles in meinem Denken und Arbeiten veränderte, kam auf einer Auswertungstagung zum Kongress im Kirchenamt der EKD in Hannover. Da ich die rheinische Kirche in Berlin vertreten hatte, war das Landeskirchenamt der Meinung, nun sollte ich auch nach Hannover fahren. Neben dem Austausch im Plenum gab es kleinere Runden. Ich ging in eine Arbeitsgruppe mit dem ambitionierten Titel »Theologisch-spirituelle Implikationen des Transformationsgedankens im Rahmen der Lutherdekade«. Gerd Wegner, der Direktor des Sozialwissenschaftlichen Instituts der EKD, leitete die Gruppe. Dort tauschten wir uns noch mal über unsere Eindrücke vom Kongress aus und waren uns einig: In Berlin bestand ein breiter Konsens in der Analyse, es wurden aber kaum Linien erkennbar, wo sich konkrete Pfade in die Zukunft öffnen. Ich stellte dann in der Runde die Frage, was wir denn aus unserer christlichen Perspektive dazu sagen, wie zum Beispiel Jesu Rede vom Reich Gottes, das auf uns zukommt und unter uns anbricht, hier fruchtbar gemacht werden können. Vielleicht eine naive Frage, doch die Antworten ernüchterten mich. Niemand kann doch in die Zukunft schauen, von daher ist es schwierig bis unmöglich, von der Zukunft her die Herausforderungen zu bedenken, sowohl theologisch als auch rein praktisch.

Heute sage ich mir, dieser Moment kollektiver Ratlosigkeit war vermutlich situationsbedingt, die Anwesenden hätten mit mehr Zeit sicher differenzierter geantwortet. Ich fuhr aber mit einem großen Fragezeichen im Kopf nach Hause. Das Ergebnis beunruhigte mich. Keine Ideen, wie es in

Richtung Zukunft gehen könnte? Oder wie die Zukunft auf uns zukommt, zukommen könnte?

Ich fing in den folgenden Monaten an, mich mit Zukunftsforschung zu beschäftigen. Ich suchte nach Konzepten und Personen, die sich begründet mit Zukunftsprognosen befassten. Zu meiner Beruhigung und Beunruhigung gleichermaßen fand ich hier Ansätze.

Beruhigend war, dass ich auf seriöse Zukunftsforschung stieß, z. B. in Veröffentlichungen der Versicherungswirtschaft. Seriös meint, es geht nicht um blumige Fantasien, sondern um faktenorientierte Prognosen, deren Kriterien und Vorgehensweisen transparent gemacht werden und zugleich immer darauf verweisen, dass Zukunft niemals vorausgesagt werden kann.

Beunruhigend waren die Szenarien, die Wissenschaftler*innen aufgrund von Klimafolgenberechnung skizzierten. Es klang alles sehr plausibel – und unausweichlich. Diese Szenarien machten mir weniger Angst als schlechte Laune. Denn ich fragte mich: Wenn das alles so schwierig, ja katastrophal zu werden droht, warum soll ich mich überhaupt noch engagieren? Und wofür, wenn die Zukunft so katastrophal aussieht? Gibt es keine Hoffnungspfade?

Die Zukunft ging mir in diesen Jahren zunehmend verloren. Nicht im physikalischen Sinn, sondern als etwas, das ich ansteuere, auf das ich hinarbeite, das mich antreibt, mir Hoffnung und Ziel und Motivation gleichermaßen gibt. Aufgewachsen in den Sechziger- und Siebzigerjahren, haben mir meine Eltern mitgegeben: Wohlstand kann wachsen, Fortschritt ist toll, und vor allem: Ihr sollt es einmal besser haben als wir. Irgendwann nach dem Fall der Mauer bekam der Fortschrittsglaube für mich einen Riss. Am Horizont tauchte – nichts mehr auf. Es machte sich zunächst stillschweigend, später ausgesprochen in mir die Einstellung breit: Meine, unsere besten Jahre sind vorbei, es wird nicht weiter aufwärtsgehen mit dem Wohlstand. Doch was kommt dann?

In meiner Kirche ging das mit dem Gefühl einher: Wir werden kleiner, wir schrumpfen, wir müssen zurückbauen. Die Zukunft wurde nach und nach düster, nichts, worüber gerne nachgedacht wurde. Irgendwann wurde gar nicht mehr über die Zukunft nachgedacht. Die rasanten, vielfältigen und komplexen Veränderungen in nahezu allen Lebensbereichen ließen auch in mir die Einstellung reifen: Es macht keinen Sinn, mehr als drei oder vier Jahre vorauszuschauen, weil niemand sagen kann, was dann sein wird. Doch damit verlor Zukunft für mich ihre herausfordernde Kraft. Ehrlicherweise müsste ich schreiben: Der Fortschrittsglaube, dem auch ich unbewusst die ganzen Jahre angehangen hatte, kam in die Krise und ging verloren und hinterließ in mir eine große Leere.

Dann stieß ich auf den Soziologen und Sozialpsychologen Harald Welzer und sein Konzept optimistischer Zukunftsszenarien. Hier öffnete sich für mich ein Fenster, frische Luft kam herein. Harald Welzer nennt Zukunftsszenarien Vorerinnerungen, mentale Vorgriffe auf die Zukunft. Sie spielen als Orientierungsmittel für die Ausrichtung von Entscheidungen und Handlungen in der Gegenwart eine wichtige Rolle. Denn er geht davon aus, dass jeder Plan und jedes Modell einen Vorentwurf auf einen künftigen möglichen Zustand enthält. Häufig ist uns diese Perspektive nicht bewusst. Ich kann sie mir aber bewusst machen oder gezielt nach Hoffnungsbildern, einem erwünschten Zustand in der Zukunft Ausschau halten. Das hat viel mit meinen eigenen Werten zu tun, das wird deutlich, wenn ich versuche, im Futur II zu denken und zu sprechen: Wie werde ich einst im Rückblick gewesen sein? Harald Welzer verwendet den Begriff Utopie, um sich mit der Zukunft auseinanderzusetzen:

»Utopien sind ein großartiges Mittel, um Denken und Wünschen zu üben. (…) Und die Imagination einer wünschbaren Zukunft zieht natürlich auch gleich Überlegungen nach sich, wie das Zusammenleben der Menschen, die Organisation der Städte und des Verkehrs, das Bildungswesen und die Wirtschaft besser eingerichtet werden könnten.«[7]

Imagination einer wünschbaren Zukunft. Es waren Sätze wie dieser, die mich magisch anzogen. Sie lösten die Härte in meinem Denken und Fühlen auf, brachten mich in Bewegung, ich ahnte Licht am Ende des dunklen Tunnels. Für Harald Welzer können hier Erzählungen von einer gelingenden Zukunft hilfreich sein. Erzählungen, die mir eine mögliche Zukunft ausmalen. Ich gehe mögliche Veränderungen spielerisch durch, mache sie mir und anderen anschaulich. So werde ich beweglich im Kopf und im Herzen. Harald Welzer geht aber noch einen entscheidenden Schritt weiter. Er verdeutlicht dies beispielhaft an zwei unterschiedlichen Entwürfen eines Zukunftsszenarios. Beide sind gleich wahrscheinlich, gehen von den gleichen Annahmen aus. Aber das eine Szenario lähmt, das andere bringt mich in Bewegung. Harald Welzer schlussfolgert: Gehe ich mit einer pessimistischen Grundeinstellung daran, mich mit Zukunft zu beschäftigen, macht dies nicht nur schlechte Laune, sondern es verengt meinen Blick. Gehe ich dagegen optimistisch an das Szenario heran und male mir Zukunft aus, erzähle eine Geschichte, dann öffnet das meinen Blick. Was heißt das konkret?

Wir leben in einer Welt, einer Gesellschaft, einer Kirche, in denen permanent Zukunftsszenarien vorhanden sind, die uns prägen und beeinflussen. Aus meiner Sicht hilft es enorm, wenn ich mir diese Zusammenhänge klarmache. Mich auf die Suche nach versteckten Untertönen oder emotionalen Erwartungshorizonten mache. Menschen haben immer Interessen und Absichten, wenn sie Szenarien beschreiben und Erzählungen schaffen. Im Blick auf Zukunft macht das Spielen mit Möglichkeiten mehr Spaß oder Freude und motiviert eher zum Handeln als schier unabänderliche Horrorszenarien. Und es sind oft Bilder, die hier wirken.

In Szenarien und Geschichten sind implizit Bilder enthalten, sie transportieren Botschaften, Untertöne, bilden einen Rahmen für Szenarien. Sie lösen Emotionen und Erwartungen aus, beeinflussen konkrete Planungen. Es macht Sinn, sie zu analysieren. Heutzutage ist beispielsweise an vielen Orten in Kirche und Gesellschaft vom nötigen Abbau oder vom Gesundschrumpfen die Rede, das beginnt in der Corona-Krise erneut, wenn darüber nachgedacht wird, wer das alles bezahlen soll. Die Erzählung: »Wir müssen kleiner werden« schürt zumindest bei mir Angst, schlechte Laune und Lähmung, wenn sie mit dem Bild des Verzichts oder des Abbaus verbunden ist. Und diese Erzählung, dieses Bild suggeriert: Wir werden morgen weniger wirksam sein, früher war das anders und besser, aber leider müssen wir uns von diesen Zeiten verabschieden. Aber stimmt denn die Gleichung: Eine kleinere Kirche ist zugleich eine »schlechtere«, weniger wirksamere Kirche? Als Christ*innen kommen wir doch von einer anderen Geschichte her, die uns erzählt wird. Da ist von Hoffnung die Rede, von Auferstehung, von neuem Leben, vom Reich Gottes, das auf uns zukommt und unter uns bereits anbricht, wenn auch unvollkommen, umgeben und durchdrungen von einer vielfach todbringenden Umwelt.

Wie sehen Szenarien für die Zukunft unserer Kirche unter dieser Perspektive aus? Welche Bilder passen zu unserer Botschaft? Und welche wählen wir? Ein Beispiel. Stellen Sie sich vor, jemand hält einen Vortrag mit dem Titel: »Die Zukunft der Kirche« und illustriert den Vortrag entweder mit der linken, der mittleren oder der rechten Grafik. Welche Botschaft wird je nach Bild vermittelt, und zwar schon bevor das erste Wort gesprochen wird?

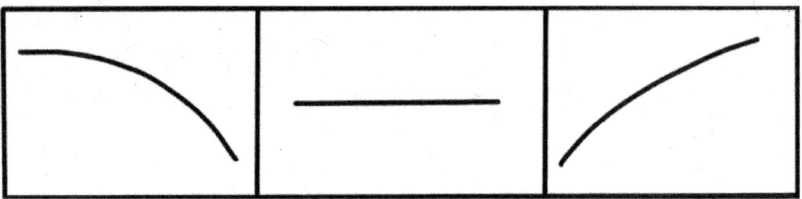

(Rechte: Matthias Jung)

Wir begegnen Szenarien und Zukunftsentwürfen in Betrieben, Gewerkschaften, Verbänden, in der Politik und in den unterschiedlichsten Diskursen – auch Fridays for Future arbeitet mit Bildern und Szenarien. Sie spiegeln sich in Worten und Begriffen, die ganze Landschaften hinter sich herziehen. »Wohlstand durch Wirtschaftswachstum.« »Der Klimawandel ist unabwendbar/eine Erfindung.« »Corona ist ein Weckruf.« Überall wird von der Zukunft her gedacht, von ihr geträumt, die Zukunft geplant, und es gibt viele Szenarien, Leitbilder, Visionen. Sind sie angemessen für die Herausforderungen der Zukunft? Welche Werte will ich, wollen wir transportieren? Wie können alternative Denkmodelle und Bilder aussehen? Was motiviert und bringt in Bewegung, was demotiviert und lähmt?

Am Ende dieser Auseinandersetzung stand 2014 mein Buch »Zeitsprung – Gemeinde 2030. Eine Erzählung aus der Zukunft der Kirche«, in dem ich für eine fiktive Gemeinde ein narratives und optimistisches Szenario entwickelte. Dann kam der Wechsel nach Osnabrück, schon zwei Jahre später erhielt ich die Chance, mich auf die Stelle des Landessozialpfarrers in Hannover zu bewerben. In meiner Bewerbung schrieb ich:

»Aus meiner Sicht sind die nächsten zehn Jahre entscheidend im Blick auf die Frage, ob wir das 2-Grad-Ziel noch erreichen und die gesellschaftliche Transformation bis dahin entscheidend vorangekommen ist. Diese Perspektive wird den Rahmen meiner Tätigkeit abgeben, wenn ich die Stelle bekomme.«

Ich bekam sie. Fortan sprach ich das Thema Klimakrise an vielen Stellen an und erntete häufig verwunderte Blicke:»Die Klimakrise gehört für Sie zu den großen Herausforderungen, vor denen Arbeitswelt und Ökonomie stehen? Das habe ich ja so noch nie gehört!«

Das hat sich in den letzten zwei Jahren geändert, die Dürresommer 2018/19 und Fridays for Future zeigen Wirkung. Mittlerweile sprechen viele von der Klimakrise und es steht zu befürchten, dass das Wort wie viele andere sehr bald bis zur Unkenntlichkeit verschliffen ist. Mit den Begriffen Transformation und Nachhaltigkeit ist es kaum besser. Umso wichtiger ist es aus meiner Sicht, (nicht nur) bei diesen Begriffen kritisch hinzuschauen: Was genau meint diese oder jener, wenn von »Nachhaltig-keit« oder »Transformation« die Rede ist? Welche Interessen verbinden sich damit? Welche Narrative sind damit verbunden, welche Gefühle und Emotionen werden angesprochen? Gegen wen oder was werden die Be-griffe ins Feld geführt?

Eine kritische Frage an das Konzept von Harald Welzer bleibt für mich unbeantwortet: Woher nimmt er seinen Optimismus? Ist eine pessimisti-sche Sicht nicht realistischer? Was gibt ihm Hoffnung, wo kommt die Kraft für eine Haltung her, die trotz aller Widrigkeiten optimistisch werden oder bleiben lässt? Im Sinne von: Es gibt Handlungsoptionen, die Apoka-lypse ist nicht unausweichlich. Habe ich es als Christ und Theologe da »einfacher«, weil ich aus einem Glauben heraus lebe, der auf Hoffnung beruht, auf der Hoffnung, dass das Reich Gottes auf uns zukommt, wie Jesus das in seinen Predigten immer wieder eingeschärft hat? Oder ist das nur eine Variante der »Vertröstung auf Nirgendwann«, die von der brutalen Realität ablenkt? Umgekehrt: Gibt es auch Hoffnung schenkende Erzäh-lungen jenseits des religiösen Raums? Traumbilder, Visionen und Utopien, die aus sich heraus motivierend wirken? Wenn ja, was sind die Kennzei-chen und Kriterien solcher Erzählungen und Bilder?

Siebzig Frauen und zwei Männer

Im August 2013 findet unweit vom Bodensee in St. Arbogast die »Denkumenta – Gutes Leben im ausgehenden Patriarchat« statt. Eingeladen haben neun Frauen, unter ihnen Antje Schrupp und Ina Praetorius, die mit dem »ABC des guten Lebens«[8] zuvor einen neuen Anfang gesetzt haben, wie sie von sich selbst sagen. Vier Tage lang diskutieren und feiern die Teilnehmenden miteinander in Vorträgen und Workshops, die von ihnen selbst vorbereitet wurden. Die Teilnehmenden: siebzig Frauen und zwei Männer. Einer der beiden Männer war ich.

Es war aufregend. Zugleich fühlte ich mich unsicher. Vorsichtig, tastend, beobachtend bewegte ich mich durch diese Tage. Mit dem zweiten Mann hatte ich keinen Kontakt. Nur einmal kam er kurz auf mich zu und meinte:

»Ich halte mich bewusst von dir fern, weil ich nicht den Eindruck erwecken möchte, wir Männer schließen uns gleich wieder zusammen.«

Ich konnte das gut verstehen. Ich hatte wunderbare Begegnungen, inspirierend, wertschätzend im Umgang. Und doch habe ich mich sehr fremd gefühlt. Der kritische Blick auf das Patriarchat, die vielen schmerzlichen Erfahrungen, die Frauen mit Männern und den Strukturen gemacht haben, all dies löste das Gefühl aus, nicht dazuzugehören. Und zugleich dabei zu sein, nicht nur geduldet. Berührend der Moment in der Abschlussrunde, in der eine Frau aufstand und sagte:

»Ich bedanke mich bei allen Frauen für die engagierten Gespräche, die offene und konzentrierte Haltung im Umgang miteinander.« Sie machte eine kurze Pause, fügte hinzu: »Und in diesem Fall schließe ich auch die anwesenden Männer mit ein.«

Da hatte ich Tränen in den Augen.

Vier Tage voller Begegnungen zwischen Differenz und Verbundenheit.[9] Die Denkumenta 2013 ist in meiner Biografie ein Meilenstein, in dem sich für mich die ganze »Gender-Thematik« fokussiert. Dieser Meilenstein hat einen Vorlauf und einen Nachlauf, bis heute.

Spätestens seit Christine sich im Rahmen der Frauenstudien und in ihrem anschließenden Studium der Diplompädagogik in Dortmund wissenschaftlich vertieft mit diesen Fragen beschäftigt hat, ist dieses »Thema« auch bei mir auf der Agenda. Ich kann mich noch gut an ihre Auseinandersetzung mit der Frage erinnern, wie sich die Verteilung der medizinischen Professionen zwischen Frauen (Pflegerinnen) und Männern (Ärzte) über die Jahrhunderte nachzeichnen lässt. Ebenso stehen mir die Diskussionen um den konstruktivistischen Ansatz von Angelika Wetterer vor Augen, bei der Christine in Dortmund Seminare belegt hat. Intensiv spitzte sich das in ihrer Diplomarbeit zu, in der sie ein Gendertraining mithilfe qualitativer Methoden analysierte und reflektierte. Irgendwann in dieser Zeit wurde Christine auch auf den Ansatz der Frauen aufmerksam, die unter der Überschrift »ABC des guten Lebens« versuchten, anders auf das Geschlechterverhältnis zu schauen.

Mein Doktorvater Traugott Jähnichen gab mir schon bei der ersten Diskussion meines Dissertationskonzepts über Entgrenzung und Begrenzung von Arbeit den Hinweis, gezielt nach Texten zu suchen, in denen sich Frauen mit dieser Thematik befassen. Hier wurde ich bei Ina Praetorius fündig, deren wissenschaftliche Beschreibung des Androzentrismus mit seiner Zweiteilung der Welt wesentlich in meine Auseinandersetzung und Bewertung menschlichen Arbeitens und Wirtschaftens aus evangelischer Sicht eingeflossen ist.[10]

Im November 2011 lernte ich Antje Schrupp bei einem Vortrag persönlich kennen, danach intensivierte sich der Kontakt über Facebook und Twitter. So kam es dann auch zu der Idee, 2013 an der Denkumenta teilzunehmen. Spätestens dort wird mir immer bewusster, dass es sich beim Stichwort Gender nicht um ein »Thema« handelt, sondern um die Hälfte der Weltbevölkerung. Es gilt also, jedes Thema unter einem weiblichen und männlichen Blickwinkel zu betrachten. Noch im Rheinland fängt Christine an, das »ABC des guten Lebens« im Kirchenkreis Dinslaken bei Veranstaltungen vorzustellen – mit der Resonanz, dass viele sagten:

»Das ist ja interessant, mal ein ganz anderer und erfrischender Zugang zu Fragen der Geschlechtergerechtigkeit!«

Im Auftrag des Kirchenkreises nimmt Christine noch an einer Veranstaltung auf landeskirchlicher Ebene zu Genderfragen teil, danach ziehen wir nach Osnabrück. Dort erfährt Diakoniepastorin Doris Schmidtke schnell nach unserem Zuzug, dass meine Frau und ich uns mit diesen Fragen beschäftigen, und lädt uns ein in die »Gendersteuerungsgruppe« der drei Kirchenkreise Bramsche, Melle-Georgsmarienhütte und Osnabrück.

In der Gendersteuerungsgruppe wiederholt sich die Erfahrung aus dem Rheinland, Christine erhält positive Resonanzen, als sie den Ansatz des »ABC des guten Lebens« vorstellt und einlädt, sich darauf gedanklich einzulassen. Ich habe noch gut ein Treffen vor Augen, bei dem jede und jeder ein eigenes, neu erfundenes Wort mitbringt und vorstellt. Neues Denken braucht neue Worte.

Mittlerweile ist dieses Denken für mich selbstverständlicher Teil meiner Arbeit. Es kommt vor, dass ich sage, dieses Thema mag ich nur noch besprechen, wenn ich es mit einer Frau gemeinsam vorstelle, weil die Blickwinkel so unterschiedlich sind. Eines dieser Themen ist die Diskussion um ein bedingungsloses Grundeinkommen. Eine Einführung hätte erheblich unterschiedliche Wirkungen für Frauen und Männer. Die aktuelle Diskussion in der Corona-Krise offenbart wieder einmal, dass »systemrelevante« berufliche oder ehrenamtliche Tätigkeiten häufig von Frauen ausgeübt werden. Handelt es sich um Erwerbsarbeit, wird sie deutlich schlechter bezahlt als andere Tätigkeiten, im ehrenamtlichen Bereich beklagen Frauen schon lange zu Recht, dass entsprechende Wertschätzung fehlt. Die Idee eines Grundeinkommens bietet hier einen Denk- und Diskursraum an, der aber nur weiterführt, wenn die Diskussion entsprechend geschlechtergerecht geführt wird. Als ich 2017 gefragt wurde, ob ich Lust hätte, in Wittenberg im Rahmen des Lutherjahres einen Workshop zum Grundeinkommen anzubieten, habe ich gesagt:

»Ja, klar, gerne. Aber nur zusammen mit einer Frau.«

Die Antwort am anderen Ende des Telefons lautete:

»Hm, okay, aber Sie haben leider nur zwei Stunden Zeit, zu- oder abzusagen.«

Ich bat meinen Gesprächspartner, in der Leitung zu bleiben, ging nach nebenan ins Arbeitszimmer von Christine und fragte sie:

»Hast du Lust, mit mir zusammen einen Workshop zum Grundeinkommen in Wittenberg anzubieten? Du musst dich allerdings sofort entscheiden...«

Christine sagte Ja und wir hatten spannende Diskussionen bei der Vorbereitung. In Wittenberg war die zahlenmäßige Teilnahme am Workshop überschaubar, wie bei vielen anderen Veranstaltungen auch. Aber wir bekamen zurückgespiegelt, dass unser Workshop noch zu den besser nachgefragten Angeboten gehörte. Die Resonanz einzelner Teilnehmer*innen war allerdings eindrucksvoll. Es hat mich bzw. uns noch einmal darin bestätigt, dass es sinnvoll ist, viele Diskurse von Anfang an aus der jeweils unterschiedlichen Perspektive der Geschlechter zu führen. Zugleich aber wird mir gerade hier wieder deutlich, wie tief kulturelle und gesellschaftliche Prägungen unbewusst Denken, Fühlen und Handeln beeinflussen. Erschreckend viele patriarchale Muster beobachte ich nach wie vor auch bei mir selbst, chauvinistische Empfindungen und Äußerungen.

Ich komme mal auf einen Kaffee vorbei

In der Anfangsphase als Referent in Osnabrück hatte ich oft das Gefühl, dass meine Gegenüber mich nicht verstehen, wenn ich versuche, ihnen Sinn und Zweck von KDA-Arbeit zu beschreiben. Diese Erfahrung führte zu einer intensiven theologischen Reflexion meiner Tätigkeit. In Gesprächen und in Blogartikeln testete ich Worte und Gedanken, verbunden mit interessiertem Zuhören und vorsichtig tastendem Reden. Dabei machte ich die Erfahrung, dass immer wieder Menschen die Begegnungen mit mir »interessant« fanden. Das ermutigte mich einerseits, auf diesem Weg weiterzugehen, zugleich fragte ich mich: Was ist eigentlich mit »interessant« gemeint? Ich vermute zweierlei.

Zum einen habe ich wohl als Haltung signalisiert, wie toll ich es selbst finde, Zeit zu solchen Gesprächen zu haben. Das ist in unserer schnelllebigen Zeit nicht selbstverständlich. Eigentlich sollten Pfarrer*innen immer Zeit zum Gespräch haben. Haben sie aber oft nicht, viele stehen in der Gemeinde entweder tatsächlich unter massivem Zeitdruck oder haben verinnerlicht, was ich vor Jahren mal in einem Blogartikel den »Habitus der Vielbeschäftigkeit im pastoralen Amt«[11] genannt habe.

Eine zweite Beobachtung: Solche Gespräche finden in aller Regel nicht in meinem Büro statt. Ich besuche Menschen an ihren Arbeitsplätzen, oder wir treffen uns im Café. »Kirche kommt zu mir!« Dies löst offenbar bei meinen Gesprächspartner*innen etwas aus und lässt sie all das vergessen oder in den Hintergrund treten, was sie sonst mit Kirche verbinden oder erlebt haben. Nicht selten höre ich von schlechten Erfahrungen mit Kirche und Pastor*innen. Und Religion, Glaube, Kirche sind vielen Menschen keineswegs gleichgültig. Nur mit den etablierten Formen können sie wenig anfangen. Das ist einerseits berührend, weil ich das Vertrauen spüre. Andererseits erschreckt es mich, stehe ich doch als Pastor auch für das System Kirche, war über fünfundzwanzig Jahre lang mit viel Leidenschaft selbst als Gemeindepfarrer unterwegs und habe ungewollt und unbewusst vermutlich bei der einen, dem anderen genau solche eher unangenehmen Erfahrungen ausgelöst.

Diese Fragen beschäftigten mich in dieser Zeit in Osnabrück sehr, und ich ließ einige Versuchsballons aufsteigen. Eines Tages schrieb ich spontan auf meinem Xing-Profil: »Ich komme gerne auch einfach nur mal auf einen Kaffee vorbei.« Zu meiner Überraschung luden mich in der Folge mir völlig unbekannte Menschen ein. Ich habe mich gefragt: Was signalisiert dieser so lapidar klingende Satz? Antwort: Er klingt absichtsvoll absichtslos. Es kann viel passieren oder auch nichts. Letzteres ist auch geschehen, aber eher selten. Zumeist entwickelten sich spannende Gespräche. Zum Setting gehört auch, dass ich als Pastor im KDA auftrete. Aber meine pastorale Rolle ist im Café oder in einem Betrieb unklar, im Gegensatz zur Begegnung in der Gemeinde bei einer Beerdigung, Hochzeit, Taufe, im Gottesdienst oder bei einem Geburtstagsbesuch. Als ich das erkannt hatte, habe ich weitergefragt: Was passiert eigentlich bei so einem Kaffee-Gespräch? Wie genau sieht diese absichtsvoll absichtslose Haltung aus, die ich zunächst unbewusst eingenommen und erst später reflektiert habe?

Ich komme mal auf einen Kaffee vorbei, das ist für mich kontextuelle Theologie im Café, in einem Betrieb, einer Dienststelle. Denn ich fing an zu fragen: Wo entsteht eigentlich deine Theologie? Oder wo sollte sie entstehen? Anders gefragt: Welche Theologie entsteht im Café und welche in der Studierstube? Wo fühle ich mich wohl, wenn ich über solche Fragen nachdenke? Welche Umgebung regt mich an, über meinen Glauben zu reflektieren? Der Raum hat Auswirkungen auf den Inhalt.

Zurück zum Dialog. Ich habe angefangen, mich zu fragen, was genau geschieht in einem Dialog? Wie grenzt sich ein Dialog ab von Debatte oder Gespräch? Welche Folgerungen ergeben sich aus der Beantwortung dieser Fragen für Verkündigung, kirchliches Handeln im engeren und weiteren Sinn, für die evangelische Sozialethik?

Meine These lautet: Es geht, idealtypisch gesprochen, um ein umfassendes Zuhören bei uneingeschränkter Zugewandtheit, paradox formuliert, um ein zuhörendes Sprechen. Nur aus einer solchen Haltung heraus wird meine Sprache nicht als »von oben herab« verstanden. Nur aus einer solchen Haltung heraus kann ich es wagen, auch riskant zu sprechen. Nur riskierende Sprache hat Chance, Gehör in einer komplexen Welt zu finden, weil die dahinterstehende Haltung in der Begegnung den oder die Zuhörer*in »öffnet«. Dieser These genauer nachspüren zu können war für mich ein Grund, dieses Buch zu schreiben.

Die Große Erzählung

Pfingsten 2019. Eine kleine Gruppe von Menschen trifft sich bei Christine und mir in Hannover zum bereits erwähnten jährlichen Netzwerktreffen der »Offenen Mentor/innen Akademie der Neuen Arbeit«. Seit mehr als zehn Jahren kommen Menschen einmal im Jahr an unterschiedlichen Orten für einige Tage zusammen, erzählen, reflektieren, arbeiten miteinander. Die Themen werden jeweils zu Beginn gesammelt. Diesmal stand auf dem Flipchart auch: »Die Große Erzählung«. Die Frau, die das Thema eingebracht hat, formuliert es so:

»Wir leben in einer Zeit, die nach einer neuen Großen Erzählung schreit, die uns miteinander verbindet und Wege in die Zukunft weist. Wie könnte solch eine Erzählung aussehen? Oder gibt es sie längst, und wir müssen sie nur finden und uns mit ihr verbinden? Und wie helfen wir ihr zum Durchbruch?«

Ich bin sehr gespannt, wie wir dieses Thema bearbeiten, verbinden sich hier doch mehrere bereits genannte Themenkreise: die Suche nach Arbeit, die gut ist und guttut und daher Sinn macht. Zugleich vollzieht sich solche Arbeit heute und künftig vor einem Horizont, der geprägt ist durch die Herausforderung der Klimakrise, die uns vor die Frage stellt: Wie wollen wir morgen leben, wie arbeiten, wie organisieren wir das und vor allem was gibt uns Hoffnung? Und wie finden wir Geschichten, die Zukunft motivierend in den Blick nehmen?

Als wir das Thema behandeln, sammeln sich auf der Flipchart schnell Einfälle und Assoziationen: Rückbezug und Weitergabe. Gemeinschaftsbezug. Spiritualität. Wissen um unsere Endlichkeit und Unendlichkeit. Grundvertrauen ins große Spiel. Spielräume. Es gibt mehr Orientierungshilfen als den Verstand. Anknüpfung und Abgrenzung. Verlangsamung und Wiederholung. Die Große Erzählung muss anschaulich im Alltag erzählt werden.

So weit, so gut und auch nicht wirklich überraschend oder neu.

Plötzlich wird es interessant, und die Konzentration im Raum steigt spürbar an. Einer spricht davon, dass die Große Erzählung auch die Irrwege beschreiben muss. Wir folgen dieser Spur. Schnell wird deutlich, dass in unserer Welt Tag für Tag Geschichten erzählt werden und es unverzichtbar ist, auch nach den Interessen zu fragen, mit denen sie erzählt werden. Unternehmer*innen wollen Produkte und Dienstleistungen verkaufen und erzählen Geschichten. Politiker*innen wollen wiedergewählt werden und erzählen Geschichten. Pastor*innen wollen die Botschaft Jesu aktualisieren und erzählen Geschichten. In der Gesellschaft, also unter uns, entwickeln sich in Gruppen gemeinsame Blickwinkel, aus denen heraus die Welt verstanden und gedeutet werden soll, und das manifestiert sich in Geschichten. Die Große Erzählung ist dabei immer auch eine Gegenerzählung, sie nimmt Partei und widerspricht. Wir formulieren es so: Mit Erzählungen verbinden sich immer Interessen. Als Erzähler*in habe ich ein Interesse und die Zuhörer*innen auch. Erzählen ist ein Beziehungsgeschehen, es gilt eine Sprache zu suchen, zu finden, zu nutzen, die passt. Diese Sprachformen können unterschiedlich sein, es gilt also auch immer den Kontext zu beachten und zu betrachten. Und es ist mit Widerstand zu rechnen.

Mit der Zeit finden poetisch klingende Sätze den Weg auf unsere Flipchart: Die Große Erzählung wird erzählt und erzählt sich im Erzählen weiter. Die Große Erzählung stellt eine Art Ensemble von Motiven, Werten und auch Geschichten dar, die ich und andere erzählen können, an denen ich sowohl Anteil habe als auch miterzähle. Es geht um das große Ganze und wie ich darin vorkomme. Es geht um die Grundlegungen meines Seins. Worauf gründet sich meine Motivation, morgens aus dem Bett aufzustehen und irgendetwas Sinnvolles zu tun? Wie begründe ich für mich Sinn? Verbinde ich, verbindet sich das mit einer oder gar *der* Großen Erzählung? Welche Geschichten aus meinem Leben erzähle ich, wenn ich von meinem inneren Antrieb erzähle? Wie hängen Verfügbarkeit und Unverfügbarkeit zusammen? Und für mich als Christ stellt sich auch die Frage, ob und wie sich die biblischen Erzählungen, Motivstränge und Traditionen in eine Große Erzählung einweben lassen, im ermutigenden wie auch kritisierenden Sinn. Mit mehr Fragen als vorher gehe ich aus der Runde.

In der Folgezeit lassen mich diese Fragen nicht los. Vor allem eine geht mir unter die Haut: Was bedeutet all das für meine eigene Spiritualität? Es war eine für mich erschreckende Erfahrung, dass ich nach fünfundzwanzig Jahren in der Gemeinde kaum etwas vermisse, als ich das Pfarramt mit der KDA-Pfarrstelle tausche. Außer guten, ansprechenden Gottesdiensten und musikalischen Veranstaltungen. Meine eigene Sprache, tausendfach in Sonntagsgottesdiensten, Beerdigungen, Besuchen und im Konfirmandenunterricht erprobt, diese Sprache passte mit einem Mal nicht mehr. An ihre Stelle trat eine große Leere. Ich rang um eine neue Sprache. Aber erst viel später, im Frühsommer 2019 nach dieser Runde zur Großen Erzählung, dämmerte mir, dass ich in gewisser Weise auch meine eigene Spiritualität verloren hatte. Sprache hat mit meinem Sein und damit auch meinem Selbstverständnis und meinem Glauben zu tun. Eine neue Sprache entstand in diesen Jahren in Gesprächen und auch in Auseinandersetzung mit biblischen Texten und theologischen Aufsätzen. Aber sie blieb eigenartig losgelöst von mir.

Zukunftskunst als Zielperspektive

Manchmal verliebe ich mich in ein Wort. Es begegnet mir, ich gehe sofort in Resonanz, und eine Kaskade von Bildern und Assoziationen bricht über mich hinein. So geschehen um die Jahreswende 2018/19 mit dem Wort Zukunftskunst, das Uwe Schneidewind mit seinen Mitarbeitenden erfunden hat. In der Einführung zu seinem Buch »Die Große Transformation« skizziert Uwe Schneidewind den Begriff:

»Zukunftskunst bezeichnet die Fähigkeit von Politik, Zivilgesellschaft, Unternehmen, Wissenschaft und allen Pionieren des Wandels, grundlegende Transformationsprozesse von der kulturellen Vision der Nachhaltigkeit her zu denken und von dort institutionelle, ökonomische und technologische Perspektiven zu entwickeln. Getragen ist ein solcher Ansatz von der Zuversicht, dass Zukunft mit gestaltbar und nicht lediglich das Ergebnis technologischer und ökonomischer Dynamiken ist.«[12]

Zukunftskunst ist inspiriert durch den englischen Begriff Literacy. Er beschreibt ursprünglich den komplexen Vorgang des Spracherwerbs, ist aber in den letzten Jahren bei zunehmender Komplexität unserer Lebenswelten auch für andere Veränderungsprozesse herangezogen worden, nun auch für die Herausforderungen der sozial-ökonomischen Transformation:

»Übertragen auf komplexe Transformationsprozesse bezeichnet ›transformative Literacy‹ (…) die Fähigkeit, Transformationsprozesse adäquat in ihrer Vieldimensionalität zu verstehen und eigenes Handeln in Transformationsprozesse einzubringen. (…) Welche Rolle spielt der Einzelne, welche Rolle spielen Strukturen? Treiben uns Technologien oder ökonomische Logiken? Welche Rolle spielt die Politik? Wie wirken alle diese Dimensionen zusammen? Im übertragenen Sinne sind diese Bausteine einzelne Buchstaben und Worte, die es zu sinnvollen Texten zusammenzufügen gilt. Diese transformative Literacy wird im Buch als Zukunftskunst bezeichnet.«[13]

Uwe Schneidewind greift dabei ein Phasenmodell auf, das der Historiker Kwame Anthony Appiah für moralische Revolutionen (Abschaffung der Sklaverei, Frauenwahlrecht u. a.) beschrieben hat. Solche Revolutionen verlaufen in fünf Phasen:

> ➤ Phase I Ignoranz, das Problem wird nicht gesehen
> ➤ Phase II Anerkennung ohne persönlichen Bezug
> ➤ Phase III Anerkennung des persönlichen Bezugs, aber ohne Handeln
> ➤ Phase IV Handeln

➢ Phase V Rückblick und Unverständnis, dass das Alte je existieren konnte.

Nach Uwe Schneidewind stehen wir in der Transformation heute am Beginn von Phase IV: Die Träger des alten Normensystems verlieren ihre zentrale Stellung im öffentlichen Leben, die Gesellschaft entwickelt neue Regelwerke, die den neuen Verhaltens- und Gefühlsmustern entsprechen. Im Blick auf die Transformation liegt die Zeit liegt bereits hinter uns, dass Teile der Bevölkerung angefangen haben, neue Praktiken zu entwickeln und sich für alte zu schämen. Der Begriff Flugscham mag dafür als Beispiel dienen. In der Corona-Krise, so mein Eindruck, haben wir die Phasen I bis III in kürzester Zeit erneut durchlaufen, sind mittlerweile in Phase IV, hier und da zeigen sich vielleicht schon Ansätze von Phase V. Große Bedeutung haben in allen Phasen moralischer Revolutionen die Pioniere des Wandels, deren Rolle Uwe Schneidewind immer wieder betont und reflektiert. Pioniere können dabei sowohl einzelne Frauen und Männer sein, aber auch Gruppen und Institutionen. Sie alle treiben die Entwicklung von Zukunftskunst voran.

Zukunftskunst finde ich ein erfrischend neues Wort. Es löst bei mir eine Vielzahl von Assoziationen und inneren Bildern aus. Es verbindet Zukunft mit Kunst, und Kunst ist etwas, das ich lernen kann und muss. Eine Kunstfertigkcit gilt es zu trainieren und auszubilden, sie fällt nicht vom Himmel, ganz gleich, mit welchem Talent ich vielleicht gesegnet bin. Zugleich hat Kunst für mich viel mit Leichtigkeit und Kreativität zu tun, mit schöpferischem Tun und spielerischer Haltung. Zukunftskunst hat etwas Luftigleichtes, nicht die düsteren Untertöne wie Krise oder gar Apokalypse. Zukunftskunst passt zur Großen Erzählung und zu den Hoffnungsbildern vieler Religionen. Mit diesem Wort und seinem Verständnis schließt sich für mich ein Kreis, der fast sieben Jahre zuvor im Transformationskongress in Berlin seinen Anfang nahm. Zukunftskunst ist in meinem Verständnis eine Methode, bislang Unverbundenes zu verbinden.

Neues Garn spinnen

»Die Dynamik das Kapitalismus hängt davon ab, dass wir uns unablässig auf riskante wirtschaftliche Aktivitäten einlassen. (…) Verschieben sich die Erwartungen plötzlich – womit sich die Zukunft, an die die Akteure bisher geglaubt haben, in nichts auflöst, und der Zeitrahmen, in dem sich die Akteure engagieren wollen, schrumpft –, so gerät das System in eine Krise.«[14]

Dialogische Haltung oder: zuhörend sprechen

Im Juli 2019 verbringen Christine und ich unseren Urlaub in Flensburg. Wir haben eine schöne Ferienwohnung mitten in der Stadt, erkunden die Gegend zu Fuß und mit dem Bus und genießen es, in der Abendsonne ein Glas Wein an der Förde zu trinken. Oder nachmittags im Schatten im Café zu sitzen. Am Vormittag habe ich eine kleine, rote Kladde gekauft, in der ich Gedanken notieren möchte, solange ich an diesem Buch arbeite. Bei knapp 30 Grad kommen Christine und ich bei einem Cappuccino ins Gespräch. Schon morgens auf einer Wanderung haben wir uns darüber unterhalten, was eigentlich ein Dialog ist. Ich schlage meine neue Kladde auf und notiere als ersten Eintrag:

»Alle Dialoge sind kontextabhängig. Es macht einen Unterschied, ob ich im Bett, am Strand oder im Café mit jemandem über etwas nachdenke.«

Ich lese Christine die Notiz vor, und sie nickt: »Ja, so haben wir das heute früh formuliert.«

»Richtig, aber ich gehe noch mal einen Schritt zurück. Was macht eigentlich aus einem normalen Gespräch einen Dialog? Was muss zum Beispiel passieren, dass wir jetzt nicht nur plauschen, sondern das Gefühl haben, hier passiert mehr?«

»Es muss etwas geschehen, das mich berührt«, antwortet Christine, »aber vielleicht sammeln wir erst mal, welche Gesprächsformen uns überhaupt einfallen, und versuchen dann eine Präzisierung des Dialogs?«

»Gute Idee, da mir fällt sofort das Alltagsgespräch ein. Im Alltag tauschen wir Informationen aus oder die kleinen Streicheleinheiten, wie geht es dir, wie hast du geschlafen, wie war es gestern im Kino. Oder die berühmt-berüchtigten Sätze über das Wetter. Da geht es ja nicht um das Wetter, sondern um Beziehungsaufbau, um Wahrnehmung des oder der Anderen. Manchmal wollen wir so vermutlich auch nur eine peinliche Stille vermeiden.«

Christine lacht, ich fahre fort: »Und die Debatte, hm, die ist ein Streitgespräch, auf die Spitze getrieben in den unsäglichen Talkshows. Da geht es um den Austausch von Meinungen und Standpunkten. Da will ich andere überzeugen. Die Debatte hat ihren Sinn und Wert, zweifelsohne, beim Zuhören kann sie mich zustimmend oder widersprechend in ein inneres Zwiegespräch führen oder einfach nur mein Wissen vergrößern.«

»Das sehe ich genauso. Aber da wird für mich schon ein Unterschied zum Dialog erkennbar, denn der Dialog entspringt einer ganz anderen Haltung. Im Dialog will ich nicht überzeugen, zumindest ist das nicht meine erste Absicht.«

»Sondern?«

»Im Dialog weiß ich am Anfang noch nicht, was am Ende herauskommt, das ist der Unterschied zum Ziel, mit dem ich in ein Streitgespräch oder in eine Debatte gehe ...«

Ich falle Christine ins Wort: »...na ja, ich weiß nicht, das gilt doch auch für den Verlauf eines Streitgesprächs, dass du am Anfang nicht weißt, wie es laufen wird ...«

»... richtig, aber ich will auf etwas Anderes heraus. Es braucht für den Dialog eine innere Haltung, die nichts mit Überzeugen-Wollen zu tun hat. In der Debatte geht es eher darum, mich abzugrenzen. Überspitzt gesagt: Da will ich eher Mauern hochziehen, als sie abzubauen. Die Aufmerksamkeit liegt auf der Sache. Im Dialog geht es dagegen um Aufmerksamkeit für mein Gegenüber. Ich muss bereit sein, hinzuschauen und zuzuhören. Ich bin da, ich bin jetzt präsent, ich bin jetzt hier, wir sind jetzt hier, und nur das zählt. Das geht nur auf Augenhöhe. Und ja, ich weiß schon, was du sagen willst, auch in der Debatte kann auf Augenhöhe gestritten werden. Wenn da zwei richtig gut miteinander sind, dann ist das spannend und anregend. Aber der Dialog geht, bewusst oder unbewusst, von einer anderen Voraussetzung aus: Ich bin mir meines Standpunktes nicht so sicher.«

»Dazu fallen mir direkt zwei Sachen ein. Der Dialog zeichnet sich vor allem dadurch aus, dass Fragen gestellt werden – und ich bereit bin zu antworten. Nun werden auch in jeder Talkshow Fragen gestellt, aber die haben eigentlich nur den Sinn, dem oder der anderen die Bühne zu geben, sich in der Debatte zu platzieren.«

»Ja«, sagt Christine, »es geht im Dialog nicht ums Abfragen, das wären dann geschlossene Fragen, bei denen ich nur mit ›ja‹, ›nein‹ oder mit einer Sachinformation antworten kann. Es geht um offene Fragen, um neugierige Fragen, um es mal so zu sagen.«

»Genau, das ist das Zweite, das ich sagen wollte: Im Dialog geht es um Neugier im besten Sinn des Wortes, um Neubegehren, wie Ina Praetorius das seinerzeit auf der Denkumenta formuliert hat: Ich begehre etwas Neues. Im Dialog will ich etwas Neues lernen, über mich, die Welt, die Anderen. Im Dialog signalisiere ich Interesse. Inter-Esse, auf Deutsch dazwischen sein, das macht es wunderbar deutlich. Ich bin, du bist, doch im Dialog sind wir gemeinsam dazwischen.«

»Das klingt ja schon fast poetisch«, meint Christine leicht verschmitzt.

Ich lasse mich nicht ablenken, sondern fahre fort: »Der Dialog braucht daher das ›Andere‹. Ich könnte sagen: Im Dialog verliere ich mich, der Dialog hat somit etwas Paradoxes, wie auch schon Jesus sagte: Wer sein Leben gewinnen will …«

»… wird es verlieren und umgekehrt, ich weiß. Aber es stimmt doch, zum Dialog gehört die Bereitschaft, mich aufs Spiel zu setzen. Dann kommt aber noch etwas hinzu: Dialogische Rede ist zwingend ideologiefrei, im Dialog kann kein Absolutheitsanspruch gestellt werden, es geht nicht darum zu überzeugen, sondern zu verstehen. Das heißt nicht, dass ich darauf verzichten muss, von einem allgemeingültigen Wahrheitsanspruch abzusehen. So sind die Klimafakten z. B. eindeutig. Ich kann aber meine Wahrheit so oder so äußern, ich kann sie anbieten, und ich kann sie überstülpen. Ich kann sie als das erzählen, was für mich heute und hier und mit meiner Geschichte gilt. Oder ich kann mit ›Macht‹ versuchen, meine Weltsicht durchzusetzen, wie es gerade rückwärtsgewandt viele ›alte, weiße‹ Männer und auch Frauen versuchen.«

»Dazu gehört, dass ich mir meinen Erwartungshorizont klarmache und mir meiner Rolle bewusst bin: als Person, als Mann, als Pastor, als Repräsentant von Kirche. Da bin ich wieder bei dem, was ich vorhin aus meiner Kladde vorgelesen habe: Alle Dialoge sind kontextabhängig.«

»Ja, so wie alle Gespräche und Debatten auch.«

»Genau. Aber da es im Dialog vor allem und zuallererst um eine Begegnung geht, die echte Resonanz erzielt, Resonanz, die mich bewegt, meine Augen zum Leuchten bringt, um es mit Hartmut Rosa zu sagen, deswegen ist es dem Dialog wesentlich, dass ich mir meiner Rolle und meiner Umgebung bewusst bin oder sie mir bewusst mache. Lass mich mal nachschauen, ich habe doch mal irgendwann Zitate von ihm notiert ...«

Ich nehme mein Handy und suche in der Cloud nach der Datei.

»Ah, da habe ich es doch. Hartmut Rosa beschreibt Resonanz und das passt doch wunderbar: ›Zwei Dinge geraten miteinander in Schwingung, sie antworten sich mit ihrem jeweils eigenen Klangkörper. Auf Menschen bezogen meine ich damit den Moment, wenn etwas zu uns durchdringt und uns erreicht. Es geht um eine Haltung des Hörens und Antwortens. Beide Seiten berühren sich, und es gibt die Chance auf eine Veränderung auf beiden Seiten. Dazu müssen wir aber zulassen, dass wir das Ergebnis nicht immer kontrollieren können. Zur Resonanz gehört die Unverfügbarkeit.‹[15] Und weiter schreibt er an einer anderen Stelle: ›(Resonanz) bedeutet die Fähigkeit und Erfahrung eines Berührtwerdens durch ein anderes, ohne fremdbestimmt zu werden. Sie bedeutet die Fähigkeit und Erfahrung, dieses Andere selbst zu berühren oder zu erreichen, ohne über es zu verfügen. Sie bedeutet eine wechselseitige Anverwandlung, in der unentfremdete Lebendigkeit erfahren wird. Und sie ist unverfügbar, denn sie lässt sich nicht erzwingen und ist ergebnisoffen.‹«[16]

Für einen Augenblick stockt unser Gespräch. Wir nippen am Kaffee, genießen die warme Luft, die durch die Fußgängerzone weht, und gehen unseren Gedanken nach.

»Ich überlege gerade«, fahre ich nach einer Weile fort, »gibt es nicht zwei Grundformen des Dialogs? Zum einen den Dialog zwischen zwei Menschen, ob nun in analoger Form oder vermittelt über ein Medium wie Brief, Mail oder Telefon. Dazu gehört auch der Dialog, den ich mit einem Autor, einer Autorin eines Buches beim Lesen führe oder der sich beim

Hören eines Podcasts entwickelt. Und dann gibt es den inneren Dialog, den ich mit mir selber führe.«

Christine überlegt kurz, nickt dann: »Ja, da stimme ich dir zu. Wenn ich an all meine inneren Gespräche und Debatten denke, das reißt ja überhaupt nicht ab, das innere Zwiegespräch. Aber es gibt auch so Momente, wo ich mit mir selber in einen Dialog trete. Ich frage mich gerade: Was muss zusammenkommen, damit der permanente Gedankenfluss, das innerliche Zwiegespräch mich so anspricht, so berührt, dass ein Gedankengang zum inneren Dialog wird?«

»Gute Frage, wahrscheinlich all das, was wir schon genannt haben: aufmerksames Hinspüren, mir selber Fragen stellen. Aber vielleicht ist das alles noch komplizierter: Ist nicht jeder Dialog zwischen zwei Menschen zugleich ein Dialog mit mir selbst? Weil das Nachdenken, das innere Zwiegespräch ja Teil des Dialogs ist? Nicht alles, was mir da durch den Kopf geht, äußere ich in Worten. Und es ist ja auch möglich, dass sich zwischen uns beiden kein Gefühl der Verbundenheit einstellt, ich aber in Resonanz mit mir gehe.«

»Und umgekehrt«, erwidert Christine.

»Klar, umgekehrt gilt das genauso, es kann sich etwas Wunderbares im Dialog zwischen zwei Menschen ereignen, sodass sie sich zutiefst verbunden fühlen, aber es macht nichts Neues mit mir.«

»Muss immer etwas Neues geschehen? Kann nicht auch Bestätigung eigener Einstellungen möglicher Teil echter Dialoge sein? Das Wesentliche und Entscheidende für mich am Dialog ist, dass es sich um ein Beziehungsgeschehen handelt, das Verbundenheit schafft.«

»Können Dialoge dann auch scheitern? Und kann ich sie planen, oder geschehen sie einfach so?«

»Ich glaube, es gibt beides. Manche weiten sich überraschend zu einem Dialog, weil beide bereit sind, die Berührung zuzulassen. Aber es gibt auch verabredete und geplante Dialoge, in welche Menschen schon mit der festen Absicht hineingehen, sich nicht nur zu unterhalten, sondern es bewusst und gezielt auf eine Begegnung ankommen zu lassen. Das kann auch scheitern, klar, Dialoge können misslingen. Dann gehe ich enttäuscht heraus, meine Hoffnung und Erwartung haben sich nicht bewahrheitet.«

Ich versuche einen Faden im Kopf zu finden und frage nachdenklich: »Resonanz hat ja nicht nur mit Worten und Gefühlen zu tun, sondern auch mit dem Körper. Hat nicht in diesem Sinne ein echter Dialog eine Art erotischer Komponente? Geschieht auf der Beziehungsebene nicht auch etwas Körperliches? Ich meine nicht durch Berührungen durch Hände, sondern durch Worte. Ein Dialog berührt. Das hat doch mit Sinnlichkeit zu tun, viele Sinne sind beteiligt. Dialog spüre ich körperlich, und das macht etwas mit mir. Im Dialog geht es um Distanz und Nähe in einem bestimmten, aber nicht vorher festgelegten Verhältnis, wir nähern uns auf spielerische Weise, weil sich Vertrauen und Vertrautheit einstellen, eine Vertrautheit, die sich am Ende an einem bestimmten Punkt wie eine Verschmelzung anfühlt?«

»Hm, ein spannender Gedanke, also, wenn ich mit dir in einem solchen Dialog bin, dann hat das sicher einen erotischen Anteil, oder die Grenzen sind fließend, bei anderen weiß ich das nicht recht, hängt ja auch davon ab, was ich unter erotisch verstehe ... Aber dass ich den Dialog auch körperlich spüre, klar. Aber gilt das nicht auch für jedes Gespräch, jeden Diskurs?«

Lächelnd antworte ich: »Ja, sicher, aber ich meine, es ist schon ein besonderes Gefühl, ein Kitzel, eine Verbundenheit, vielleicht auch ein Michhingezogenfühlen, das sich wie eine Berührung anfühlt, und das hat doch was von Erotik, oder?«

»Etwas Sinnliches ist auf jeden Fall dabei, ein Dialog zieht mich in Bann, und das spüre ich körperlich. Ich wende mich dir mehr zu, vielleicht verringere ich unbewusst den Abstand zwischen uns beiden. Oder vielleicht suche ich verstärkt Blickkontakt, meine Haltung wird offener, entspannter, zugewandter. Das kann schon Elemente eines Flirts haben, ganz sicher, weil ich mich in diesem Moment dann auch sicher fühle. Verbundenheit und Distanz, das Verhältnis zwischen beiden spielt sich neu ein. Aber in dem Zusammenhang fällt mir eine andere Frage ein: Vorhin hast du den oder die ›Andere‹ erwähnt. Wer, nein, was ist der oder die Andere? Ist Dialog nur oder in erster Linie mit dem mir Fremden möglich? Ist Einverständnis das Ziel des Dialogs? Geht Dialog auch im Unverständnis? Kann der berührende Moment auch darin bestehen, dass ich den Unterschied, die unüberbrückbare Kluft zwischen uns erkenne? Wir stellen fest:

Mein Weltbild und dein Weltbild kommen nicht überein? Und diese Trennung verbindet uns in paradoxer Weise durch die Haltung des Respekts und der gegenseitigen Wertschätzung?«

Ich überlege einen Moment, frage dann: »Was ist denn fremd? Oder eine Fremde, ein Fremder? Bin ich mir nicht selbst oft genug fremd? Ist es vielleicht ein Ziel des Dialogs im Unterschied zur Debatte, dass ich mir fremd werde? Das ist das eine. Und das andere stimmt auf jeden Fall, auch ein Dialog mit leuchtenden Augen kann darin seine Zuspitzung finden, dass wir beide erkennen, wie unendlich weit wir doch voneinander entfernt sind.«

»Da bin ich ganz bei dir, aber ich spitze noch mal weiter zu: Geht Dialog nur auf Augenhöhe? Ist im Verhältnis ›Lehrerin‹ zu ›Schülerin‹ ein Dialog auf Augenhöhe denkbar? Oder auch zwischen Führungsperson und Untergebene?

»Ich glaube schon, wenn sich die beiden ihrer Rolle und des Kontextes bewusst sind. Auf jeden Fall weist du da auf einen ganz wichtigen Aspekt hin: Zum Kontext eines Dialogs wie auch beim Streitgespräch, Diskurs, Debatte und Alltagsgespräch gehört immer auch die Machtfrage. In einem gelingenden Dialog wird eigentlich die Hierarchie aufgelöst, zwei Menschen begegnen sich, und das ist schwierig in Machtpositionen und Abhängigkeiten. Aber ich glaube, dass es möglich ist, dass sich auch dann Räume öffnen können. Das ist dann wie eben von dir beschrieben, da wird gerade im Dialog die Kluft nicht nur sichtbar, sondern angeschaut, wahrgenommen und ausgehalten. Der Moment des Andersseins, des Fremden, der Abstand zwischen uns wird nicht negiert, vielleicht aber für einen Moment ausgesetzt. Und ganz sicher gehen die beiden hinterher auch anders miteinander um.«

»Das kann natürlich auch nach hinten losgehen«, erwidert Christine, »die beiden sind sich so nahegekommen, dass sie anschließend wieder auf Abstand gehen müssen.«

»Klar, und jetzt fällt mir gerade ein, diese Frage hat doch auch im Blick auf das Gebet wesentliche Bedeutung. Kann ein Gebet ein Dialog auf Augenhöhe sein? Und lautet die vielleicht vorschnelle Antwort: In Jesus hat sich Gott auf Augenhöhe eingelassen?«

»Dafür bist du der Experte«, meint Christine, »aber ich habe noch eine andere Frage: Wie hängt im Dialog die grundsätzliche Bereitschaft, zuhören zu wollen, mit dem Sprechen zusammen? Wahrscheinlich beginnen viele gute Dialoge mit dem Zuhören und Fragenstellen. Doch wann ist der Moment gegeben, nicht mehr zuzuhören, sondern auch zu antworten?«

Auf diese Frage finden wir im Café erst mal keine Antwort. Unsere Tassen sind auch leer, und wir machen uns wieder auf den Weg.

Später am Tag recherchiere ich in der Ferienwohnung noch ein wenig im Netz und stoße auf David Bohm, der sich intensiv mit den Kriterien von Dialogen beschäftigt hat. Christiane Geiser schreibt zu ihm:

»Wie steht es nun mit der komplementären Aktivität zum Zuhören, dem Sprechen? Was veranlasst jemanden zum Sprechen, welche Art des Sprechens ist im Dialog angemessen? Generell gilt, dass es günstig ist, jede schnelle automatisierte Antwort zu suspendieren und in eine untersuchende Frage umzuwandeln. Diese besondere Art des Sprechens wird in der Bohm-Literatur ›inquiry‹ genannt (von inquaerere: im Innern suchen), erkundendes Sprechen, fragen, herausfinden, aufrichtig wissen wollen, interessiert sein.«[17]

Erkundendes Sprechen, das gefällt mir gut. Vielleicht kann man noch zugespitzter und paradox formulieren: zuhörendes Sprechen? Ich spreche im Modus des Zuhörens, genauer, ich spreche in der Haltung des Zuhörens? Das ist eine Spur, der ich weiter nachgehen werde. Als Zwischenbilanz des Tages halte ich fest: Dialogische Haltung ist Voraussetzung für gelingende Begegnungen, in denen durch zuhörendes Sprechen neues Garn aus vorhandenen Fäden gesponnen werden kann.

Genau hinschauen

Im Sommer 2019 lese ich in diesem Urlaub in Schleswig-Holstein auch das Buch »Digitale Ethik« von Sarah Spiekermann, Wirtschaftswissenschaftlerin aus Wien. Auf dem Kirchentag in Dortmund bin ich in der Kirchentagsbuchhandlung buchstäblich darüber gestolpert. Der Titel stach mir ins Auge, ich blätterte ein wenig darin und kaufte es. Es lag zunächst ungelesen auf meinem Schreibtisch und fand schließlich den Weg in meinen Koffer. Die Lektüre hat mich sofort elektrisiert. Es ist vor allem einer ihrer Gedanken, der mich beeindruckt und weitergeführt hat: Es gilt immer wieder genau hinzuschauen.

Sarah Spiekermann beschreibt dazu eine Schlüsselerfahrung aus ihrer Zeit im Silicon Valley, die sie gelehrt hat, Modellen und News zu misstrauen. Sie zog daraus die Konsequenz, genau hinzuschauen, die reale Wirklichkeit um sich herum aufmerksam zu betrachten mit dem Ziel, dort nach den Werten zu suchen, die wirklich eine Rolle spielen:

»Durch die haarscharfe Beobachtung und Beschreibung von dem, was sich in einem Raum zwischen uns, den Menschen, und den Dingen abspielt, erkennen wir, was wirklich ist. (...) Statt sich nur über Worte zu streiten, sollte Urteilen ein Prozess sein, bei dem wir auch dem einfühlenden Schauen und Aufdecken von Werten nachgehen. Wie fühlt es sich an, was der andere gesagt hat, oder wie fühlt sich die Situation insgesamt an? (...) Beim Erkennen von Werten handelt es sich nicht um einen streng logischen Vorgang, sondern eher um ein gefühltes Streben nach einer gemeinsamen Sache, ein Sich-hingezogen-Fühlen zu etwas oder umgekehrt ein Sich-abgestoßen-Fühlen von etwas, wenn es sich um einen negativen Wert handelt.«[18]

Hinschauen, hinspüren, nicht auf Worte, Studien und Oberflächen achten. Diese Sätze haben Resonanz erzeugt, weil mir diese Haltung vertraut, aber nicht so bewusst war. Ich erinnerte mich an eigene Erfahrungen mit dem Hinschauen in Gesprächen im Hin und Her zwischen Kirche und Arbeitswelt. Und auch an die Erfahrung, etwas zu übersehen, beispielhaft oben beschrieben an dem Unternehmen Winergy in Voerde, an dem ich jahrelang ahnungslos vorbeifuhr.

Genau hinschauen führt bei Sarah Spiekermann dazu, anschauliche Bilder zu suchen, um Sachverhalte zu beschreiben und an vielen Stellen persönlich zu erzählen. So beschreibt sie den umfassenden Vorgang der Digitalisierung beispielsweise mit dem Bild einer »gesiebten« Realität. Dabei setzt sie bei der Tatsache an, dass in der digitalen Welt alles durch das Nadelöhr der Aufspaltung zwischen 0 und 1 geht:

»Vielleicht hilft es, sich vorzustellen, wie sich Mehl anfühlt, wenn man es vor dem Backen einmal durchsiebt. Die Konsistenz des gesiebten Mehls ist schlichtweg eine andere, als wenn es direkt aus der Packung kommt.

Man kann beides gleichermaßen verwenden, gesiebtes Mehl ist oft sogar wichtig, wenn man ›feiner‹ backen will, aber genau das Gleiche ist es nicht. Wir können feststellen, dass das Digitale durch seine gesiebte Natur immer geordneter erscheint als das analoge Pendant. (…) Was aber oft verloren geht – und dessen müssen wir uns ebenso bewusst sein –, ist die Möglichkeit, Form und Inhalt einheitlich wahrzunehmen. Die digitale Form ist ja immer gleich oder ähnlich schön geordnet und professionell, während Inhalte stark variieren.«[19]

Sie verdeutlicht das am Beispiel der Handschrift. Diese ist bei jedem Menschen einmalig, während digitale Schriftarten zwar schön und für alle lesbar sind, aber zugleich langweilig im Sinne einer ästhetischen Schönheit. Digitale Schriften vermitteln keinen Eindruck der Persönlichkeit.

Das Bild einer gesiebten Realität hilft mir, genau hinzuschauen im Blick auf Sinn und Unsinn von Digitalisierung. Das Muster von 0 und 1 beginnt ja schon lange vor dem Computerzeitalter. Bei einer Führung durch das Technikmuseum in Paris zur Geschichte der Digitalisierung begann die Führerin ihren Rundgang mit uns vor dem ersten mit einer Art Lochkarte ausgestatteten mechanischen Webstuhl.

Diese Einsicht, dass es sich bei allen digitalen Vorgängen um eine gesiebte Realität geht, hat meinen Blick verändert und präzisiert. Ich schaue genauer hin. Und zwar in dem Sinn, dass ich ein für mich schlüssiges Bild zur Unterscheidung von analogen und digitalen Vermittlungs- und Kommunikationsmustern erhalten habe. Denn letztlich geht es bei der Frage »analoge oder digitale Kommunikation« immer um Beziehungen, um Diskurse, Vermittlungen und vielleicht auch um Dialoge. Gerade in der Corona-Krise ist mir diese Unterscheidung immer wichtiger geworden. Digitale Kommunikation erlebte im erzwungenen Home-Office einen unglaublichen Schub, Videokonferenzen und Webinare schossen wie Pilze aus dem Boden. Auch in der Kirche. Das kurz bevorstehende Osterfest und die Schließung der Kirchen beförderten eine große Zahl kreativer Formen, die Botschaft digital an die Frau oder an den Mann zu bringen. Doch einige Wochen später stellte sich ein gewisser Kater ein. Digitale Kommunikation erwies sich als viel anstrengender als gedacht, der Verlust von unbewusster Wahrnehmung durch das Sieb, von dem Sarah Spiekermann spricht, löste Stress aus. Zugleich haben all diese Video-Konferenzen und

Gespräche via Zoom Vorteile, sie sparen Zeit und Geld beim Reisen. Wie das weitergehen wird, ist offen. Auf jeden Fall gilt es, genau hinzuschauen, um die Werte im Blick zu halten und zu reflektieren.

Ein anderes Beispiel von Sarah Spiekermann hat mich sehr ins Nachdenken gebracht. In ihrem Buch verwendet sie an einer Stelle den Begriff »Glauben«, ohne ihn näher zu beschreiben.[20] Ich habe mich gefragt, ob es Verbindungen, Berührungen, Überscheidungen mit religiösem Glauben gibt. Eine Spur finde ich in einem ihrer auf YouTube verfügbaren Vorträge. Um auf der re:publica digitale Wahrnehmungen zu veranschaulichen, erzählt sie dort eine persönliche Geschichte und zeigt dazu ein Bild von ihrer eigenen Hochzeit.[21] Ich habe mich gefragt: Warum erzählt sie genau diese Geschichte? Spielt sie bewusst mit der Mehrdeutigkeit des Hochzeitsbildes? Weitere Fragen schließen sich an: Worin liegt eigentlich die Grundhaltung für ihre Werte? Ist sie religiöser Natur? Wenn nein, wo liegen dann die tiefen Wurzeln ihres »Glaubens«? Und wenn ja, warum wird das nicht explizit ausgesprochen? Ich weiß nicht, wie Sarah Spiekermann antworten würde, aber mich hat diese Passage auf eine eigene Frage aufmerksam gemacht. Eine Frage, die mich beweg und der ich auch in diesem Buch nachgehe: Warum verbinde ich meine persönlichen Wurzeln und Überzeugungen nicht stärker, offener und bewusster mit meiner beruflichen Sprache? Unverbundenes verbinden, das ist mein Anliegen, oder anders gesagt: Ich möchte nicht, dass Welten auseinanderklaffen. Doch wie finden Welten zueinander? Muss meine Sprache dazu spezifisch religiös, christlich, biblisch sein, oder reicht das Wissen, dass ich Pfarrer bin, um einen Rahmen zu setzen, innerhalb dessen meine Gesprächspartner*innen »automatisch« alles hören und einordnen?

Ich werde als Landessozialpfarrer immer wieder nach Ethik gefragt. Es gibt jenseits aller Kirchenkritik eine Ahnung, Vermutung, Sehnsucht, dass Kirche ethische Orientierung bieten kann. Es gibt die Ahnung, dass die gegenwärtige Ethik der Ökonomisierung aller Lebenswelten nicht (mehr) zielführend ist. Und Menschen stellen Fragen nach dem, was wichtig ist, was wertvoll ist, sie stellen die Frage nach dem, was der Mensch, die Mitwelt, die Welt überhaupt ist, oft auch die Frage, ob es etwas gibt, das mich und die Welt zusammenhält ... Menschen sind Fragende, tagaus, tagein. Doch wie lauten meine Antworten? Setze ich darauf, dass meine Dialogpartner*innen alles, was ich sage, schon vor dem Hintergrund hören, dass sie wissen, sie sprechen gerade mit einem Pastor? Oder macht es Sinn, die eigene religiöse Grundlage, meinen eigenen Glauben, das, worauf ich vertraue und im Leben setze, auch zur Sprache zu bringen? Nicht aufdringlich, moralisch, von oben herab, nicht aufgesetzt, sondern ganz normal, wie nebenbei, selbstverständlich?

Sprechen, um zu werden

Zu einer dialogischen Haltung gehört, dass ich weiß, wer ich bin, woher ich komme und wohin ich will. Dies steht mir vor Augen, als ich das Buch »Sprache und Sein« von Kübra Gümüşay lese. Von Samstagmorgen bis Sonntagabend verschlinge ich es an einem Wochenende. Kübra Gümüşay zieht mich hinein in ihre Welt und verändert meinen Blick auf die Welt, weil sie mit einprägsamen Bildern Perspektiven verschiebt. Ein Beispiel:

»Stellen Sie sich vor, ein Spanier kommt bei einer Schifffahrt nach Mexiko vom Kurs ab und legt am Hamburger Hafen an. Er ›entdeckt‹ für sich also tatsächlich Hamburg, doch nun stellen Sie sich vor, dieser Moment ginge als ›Entdeckung‹ Hamburgs nicht in seine persönliche, sondern in die Weltgeschichte ein. (…) Stellen Sie sich vor, die Hamburger Bevölkerung würde infolge dieser ›Entdeckung‹ nicht nur massenhaft ermordet und ihres Besitzes beraubt, sondern fortan auch gegen ihren Widerstand als ›Mexikaner‹ bezeichnet.«[22]

Ich bekomme eine Ahnung davon, wie sich die Autorin als Deutsche, Muslimin und Kopftuchträgerin fühlt. Zugleich greift sie dieses Schubladendenken wenig später mit der Unterscheidung zwischen den Unbenannten und den Benannten wieder auf. Unbenannte sind all diejenigen, deren Existenz nicht hinterfragt wird, sie entsprechen der Norm. Zu denen gehöre ich als in Deutschland in Mitteleuropa geborener und verwurzelter »weißer Mann« in unserer Gesellschaft mit Sicherheit. Die Benannten dagegen weichen auf irgendeine Art und Weise von dieser Norm ab. Sie sind:

»Nicht vorhergesehen. Fremd. Anders. Manchmal auch einfach nur ungewohnt. Unvertraut. Sie erzeugen Irritationen. Sie sind nicht selbstverständlich.«[23]

Die Unbenannten benennen die Abweichenden, die Anderen. Sie nehmen sie nicht zuallererst als Individuen wahr, sondern als Teil eines Kollektivs. Sie stecken sie in Schubladen. Genauer: Wir stecken sie in Schubladen. Noch ehrlicher: Ich stecke sie in Schubladen.

In einer Lesepause mache ich die Probe aufs Exempel. Nach einem Spaziergang im Berggarten sitze ich am Sonntagnachmittag mit Christine im Schlosscafé bei den Herrenhäuser Gärten. Wir trinken Kaffee und Tee, essen ein Stück Kuchen. Währenddessen fällt mir diese Unterscheidung zwischen den Unbenannten und den Benannten wieder ein, und ich lasse meinen Blick durchs Lokal schweifen. Wer fällt mir auf und warum? Mein Auge bleibt an einer der Frauen hängen, die hier bedienen. Von ihren Gesichtszügen her ist sie asiatischer Herkunft. Sie ist diejenige, die in meinen Augen anders ist. Sie benenne ich, die anderen bleiben unbenannt. Schon steckt sie in der Schublade.

Ähnlich wie die Teilnehmerinnen auf der Denkumenta beschreibt auch Kübra Gümüşay Beispiele für dieses Differenzerleben aus ihrer eigenen Erfahrung:

»Jahrelang wurde ich aufgefordert, Bücher und Texte über die muslimische Frau zu schreiben. (…) All die Jahre lang konnte ich mein Unbehagen (…) nicht klar in Worte fassen. (...) Erst später verstand ich: Jedes Buch über *die* muslimische Frau, das ich für ein nichtmuslimisches Publikum schrieb, (…) hätte keine Aufklärung und keine Freiheit gebracht, sondern nur die Gefangenschaft der darin Beschriebenen weiter manifestiert. Wenn ich über die muslimische Frau schreiben müsste, bleibt mir nur eins: Ich muss die Wände des Käfigs beschreiben, der sie und alle anderen Benannten umschließt. Die Frau, sie kann nicht beschrieben werden.«[24]

Kübra Gümüşay weist keineswegs den Vorgang der Kategorisierung als völlig abwegig und falsch zurück. Ohne Muster, Raster und Schubladen wären wir in dieser Welt mit unseren Wahrnehmungen heillos überfordert. Zum Problem werden diese Kategorisierungen erst, wenn sie dauerhaft die einzigen Kennzeichnungen dieser Personen bleiben, obwohl es andere Wahrnehmungsebenen gäbe, die herangezogen werden könnten.

Von hier aus fragt sie, wie das gehen kann, frei zu sprechen, und beschreibt es an ihrer eigenen Suche nach einer neuen Sprache. Einer durchaus angstbesetzten Suche, weil sie vieles infrage stellt, Perspektiven umkehrt, Weltsichten verändert. Wesentlich war ihr die Einsicht, nicht für andere zu schreiben und ihnen die Welt zu erklären, sondern zunächst und zuallererst für sich selbst zu schreiben, sich selbst auszudrücken und darüber zu *werden*. Dazu benennt sie eine Voraussetzung:

»Freies Sprechen setzt voraus, dass die eigene Existenz, die eigene Menschlichkeit und Existenzberechtigung nicht zur Disposition steht, dass nichts zu verteidigen oder zu beweisen ist.«[25]

Anders gesagt: Freies Sprechen setzt voraus, dass ich mich selbst und die anderen als verletzlich und unvollkommen ansehe. In solchen Momenten stehen Menschen sich auf Augenhöhe gegenüber, da begegnen Unbenannte Unbenannten. Solche Momente sind anzustreben, dabei kommen Benannten wie Unbenannten je unterschiedliche Funktionen zu. Kübra Gümüşay schreibt immer wieder davon, dass die Privilegierten sich bewegen müssen, zuallererst im Kopf. Zu oft diskutieren die Unbenannten untereinander, auch über die drängenden Herausforderungen der Gegenwart, und lassen diejenigen nicht zu Wort kommen, die heute bereits zu den Armen gehören, zu den Sprachlosen, die unten stehen. Ja, gut, dann lassen wir diese Menschen doch mal zu Wort kommen, diesen Vorschlag ahnt die Autorin und weist ihn sofort zurück:

»Es ist die beständige Vielfalt der Perspektiven, die den Unterschied ausmacht. *Eine* neue Erzählung – die *Ausnahme* – reicht nicht aus. Wir brauchen zahlreiche Betrachtungen dieser Welt aus ganz unterschiedlichen Perspektiven, die gleichberechtigt nebeneinanderstehen.«[26]

Und die erzählt und gehört werden müssen. In der Haltung des Dialogs, nicht der Debatte oder des Diskurses, im zuhörenden Sprechen. Gefühlt öffnet sich für mich hier eine Brücke zum »Blick von unten« oder zur »Option für die Armen«, beide verwurzelt in unserer biblischen Tradition, beide nicht vergessen, aber in der alltäglichen Wahrnehmung unserer weitgehend an der Mittelschicht orientierten Kirche eher wenig präsent. Was und wie kann ich so erzählen, dass ich nicht erkläre, sondern *bin* und *werde*? Wie kommen in unseren Gemeinden, auf unseren Kanzeln solche »zahlreichen Betrachtungen« zur Sprache?

Ich hatte beim Lesen an vielen Stellen das Gefühl, mit ähnlichen Augen wie Kübra Gümüşay auf die Welt zu schauen, ähnlich über Sprache, Dialog, Haltung und Begegnung auf Augenhöhe zu denken, so vieles klang vertraut. Doch zugleich hatte ich den Eindruck, unendlich weit entfernt von ihr zu sein. Ich habe mich gefragt: Könnte es für mich darum gehen, diese Mauern zu beschreiben? Also meine Besonderheiten zu sehen, mich selbst zu »benennen« und das als Stärke und Schönheit und nicht als Makel und Behinderung zu sehen? Verbunden mit der Frage, was übersiehst du? Und wie kann es in der Folge für mich darum gehen, selbst im Schreiben, im Erzählen zu werden? Erzählend mich mit mir und der Welt und den Anderen zu verbinden, statt mich erklärend von ihnen zu entfernen? Wie werde ich schreibend in meiner Auseinandersetzung mit meiner Glaubenstradition? Wie flechte ich in meine Erzählungen ein, was mir am Herzen liegt, was mir wichtig ist, das gelingende gute Leben aller? Und wie und wo kommen die Gegner*innen solcher Weltsicht vor? Der Dialog auf Augenhöhe ist das eine, die Debatte, das Gespräch, der Diskurs, all das hat auch seine Berechtigung und seinen Ort. Wie unterscheide ich, was was ist und wo was angemessen ist? Wo und wie übe ich all das? Geht das leichter innerhalb meiner Filterblase oder besser in der Begegnung mit Menschen, die ganz anders sind als ich? Oder ist das am Ende gar kein Unterschied? Oder nur ein Unterschied in der Perspektive und nicht in der Qualität? *Wie* verbindet sich Unverbundenes, *wer* verbindet Unverbundenes?

Verletzliche Identität und Individualität

Schaue ich da bei mir genauer hin, kommen meine Identität als evangelisch geprägter Christ und die damit verbundene Spiritualität mit in den Blick. Wer bin ich da? Wie bin ich so geworden? Wie werde ich weiter? Was und wie glaube ich? Zeit, einige Schritte in diese Richtung zu gehen. Ich beginne mit einer Begebenheit aus der jüngsten Vergangenheit.

Kurz vor dem Lockdown nehme ich an einem Workshop von Martin Gaedt und seinem Unternehmen Provotainment teil, in dem es um Ideenentwicklung geht. Martin führt uns in sechs Stunden durch Höhen und Tiefen, fordert unsere Kreativität heraus. In einer Sequenz geht es darum, mithilfe von vielen Materialien, die im Raum verstreut liegen, einen Begriff in einer Skulptur darzustellen, einen Begriff, der für uns jeweils besonders bedeutsam ist. Ich wähle, wenig überraschend, »Dialog und Verbundenheit«. Ich schlendere durch den Raum, lasse meine Augen hierhin und dorthin schweifen. Recht schnell habe ich eine Idee: Ein Krokodil und ein Elefant stehen sich zugewandt gegenüber, verbunden durch ein schmales, dünnes Papierband.

(Rechte: David Gaedt)

Nach ein paar Tagen betrachte ich das Bild noch einmal, und dabei fällt mir etwas auf. Dieses Sinnbild veranschaulicht einen Aspekt, den ich vorher so noch nicht wahrgenommen hatte: Dialog, Offenheit, Unvoreingenommenheit sind das eine, aber in diesem Prozess kommt es schon darauf an, dass ich weiß, wo ich selbst stehe und wer ich bin. Nur wenn der Elefant weiß, dass er ein Elefant ist und das Krokodil ein Krokodil, nur dann kann Dialog gelingen. Zwei Pole suchen einen Weg zu sich und zur bzw. zum Anderen. Dabei ist entscheidend, dass ich mir meiner eigenen Identität bewusst bin, nur dann überhebe oder verstecke ich mich nicht. Zugleich eröffnet sich so der Weg, mit meiner eigenen Größe, Stärke und Schönheit einerseits und meiner Schwachheit, Verletzlichkeit und Abgründen andererseits umzugehen. Nur so gelingt ein realistischer Blick auf mich, die Anderen, die Mitwelt. Nur wenn der Elefant als Elefant dem Krokodil begegnet, sind Dialog und Verbundenheit möglich.

Vor vielen Jahren schrieb ich während meines Fernstudiums Erziehungswissenschaften in Hagen eine Hausarbeit über anthropologische Grundlagen der Pädagogik. Dabei tauchte die Frage auf, wie in der Pädagogik mit Leid umgegangen wird und wie sich Schicksalsschläge, Krankheiten, Beeinträchtigungen auf die Identitätsbildung auswirken, eine zentrale Frage für die Planung von Bildungsprozessen. Bei meinen Recherchen stieß ich auf eine Überlegung von Odo Marquard, in der er von Hermann Lübbe den Begriff der Besonderheitsidentität aufnimmt. Diese ist einerseits vorgegeben durch meine natürliche Verfasstheit, also Geburtsdatum und -ort, Körpergröße, Augenfarbe, Geschlecht, Herkunft, Kultur. Andererseits erwerbe ich meine besondere Identität im Lauf meiner je eigenen Lebensgeschichte hinzu. Die Besonderheiten prägen meine mitgebrachte Eigenart, verfeinern und verdichten sie in ureigenen Gewohnheiten, so Hermann Lübbe. Odo Marquard geht noch einen Schritt weiter und formuliert als These:

»Die Individuen erwerben Identität sozusagen durch die Schicksalsschläge, durch die sie getroffen werden (...) und die sie ertragen müssen.«[27]

Die Schicksalsschläge prägen meine Unverwechselbarkeit. Leid wird nicht entschuldigt, keineswegs, es gilt durchaus als etwas, dessen Überwindung nach Möglichkeit anzustreben ist, aber Odo Marquard sucht Leid in Identität zu integrieren, weil er die Erfahrung ernst nimmt, dass mir Dinge widerfahren können, die ich ertragen muss. Wilhelm Schmid fasst diesen Gedanken noch schärfer:

»Es gibt Wunden, die nicht zu heilen sind, und deren Heilung für das Selbst auch nicht von Interesse ist; die fällige Neukonstituierung seiner Kohärenz besteht dann nicht mehr in der Wiederherstellung eines früheren, heilen Zustandes, sondern in der Eingliederung der Wunde in das Selbst: Die Wunde selbst gehört nun zur Kohärenz.«[28]

Der Gedanke, dass es die Wunden, die leidvollen Widerfahrnisse sind, die mein Leben besonders machen, nimmt auf und ernst, dass mein Ich nicht nur an Grenzen stößt, sondern dass diese Begrenzungen sinn-, vielleicht sogar heilvoll sein können. In dieser Zeit stieß ich auf den Vorschlag des evangelischen Theologen Henning Luther, menschliches Leben im Bild des Fragments zu beschreiben:

»Wir sind immer (...) Fragmente zerbrochener Hoffnungen, verronnener Lebenswünsche, verworfener Möglichkeiten, vertaner und verspielter Chancen. Wir sind Ruinen aufgrund unseres Versagens und unserer Schuld ebenso wie aufgrund zugefügter Verletzungen und erlittener und widerfahrener Verluste und Niederlagen. Dies ist der *Schmerz* des Fragments. Andererseits ist jede erreichte Stufe unserer Ich-Entwicklung immer nur ein Fragment aus Zukunft. Das Fragment trägt den Keim der Zeit in sich. Sein Wesen ist *Sehnsucht*. Es ist auf Zukunft aus. In ihm herrscht Mangel, das Fehlen der ihn vollendenden Gestaltung. Die Differenz, die das Fragment von seiner möglichen Vollendung trennt, wirkt nun nicht nur negativ, sondern verweist positiv nach vorn. Aus ihm geht eine Bewegung hervor, die den Zustand als Fragment zu überschreiten sucht.«[29]

Meine Identität ist und bleibt ein verletzliches Fragment. Das ist einerseits enttäuschend und frustrierend, denn ich strebe ja nach Einklang, nach so etwas wie einem heilen Ich. Andererseits ist dieser Gedanke entlastend, denn als Fragment kann ich nicht perfekt sein und muss daher auch nicht anstreben, so zu werden. Die Unvollkommenheit, Unabgeschlossenheit und Unfertigkeit ist das Wesen meiner Identität, einen festen Kern gibt es vermutlich nicht, oder er ist flüchtig, versteckt sich oder ist eine anschauliche Abstraktion, die durchaus hilfreich sein kann. Als Mensch bin ich verletzlich und abhängig von anderen, meine Identität entsteht durch meine Verbundenheit mit anderen, die immer durch Unverbundenheit gefährdet ist.

Diese Gedanken von Odo Marquard, Wilhelm Schmid und Henning Luther waren seinerzeit für meine eigene Vorstellung von Person und Identität bedeutsam, weil sie mit meiner Ahnung korrespondierten, dass ich als Mensch anders strukturiert bin als manche pädagogischen Konzepte nahelegen. Für meine Arbeit als Gemeindepfarrer waren das hilfreiche Gedanken, die in viele Predigten, insbesondere auch Beerdigungsansprachen einflossen, weil ich sie tröstlich fand. Leid, Wunden und Fragment sind das Normale, nicht der starke und gesunde Mensch. Den kann ich mir wünschen, ersehnen, aber realistisch ist diese Hoffnung nicht.

Ich erinnere mich an diese Texte, als ich ein Interview mit Joanna Macy lese, die den Zustand der heutigen Welt als eine Krise geistiger Natur beschreibt. Deren Kern liegt für sie in der Verdrängung der Tatsachen und Konsequenzen unserer heutigen Lebensweise. Auf die Frage, worin sie den Grund für diese Verdrängung sieht, antwortet sie:

»Wir haben Angst. Wir glauben, so zerbrechlich und klein zu sein, dass es uns in Stücke reißt, wenn wir es uns erlauben, unsere Gefühle über den Zustand der Welt anzuschauen. Wir fürchten eine tiefe Depression oder Lähmung. Das Gegenteil ist der Fall. Wenn wir es aussprechen, merken wir, dass wir nicht isoliert sind, sondern dass dieser Schmerz weit hinausgeht über das kleine Ego und Konsequenzen hat, die jenseits unserer individuellen Bedürfnisse und Wünsche liegen. Wir erfahren dann nämlich eine Art größerer Identität. Wenn wir den Schmerz, den wir für die Welt fühlen, unterdrücken, dann isoliert uns das. Wenn wir ihn akzeptieren, anerkennen und darüber sprechen, dann wird er zum lebendigen Beweis unserer Verbundenheit mit allem Lebendigen. Und er befreit unsere Hilfsbereitschaft. Ich bin in dieser Arbeit zu der Erkenntnis gekommen, dass unser Schmerz um den Zustand der Welt und unsere Liebe für die Welt untrennbar miteinander verbunden sind.«[30]

Aber es gibt Hoffnungsschimmer, denn in vielen Religionsgemeinschaften, auch im Christentum, sieht Joanna Macy eine neue Form sozialer Mystik entstehen, die sich nicht nur nach innen richtet, sondern in der Meditation und Aktion eins werden. Zugleich beschreibt sie, dass in den letzten Jahren und Jahrzehnten mehr und mehr wissenschaftliche Ansätze die Welt als lebendigen Organismus begreifen und die Verbundenheit des Menschen mit allem, was existiert, ins Zentrum stellen. Bis in unser Jahrhundert ging die klassische westliche Wissenschaft von der Annahme aus, dass man die Welt verstehen und unter Kontrolle bringen kann, indem man sie in immer kleinere Stücke aufspaltet und jedes Teilstück für sich untersucht. Immer mehr Wissenschaftler*innen entdecken heute, dass dieses Ganze keineswegs aus einem Haufen einzelner unverbundener Teile besteht, sondern aus dynamischen, kompliziert organisierten und ausgewogenen Systemen, die miteinander in Beziehung stehen. Individuelles Leiden ist dann untrennbar mit einem größeren Ganzen verbunden, genauso ist persönliche Freude auch die Freude eines größeren Ganzen.

Löst sich so das vorherrschende Bild des Individuums auf? Nein, sagt Joanna Macy und antwortet mit dem Begriff des Holons. Der Begriff wurde von Arthur Koestler geprägt und bedeutet ein Ganzes, das Teil eines anderen Ganzen ist. Holone haben somit eine zweifache Wesensart, sie sind einerseits eine Ganzheit als auch Teil eines übergeordneten Ganzen, sie sind Systeme innerhalb von Systemen, die untereinander in vielfältigen Beziehungen stehen. Joanna Macy spricht im Blick auf die Gesamtheit der Beziehungen von der »Welt als Geliebte«:

»Ich sehe die Welt als Geliebte und als Teil meiner selbst. Das entspricht den mystischen Traditionen aller Religionen. In den tantrischen Traditionen des Hinduismus und Buddhismus gibt es diesen tiefen erotischen Kontakt zur Welt. Im Christentum sind es Heilige wie Hildegard von Bingen, die den göttlichen Geliebten überall gesehen hat. Wer die Welt so sieht, macht sie wieder heilig.«

Der Begriff des Holons beschreibt gut mein eigenes Empfinden, meine Vorstellung, mein eigenes Bild vom Menschen. Menschen brauchen solche Bilder, die Denken und Handeln in bestimmte Richtungen lenken bzw. die Sicht auf die Welt erhellen. Holone, ganzheitliche Systeme, die zugleich in größere Systeme eingebunden sind, das fühlt sich für meine Wahrnehmung stimmig an und eröffnet mir zugleich einen kritischen Blick auf die Gegenwart. Diese ist gekennzeichnet durch einen schier ungebremsten Zug Richtung Individualisierung, der jeden Menschen unter einen ungeheuren Druck setzt, sich zu verwirklichen, und das heißt, Einzigartigkeit anzustreben im Sinne eines gesunden, möglichst perfekten Lebens. In der Wirtschaft symbolisch verdichtet im Ziel der Losgröße 1 in der industriellen Produktion, die jedes Auto, jedes Möbelstück letztendlich nur einmal herstellen will, genauso wie ich es als Kund*in haben will. Ein flüchtiger Blick in die Wartezimmer von Therapeut*innen oder eine Stunde Telefonseelsorge reichen aber schon aus, um dieses Bild als brüchig und unzutreffend anzusehen, es überfordert Menschen und macht sie unglücklich. So bin ich nicht, und der Versuch, mich so zu individualisieren, trennt mich immer mehr weg von den anderen. Margaret Thatchers berühmtes und viel zitiertes Diktum beschreibt dies noch 1987 als positiv:

»So etwas wie die Gesellschaft gibt es nicht. Es gibt nur einzelne Männer und Frauen, und es gibt Familien. Keine Regierung kann existieren, ohne dass die Menschen zunächst für sich selbst sorgen.«[31]

Margaret Thatchers Gedanke beruht auf einer Kritik an einem Sozialstaat, der dem Individuum zu viele Entscheidungen abnimmt. Wir sind auf diesem Pfad weit vorangekommen in Richtung eines vornehmlich am Konsum orientierten Wohlstands. Unsere Gesellschaft hat zugleich eine Infrastruktur in der Daseinsvorsorge erreicht, die suggeriert, mir kann nichts geschehen, ich bin sicher. In den letzten Jahren, vor allem seit die Klimakrisenfolgen sich auch in unserem Land unübersehbar ins Bewusstsein und Erleben drängen, erkennen immer mehr Menschen, dass unser Fundament keine Betonplatte ist, sondern brüchiges Eis. Das Corona-Virus zeigt mir und der Welt dies überdeutlich, auf einmal ist wieder die Rede von Unberechenbarkeit und Unvorhersehbarkeit des menschlichen Daseins. Auf mich bezogen heißt das: Ich bin unfertig, verletzlich, ein fragmentarisches Wesen, das nicht ohne Andere und die natürliche Mitwelt leben kann. Daher weist mir das Bild von der Welt als Geliebte einen Weg, mich in dieser fragmentarischen und verwundbaren Individualität zugleich als Teil eines größeren Organismus zu verstehen, der ebenso verletzlich ist.

Verletzlichkeit ist in unserer Sprachkultur ein ambivalenter Begriff. Verletzlichkeit wird zwar betont und wertgeschätzt, dennoch wird sie zugleich mit Schwäche assoziiert. Christine sagte spontan auf die Frage, warum wir uns mit Verletzlichkeit so schwertun:

»Wenn ich mich als verletzlich verstehe, schwindet das Gefühl, noch Gutes tun zu können.«

Zeige ich mich als verletzlich, dann triggert das bei vielen Menschen die eigene Verletzlichkeit, weil sie sich auf sich selbst zurückgeworfen fühlen und die eigenen Ängste aktiviert werden. Die Hoffnung vom »starken Mann« oder von der »starken Frau« zerplatzt, hinter deren großen Rücken ich mich gerne verstecken möchte. Verletzlichkeit ist ein erwachsenes Verhalten, es ist in der Lage, mit Komplexität umzugehen. In Krisen sehnen Menschen sich nach Einfachheit, deswegen suchen sie in komplexen Lagen zu personalisieren, das zeigen manche Reaktionen auch wieder in der Corona-Krise. Und wenn die Person, auf die ich meine Ängste und Hoffnungen projiziere, aus diesem Spiel aussteigt, schlägt die Hoffnung schnell in Ablehnung und Hass um. Zu einer starken Verletzlichkeit gehört paradoxerweise, die Lücken offen zu halten, statt diese aus einem fürsorglichen Aktivismus schließen zu wollen. Die Aufgabe besteht darin, Unverbundenes zu verbinden. Die wertende Zweiteilung der Welt, wie sie die Frauen des »ABC des guten Lebens« in ihrer Beschreibung einer androzentrischen Weltsicht kritisieren, gilt es zu überwinden, indem die Gegensätze, die Machthierarchien beschrieben und dekonstruiert werden. Verletzlichkeit gehört im Empfinden vieler zu Unrecht auf die Seite der sogenannten Schwächeren, häufig der Frauen, auf all diejenigen, die »unten« stehen und als weniger wertvoll angesehen werden. Das »ABC des guten Lebens« setzt beim Menschenbild nicht beim erwachsenen Menschen an, sondern bei der Geburtlichkeit, der Nativität. Im androzentrischen Bild dagegen wird Mensch zuallererst mit dem erwachsenen Menschen assoziiert und häufig mit einem Mann. Verletzlichkeit ist aber auch uns Männern zu eigen, ob wir es wissen und wahrnehmen oder nicht.

Sinn ...

Zeit, genauer auf Arbeitswelt und Wirtschaft zu schauen. Eine neue Große Erzählung beinhaltet auch eine Vision, eine Utopie des guten Wirtschaftens und Arbeitens, die Erwerbsarbeit und Care-Arbeit verbindet. Der Kapitalismus hat sich immer wieder als anpassungsfähig gezeigt, das ist seine Stärke, damit ist viel von dem möglich geworden, was wir heute mit Wohlstand verbinden. Aber es gilt dabei immer im Blick zu behalten, dass er Menschenwerk ist und nicht naturgegeben vom Himmel gefallen ist. Der Markt ist kein Naturgesetz. Da ich seit Langem mit New Work im Sinne von Frithjof Bergmann verbunden bin, schaue ich von hier aus auf aktuelle Prozesse. Denn New Work vollzieht sich innerhalb von »Old Work«. In den letzten Jahren hat es neben dem Hype um New Work einen weiteren Begriff gegeben, der sich in die Diskurse gemischt hat: Sinn oder Purpose. Dem möchte ich nachgehen, ich erzähle dazu in diesem Abschnitt von einem Gespräch, das ich mit Anette Fintz geführt habe. Im nächsten Abschnitt reflektiere ich dann den Ansatz einer sich am Gemeinsinn orientierenden Ökonomie, wie ihn neuerdings Silja Graupe, Professorin für Ökonomie und Philosophie an der Cusanus Hochschule, beschreibt.

Im Februar 2019 fahre ich nach Kassel zum »Wilhelmshöher Impuls«, einer Gesprächsreihe des KDA der Landeskirche von Kurhessen-Waldeck. Kassel ist von Hannover in einer Stunde mit dem Zug erreichbar, daher nehme ich gerne an diesen Veranstaltungen teil, die immer wieder inspirierend sind. Diesmal lautet die Überschrift: »Sinn zieht an«. Eine Rednerin ist Anette Fintz, die von ihrem Unternehmen »Institut für sinnorientierte Beratung« erzählt. Hängen bleibt bei mir vor allem ein Gedanke:

»In den ersten zehn Jahren musste ich oft unterschreiben, dass mein Ansatz nichts mit Esoterik zu tun hat. Etwa ab 2008 herum hat sich das grundsätzlich geändert.«

Ich dachte, es wäre bestimmt spannend, mit Anette Fintz mal einen Kaffee zu trinken und genauer nachzufragen. Bei den Vorüberlegungen zu diesem Buch habe ich sie auf die Liste derer gesetzt, die ich im Frühjahr 2020 im Rahmen einer kleinen Dialogreise gerne treffen möchte. Corona kam dazwischen, aber Anette Fintz war sofort bereit, sich mit mir auf einen virtuellen Kaffee zu verabreden.

Zu Beginn unseres Videogespräches frage ich, wie sie zu ihrem Unternehmensnamen gekommen ist. Anette Fintz erzählt, wie sie von dem Neurologen und Psychiater Viktor Frankl sowie dem Philosoph Karl Jaspers geprägt worden ist, und sagt von sich, dass sie immer stark philosophisch ausgerichtet gewesen sei und weniger psychologisch. Daher hatte sie nach Ende ihres Studiums der Philosophie, Psychologie und Soziologie auch wenig Lust, in Richtung Psychotherapie zu gehen.

»Ich bin zu leistungsorientiert, ich konnte mir nicht vorstellen, mir ein Leben lang ›nur‹ persönliche Leidensgeschichten anzuhören und Menschen hier in der Aufarbeitung zu begleiten. Daran ist nichts Falsches, aber für mich ist das nichts.«

Sie nennt ihr Unternehmen »Institut für sinnorientierte Beratung« – und muss sich in der Folge viel Kritik anhören. Sinn ist in der Philosophie ein schwieriger Begriff, sagt sie, bis heute. Dennoch fühlte sich das für sie richtig an, es passte zu ihrer Herkunft von Karl Jaspers und Viktor Frankl. Und es sei ihr wichtig gewesen, von Sinnorientierung zu sprechen und nicht von Sinnzentrierung:

»Sinn ist wichtig, aber nicht zentral. Außerdem muss ich Sinn suchen und finden, und das ist eine lebenslange Aufgabe. Zentrum klingt für mich zu stark nach einer Art Kern, den ich finden und an dem ich mich ausrichten kann. Für mich ist der Gedanke eines Sinnhorizonts wesentlich, das ist für mich ein Rahmen, in dem ich auf bestimmte Dinge hinarbeiten kann, aber ich werde sie nie vollständig erreichen.«

Ich nicke beim Zuhören und denke an Harald Welzer und sein Verständnis von Utopie, aber Anette Fintz erzählt schon weiter:

»Verstehen Sie, mir geht es weniger um das Wollen, sondern darum, *dass* ich und *wie* ich das Wollen *will*.«

Fast schon poetisch, denke ich, erfasse aber intuitiv sofort, was gemeint ist. Es geht um einen gewollten Umgang mit dem Wollen, also darum, wie ich will, was ich will. Das wird anschaulich, als Anette Fintz fortfährt und aus den Anfängen ihrer beruflichen Tätigkeit erzählt.

»Ich hatte Glück. Zum einen hatte ich schon meine Magisterarbeit über die Bedeutung von Schuld, Leid und Tod für die lebenslange Persönlichkeitsentwicklung geschrieben. Das sind Themen, die in Kranken- und Pflegeeinrichtungen ein alltägliches ›Grundrauschen‹ bilden. Zudem habe ich auch eine dreijährige Logotherapie-Ausbildung gemacht und zertifiziert abgeschlossen. Daher lag der Gedanke nahe, mich auf Krankenhäusern und Pflegeeinrichtungen zu spezialisieren. Das war in der Zeit, in der viele Einrichtungen anfingen, anfangen mussten, ›unternehmerischer‹ zu arbeiten und zu wirtschaften. Professionalisierung, Qualitätsmanagement waren Stichworte, Audits wurden vorgeschrieben. Die Anbieter suchten damals händeringend nach Coaches. Ob Sie es glauben oder nicht, ich habe am Telefon gehört: ›Ich habe Sie in den Gelben Seiten gefunden. Können Sie Supervisionsgruppen bei uns anbieten?‹ Ich konnte. Dann wurde es spannend. Denn nach ein paar Wochen rief mich der Geschäftsführer an und fragte mich: ›Was haben Sie denn mit meinen Leuten gemacht, die sind plötzlich so anders, so selbstbewusst?‹«

Ich muss lachen, ich ahne schon, was kommt.

»Was hatte ich gemacht? Ich habe nicht einfach nur gefragt: Wie geht es euch, wie fühlt ihr euch? Sondern ich habe gefragt: Wozu macht ihr eure Arbeit? Ist euch der Sinn bewusst und klar? Und wenn ja, was braucht ihr dazu, dieses ›Wozu‹ umzusetzen? Und wisst ihr, wozu eure Einrichtung da ist? Was ist der Sinn eurer Station, eures Pflegeheims, eures Krankenhauses?«

An dieser Stelle schalte ich mich ein:

»Das kann ich gut nachempfinden, also einmal den Unterschied der Fragerichtung bei der Frage: Wie fühlst du dich? Und dann zu fragen: Wozu bist du hier? Bei der Wie-Frage schaue ich vor allem auf mich und meine Befindlichkeit. Die Frage dagegen: Wozu bist du hier, in diesem Unternehmen, in diesem Team, diese Frage öffnet meinen Blick sofort nach außen, auf Sinn und Zweck meiner Arbeit. Auf der anderen Seite: Ja, die Frage nach dem Sinn, nach dem Wozu, scheint oft längst beantwortet zu sein. Wenn ich mal auf meinen Bereich schaue: In kirchlichen oder diakonischen Zusammenhängen würden vermutlich viele sagen, ich arbeite in einer Einrichtung, die sinnvoll ist, und daher ist meine Arbeit auch sinnvoll. Deswegen arbeite ich bei der Kirche oder bei der Diakonie. Wenn ich hier aber nachfrage: Worin genau besteht denn der Sinn, *wozu* genau gibt es diese Einrichtung, dieses Pfarramt, diesen Kindergarten, dieses Gemeindehaus, diese Pflegeeinrichtung, dann würde das vermutlich Irritationen und Verunsicherung auslösen. Was willst du denn jetzt von mir, willst du die Grundüberzeugungen infrage stellen?«

»So ähnlich sehe ich das auch«, antwortet Anette Fintz, »meine Beobachtung lautet, dass Sinn oftmals ein eher abstrakter, emotionaler Begriff ist, der nicht ohne Weiteres mit konkretem Inhalt gefüllt werden kann. Die Nachfrage wird schnell als bohrend empfunden, als Angriff. Eigentlich ein Zeichen dafür, dass sich Menschen bislang zu wenig bewusst gemacht haben, wozu sie und ihre Einrichtungen da sind. Wohlgemerkt, das ist ein unabgeschlossener und unabschließbarer Prozess in meinen Augen, aber ein sehr lohnender, wenn ich mich darauf einlasse. Aber lasse ich mich darauf ein, dann stellt sich sofort die Frage danach, wie ich in Sinn und Zweck meines Unternehmens, meines Dienstleisters, meiner Verwaltung eingebunden bin. Diese Frage kann ich aber nur beantworten, wenn ich eben weiß, wozu mein Arbeitsplatz da ist.«

Anette Fintz erzählt weiter, dass es vielen leichter fiel und fällt, die Frage nach dem Warum zu beantworten, als Auskunft über Sinn und Zweck zu geben. Warum, sagt sie, fragt immer rückwärts, wozu dagegen richtet den Blick in die Zukunft, nach vorn, spannt den Sinnhorizont auf. Und da sind häufig erst mal Schweigen, Stottern und Allgemeinplätze, ein Zeichen, wie ungewohnt diese Frage ist.

Ich nicke: »Das erinnert mich an Erfahrungen, die meine Frau und ich gemacht haben, als wir anfingen, Menschen die Frage von Frithjof Bergmann zu stellen: ›Was wäre denn für dich eine Arbeit, die du wirklich, wirklich willst?‹ Ganz oft war die spontane Reaktion kurzes Stutzen, und dann: ›Das hat mich ja noch nie jemand gefragt!‹ Eigentlich schade und erschreckend, wenn ich bedenke, wie zentral Arbeit für uns Menschen ist, und ich rede jetzt nicht nur von Erwerbsarbeit. Aber ich möchte noch mal auf den Sinnhorizont zurückkommen, von dem eben schon mal die Rede war, und auf die Unterscheidung von Sinnzentrierung und Sinnorientierung. Da ist bei mir gleich eine ganze Kaskade von Assoziationen durch den Kopf gerauscht. Ein Sinnzentrum würde mich, bildlich gesprochen, auf mich fixieren und zurückwerfen. Ein Sinnhorizont weitet dagegen meinen Blick, ich hebe den Kopf und schaue nach vorne, in die Ferne. Da sehe ich etwas, wo ich hinmöchte, aber ich weiß nicht, ob ich das erreichen kann. Aber die Berge, das Meer, wie auch immer, es zieht mich magisch an. Ich könnte sagen: Mein Sinnhorizont übersteigt mich, ich erreiche ihn nie vollständig, er zieht sich durch mein ganzes Leben, und Blickwinkel verändern sich dabei auch, während ich unterwegs bin. Er ist sowohl Haltung als auch Zielperspektive fürs Handeln. Ich habe mich eben beim Zuhören gefragt, wie würde ich spontan meinen Sinnhorizont in Worte fassen, und mir schoss durch den Kopf: ›Ich höre zu. Und dann sehen wir gemeinsam weiter.‹ Das ist erst mal eine spontane Assoziation, ich muss da noch länger über dem Wozu nachspüren, aber in die Richtung geht es. In diesem Zusammenhang interessiert mich sehr, wie Sie diesen Umschwung etwa ab 2008 erlebt haben, von dem Sie in Kassel erzählt haben.«

Anette Fintz überlegt einen Augenblick und fängt dann an zu erzählen:

»Da muss ich ein wenig ausholen. In den ersten zehn Jahren meines Unternehmens war ich in der Tat in den Augen vieler eine Exotin. Ich musste die schon genannten Neutralitätserklärungen unterschreiben, und es haben sich immer wieder auch mal Leute aus dem esoterischen Lager oder von Sekten gemeldet, die aufgrund des Wörtchens Sinn eine Nähe vermutet haben. Das ist die kuriose Seite. Ernsthafter hat mich die Tatsache beschäftigt, dass Sinn in der Philosophie als unsinniger, unphilosophischer, ja manchmal auch als lächerlicher Begriff angesehen wurde. Da jetzt tiefer einzusteigen, würde den Rahmen sprengen, aber etwa ab der Jahrtausendwende sind einige Publikationen erschienen, die jetzt nicht unbedingt ein Umdenken eingeleitet haben, aber doch aufzeigen konnten, dass sich in der Philosophiegeschichte immer wieder Denker*innen auch mit dem Sinn befasst haben. Für die Veränderung in der Gesellschaft waren andere Entwicklungen vermutlich wesentlicher, wir sprachen eingangs schon über Frithjof Bergmann und New Work, da hat sich etwas in der Einstellung von Menschen zu ihrer Arbeit verändert.«

»Wenn Sie das so schildern, erinnere ich mich an den Unternehmer Carsten Rathier, der in Kassel auch dabei gewesen ist. Sein Familienunternehmen sera Group produziert seit Jahrzehnten Pumpen. Carsten Rathier erzählte, sein Vater habe immer gesagt: ›Wir bauen einfach die besten Pumpen weit und breit!‹ Seinen Stolz zog er aus der technischen Überlegenheit und das übertrug sich auf die Mitarbeitenden. Das hat sich verschoben. Mittlerweile ziehen die Mitarbeitenden ihre Motivation viel stärker aus dem Sinn des Unternehmens, das zum Beispiel Wasserpumpen herstellt, die Menschen in Afrika das Überleben erleichtert oder gar sichert. Das Wozu steht jetzt im Vordergrund.«

»Ja, genau«, stimmt Anette Fintz zu, »und diese Generationenverschiebung wird nun auch sehr deutlich in der jungen Generation Y. Sinnorientierung ist wesentlich geworden, und Unternehmen, aber auch Organisationen wie Verwaltungen oder Dienstleister und ja, auch die Kirchen, müssen sich darauf einstellen.«

»Das glaube ich auch, und es entspricht auch meinen Beobachtungen, dass Menschen viel stärker als früher ihre Arbeit nicht mehr nur als Job zum Geldverdienen verstehen, sondern das, was sie tun, soll etwas mit ihrem Leben, ihrer Persönlichkeit zu tun haben. Das lässt sich an der rasanten konjunkturellen Entwicklung der Begriffe New Work oder auch Purpose ablesen, beide sind inzwischen so sehr im Mainstream angekommen, dass ich immer frage: Was verstehen Sie denn unter New Work? Und wenn ich den Begriff selbst verwende, dann weise ich immer darauf hin, dass ich mich bei New Work am ursprünglichen Konzept von Frithjof Bergmann orientiere.«

»Das kann ich gut nachempfinden«, antwortet Anette Fintz schmunzelnd, »das ist bei den Begriffen Sinn oder Purpose ähnlich. Erst kürzlich hatte ich ein Angebot über sinnorientierte Beratung bei einem Unternehmen abgegeben, und der Geschäftsführer ging das alles genau mit mir am Telefon durch. Der Begriff Sinn tauchte im Konzept und im Gespräch mehr als einmal ausdrücklich auf. Am Ende war ich dann einen Moment sprachlos, als er sagte: ›Frau Fintz, das klingt alles sehr überzeugend, aber eines fehlt mir noch: Wo kommt in Ihrem Konzept denn Purpose vor? Das ist für uns extrem wichtig.‹ Purpose ist inzwischen so allgemein und nichtssagend, ich vermute, dies ist ähnlich dem, was Sie von New Work berichten.«

»Vielleicht liegt es aber auch daran, dass das Wort Sinn in unserer deutschen Sprache gleich viel tiefer reingeht, es ist persönlicher, da schwingt etwas vom Sinn des Lebens mit, und das zu Recht, während sich ›Purpose‹ eher so, na ja, leicht und flüchtig anhört. Und es klingt natürlich hipp und amerikanisch, Sinn eher tröge und altbacken.«

Unser Gespräch endet dann etwas abrupt, da Anette Fintz einen Anschlusstermin hat und wir die Zeit aus den Augen verloren haben. Ich setze mich hin, notiere und sortiere meine Notizen, die ich nebenbei hingekritzelt habe. Spannend fand ich das Gespräch, da war Bestätigung genauso drin wie Anregung. Ich gehe noch ein wenig ins Netz und surfe durch verschiedene Seiten zum Stichwort Sinn. Ich bleibe hängen bei einer Auflistung von Tatjana Schell, die 26 unterschiedliche Bedeutungen von Sinn auflistet, die sie in fünf Kategorien unterteilt: Selbsttranszendenz-vertikal, Selbsttranszendenz-horizontal, Selbstverwirklichung, Ordnung, Wir- und Wohlgefühl.[32] Kein Wunder, denke ich, dass das mit der Beschreibung dessen, was Menschen unter Sinn verstehen, so schwierig und oft missverständlich ist …

... und Gemeinsinn

Silja Graupe ist mir zum ersten Mal in einem Artikel der Zeitschrift agora 42 begegnet. Ich blieb dort an dem Begriff Gemeinsinn hängen, weil ich schon länger Sinn und Purpose in der Arbeitswelt nachspüre, mich andererseits Konzepte wie Gemeinwohlorientierung, Gemeinwesendiakonie oder Gemeinwohlökonomie beschäftigen. Ich frage mich, ob Gemeinsinn das aufnimmt und beschreibt, was Frithjof Bergmann ursprünglich mit den beiden Begriffen Neue Arbeit, neue Kultur im Titel seines Buchs anregen wollte, die heute aber weitgehend auf ein individualistisches Verständnis von Arbeit reduziert wurden. Was ist Gemeinsinn? Silja Graupe schreibt:

»Nur weil die Vorstellung vom Menschen als unbewusstem Gewohnheitstier oftmals der Realität entspricht, sollten wir sie nicht verabsolutieren und daraus ein wie in Stein gemeißeltes Menschenbild machen. Denn wir sind vor allem immer auch kreative Wesen, die sich selbst reflektieren und damit Bewusstsein in ihr Unbewusstes bringen können! Diese Kreativität gilt es anzuregen. Der Schlüssel liegt hier darin, einen komplett anderen Sinn anzusprechen. Die Rede ist hier vom Gemeinsinn, der das duale Schema von blinder Routine und berechnender Rationalität zu sprengen vermag. Prinzipiell ist der Gemeinsinn sowohl der Gegenpol zum bloß eigennützigen Privatsinn des Homo oeconomicus als auch zum Kaltsinn, der gesellschaftliche Zusammenleben nur als blinde Routine begreift.«[33]

Ich habe mich gefreut, als Silja Graupe Anfang Mai in einer Online-Veranstaltung der Pluralen Ökonomik mitdiskutierte, die von einer Kollegin aus meinem Team mit organisiert wurde. »Geld oder Leben«, so war die Veranstaltung überschrieben, und es ging um die Frage, was die Corona-Krise mit uns macht, wie wir sinnvoll darauf reagieren können und wie bzw. was wir als Gesellschaft in dieser Situation priorisieren sollten, gerade auch aus ökonomischer Perspektive. Ich versuche, ihre Gedanken aus ihren Redebeiträgen zu rekonstruieren.[34]

Der Grundfehler unseres heutigen ökonomischen Systems liegt für sie in der Mathematisierung der Wissenschaften, keinesfalls nur der Ökonomie. Dahinter steckt die Vorstellung, dass Wissenschaft allgemeingültige Fakten liefern kann, die dann politisch Verantwortlichen die Basis für Entscheidungen liefert. Vielleicht perfektioniert im »preußischen Gedankengut«, das uns unterschwellig noch prägt und bestimmt. Heute erkennen Menschen mehr und mehr, dass Fakten nicht so eindeutig sind wie erhofft. Mit der Mathematisierung einher geht der Versuch, das Leben in Geld zu übersetzen, in der Hoffnung, dass daraus Gutes entsteht. Dieses Versprechen hat nicht funktioniert, die Folgen werden nicht nur jetzt in der Corona-Krise sichtbar, sondern auch in der Klimakrise. Alle Versuche,

Effizienz immer weiter steigern zu wollen, haben dazu geführt, dass wir in der Krise erkennen, dass wir so Leben nicht schützen können. Corona- als auch Klimakrise führen für Silja Graupe in der Logik des heutigen neoliberalen Paradigmas dazu, dass Menschen sterben, weil vieles weggespart wurde.

Ich habe mich beim Zuhören gefragt, ob mit Sarah Spiekermann gesagt werden kann, auch hier werde die Welt als gesiebte Realität wahrgenommen? In der Mathematisierung der Ökonomie geht es wie bei der Digitalisierung darum, die Welt in Zahlen abzubilden. Aber eine gesiebte Realität ist eben gefiltert und reduziert. Diese Reduzierung kann auch Vorteile bieten, das zeigt sich in der Digitalisierung gerade auch in der Ökonomie an vielen Stellen, aber zugleich werden auch die Folgen und Nachteile erkennbar.

Ein Hoffnungsschimmer ist für Silja Graupe die Tatsache, dass Menschen in Krisen spontan sehr genau wissen, was zu tun ist, was nötig ist. Aber das ändert langfristig keine Gewohnheiten. Sie sagt fast sarkastisch, es gebe keine Corona-Dämmerung des Neoliberalismus, wie manche schon hoffen. Es wird nach der Krise so sein wie nach viele anderen Krisen, die Pfleger*innen werden erschöpft zu Boden sinken, und das System läuft einfach weiter. Und warum ist das so? Weil wir keine Sprache für das Leben haben, wir leben hier in einer geistigen Wüste. Wir haben keine Sprache dafür, mit Unvorhersehbarkeit und Unberechenbarkeit umzugehen. Daher haben sich auch keine Formate entwickelt, um aus spontanen Solidaritätsaktionen langfristig Veränderungen von Gewohnheiten herbeizuführen. Daher machen wir einfach weiter wie vorher, denn irgendetwas müssen wir ja tun. 70.000 Lehrende sind gerade dabei, alte Inhalte zu digitalisieren, das ist aber nicht das Rüstzeug, das wir brauchen, um die Krisen zu bestehen.

Silja Graupe möchte die Erfahrung aufgreifen, dass Menschen in Notsituationen intuitiv wissen, was nötig ist, und fragt, wie daraus eine »neue Normalität« entwickelt werden kann. Es kann für sie nur so gehen, dass die vielen kleinen Entscheidungen, die jetzt getroffen werden, gesammelt, bewertet und daraus neue Narrative gestrickt werden. Dabei formuliert sie die These, dass es möglich ist, die Gegenwart zu verstehen, ohne auf die Daten aus der Vergangenheit zu warten.

Diese Gedanken scheinen an das anknüpfen, was ich versuche zu reflektieren: Wie sieht eine neue Große Erzählung der Transformation aus, die dann in entsprechende Narrative und Narrationen übersetzt und heruntergebrochen werden kann, um Zukunftserwartungen in konkretes Handeln zu überführen und Gewohnheiten zu verändern? Wie können neue Muster von Arbeitswelt und Wirtschaft in eine neue Große Erzählung gewebt werden? Welche Rolle können Spiritualität und Religion hier spielen? Darüber möchte ich gerne mit Silja Graupe sprechen.

Ich schreibe ihr eine Mail und bekomme eine schnelle, aber überraschende Antwort. Statt auf meinen Gesprächswunsch einzugehen, lädt sie mich ein zu einer am folgenden Tag stattfindenden Ringvorlesung der Cusanus Hochschule, die als Stream live verfolgt werden kann. Dort wird sie selbst ein neues Erkenntnisparadigma der Ökonomie vortragen. Ich nehme die Einladung an, schalte mich via Zoom zu und höre fasziniert zu. Denn was sie in dieser Stunde ausbreitet, ist wahrlich ein neuer Ansatz, Erkenntnis zu verstehen. Ein paar Tage später veröffentlicht Silja Graupe dazu ein Working-Paper und einen Aufsatz in der agora 42.

In der Krise, so Silja Graupe, zeigt sich der Gemeinsinn: Spontan wissen Menschen, was zu tun ist. In den »normalen« Zeiten dagegen wird der Gemeinsinn wenig beachtet bis ignoriert und sogar bekämpft. Der Markt, so heißt es, nicht der Gemeinsinn sei das beste ethische Mittel. Auf individuelle Spontanität oder soziale Moral soll es in den tatsächlichen Handlungsabläufen in der Ökonomie nicht ankommen. Mithilfe der Metapher des Eisbergs beschreibt Silja Graupe dieses für sie trostlose Paradigma:

»Wie sich bei einem Eisberg, der auf dem Meer schwimmt, mehr als neunzig Prozent seiner Masse unterhalb der Wasseroberfläche befindet, so soll gerade der Verhaltensökonomik zufolge der allergrößte Teil menschlichen Erkennens unterhalb der Wahrnehmungsschwelle liegen – und damit der Reflexion entzogen bleiben. Statt einer bewussten und aktiv gestaltenden Diversität des Erkennens soll es jenseits rationalen Denkens nur eine erstarrte und in der Dunkelheit des Unbewussten verharrende Ansammlung unzugänglicher kognitiver Strukturen geben, die zudem auch noch als irrational bezeichnet wird.«[35]

Bewusst läuft nur auf der schmalen und fluiden Oberfläche das rationale Erkennen ab, ein gefühllos berechnendes Zweck-Mittel-Denken, wie es zugespitzt im Bild des Homo oeconomicus beschrieben ist. Unterhalb dieser Oberfläche liegt der starre Bereich der Irrationalität:

»Hier (...) treffen Menschen ihre Entscheidungen zwar blitzschnell und mühelos, zugleich aber nicht zu ihrem Besten – zumindest sofern die kalkulatorischen Maßstäbe der Rationalität angelegt werden. (...) Diese im Dunkeln liegende Masse unbewusster Weisen des Erkennens soll vornehmlich aus stillschweigend verinnerlichten Gewohnheiten bestehen (...). Dies ermöglicht besagte schnelle Reaktionen an der (beobachtbaren) Verhaltensoberfläche. Doch soll die Masse an unbewussten Gewohnheiten selbst äußerst träge, ja gar starr sein. In jedem Falle scheint sie durch keinerlei innere Dynamik aktiv gestaltbar. Kahnemann spricht hier ausdrücklich von einer ›Tyrannei des erinnernden Selbst‹.«[36]

Dies führt in der Gesellschaft zu einem »libertären Paternalismus«. Eine Elite, diejenigen nämlich, die in der Lage sind, entsprechend rational zu denken, versucht die Menschen in eine bestimmte, aus ihrer Sicht richtige Richtung zu lenken (nudging), ohne dass die Masse dies merkt. Silja Graupe merkt sarkastisch-ironisch an:

»Woher die Kreativität und die Moral jener Elite kommen sollen, um all die ›Affen auf den Schultern‹ der anderen zu dressieren, bleibt dabei geheimnisvoll. In den ökonomischen Standardlehrbüchern jedenfalls findet sich dazu nichts.«[37]

Den Ursprung dieses heute weitverbreiteten Denkens verortet Silja Graupe im 18. und 19. Jahrhundert. Seinerzeit setzte sich die Einsicht durch, dass die Realität keine sicheren und unveränderlichen Strukturen aufweist. Fortan suchte man das Unwandelbare an anderer Stelle und fand es jenseits aller Erfahrung im »reinen Denken«:

»Rationales Denken, im Sinne des berechnenden Denkens, wähnt sich auf der Spitze eines enorm hohen Berges. Weit entrückt von den vermeintlichen Wirren des Alltags, soll es sich im sicheren Elfenbeinturm der Zahlen, Kalküle und Modelle bewegen können. Doch wie all dies zum Handeln in den Niederungen des Alltags befähigen soll, bleibt unklar.«[38]

Silja Graupe beschreibt demgegenüber eine neue Geologie des Erkennens. Dazu nimmt sie als Metapher unseren blauen Planeten zu Hilfe.

Oben gibt es eine dünne Oberfläche, eine »erstarrte Erkenntniskruste«, sie entspricht der abstrakten Vernunft. Sie wird getragen von einem schmalen oberen Erkenntnismantel, dem gewöhnlichen Erkennen. Dieses ist nicht so fest wie die Oberfläche, eher zähflüssig. Darunter befinden sich ein unterer Erkenntnismantel und ganz innen der Erkenntniskern, bezeichnet als radikales imaginäres Erkennen.

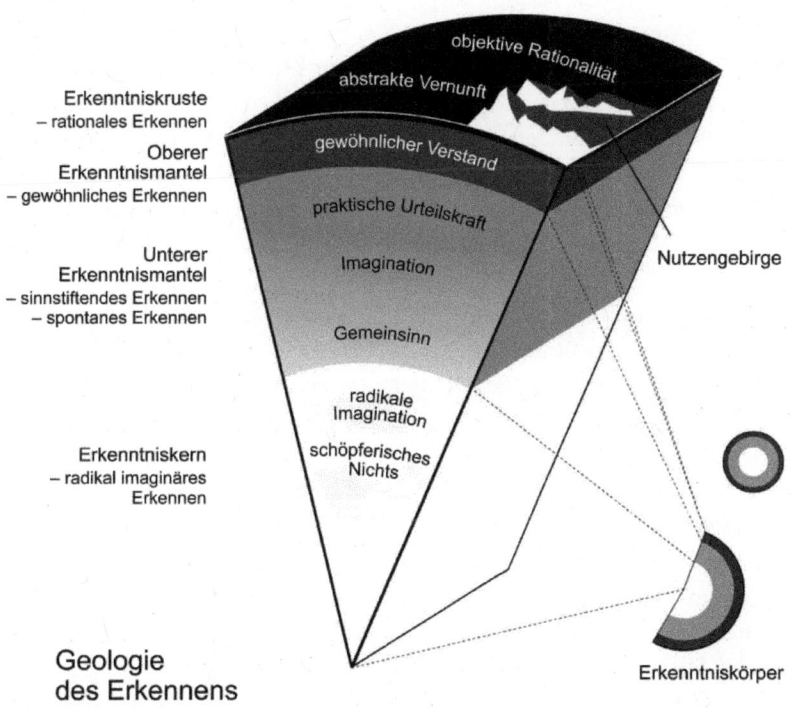

Geologie
des Erkennens

(Grafik erstellt nach einer Vorlage von Silja Graupe, Cusanus Hochschule für Gesellschaftsgestaltung) [39]

»Dieser Kern lässt sich in keiner Weise vergegenständlichen und kann deswegen nur widersprüchlich als ein ›Bestimmtes ohne Bestimmendes‹ oder als ein ›schöpferisches Nichts‹ charakterisiert werden. Er ist reich an Potenzial, aber leer an bereits Erkanntem und Begriffenem (…). Mit Cor-

nelius Castoriadis lässt er sich als ›Magma‹ bezeichnen. Castoriadis beschreibt dieses Magma als gesellschaftlich-geschichtliche Dynamik, ja
als ›unerschöpfliche Quelle von Neuem in der Geschichte und nie erlah-
mende Triebkraft der Selbstveränderung der Gesellschaft.‹«[40]

Das Bild des Blauen Planeten macht verständlich, warum die heutige
Standardökonomie Krisen, Eruptionen so hilflos gegenübersteht. Sie hat
kein Sensorium, das Magma zu erahnen, die Folge sind immer wieder
Situationen, in denen die Oberfläche des Erkennens buchstäblich zerreißt.
Die neue Geologie des Erkennens dreht den Erkenntnisvorgang um: Nun
werden rationales und gewöhnliches Erkennen als lediglich vorübergehend
verfestigte Strukturen einer ursprünglicheren Dynamik erkennbar. Das
angeblich so bewegliche rationale, mathematische Denken und Berechnen
ist hingegen starr und verkrustet, flüssig ist dagegen alles unterhalb der
Oberfläche. Damit wird das rationale und auch das gewöhnliche Erkennen
keinesfalls falsch oder überflüssig, es erhält aber eine andere Funktion und
Wertigkeit. Erkenntnis muss von der Erfahrung ausgehen, hierzu ist das
rationale Denken nicht in der Lage.

Die zweite Schicht, das gewöhnliche Erkennen, ist nicht vollständig er-
fahrungsunabhängig, aber unabhängig von allen konkreten und gegenwärtigen Erfahrungen. Dieses Erkennen ist geprägt durch Gewohnheiten und
mentale Infrastrukturen. Die Differenz zur Standardökonomie liegt in der
Wiederbelebung des spontanen Erkennens und der Neuentdeckung des
sinnstiftenden Erkennens.

Das spontane Erkennen ist immer schon da, es zeigt sich z. B. heute in
der Corona-Krise, denn es lässt Menschen nicht nur reagieren, sondern
agieren. Hier ist der Gemeinsinn von entscheidender Bedeutung.

»Dieser meint dabei zunächst die epistemische Fähigkeit, angesichts
konkreter, situativer Erfordernisse alte Urteile und Vorurteile fallen lassen
und so deren handlungslenkenden Wirkungen aussetzen zu können. Zugleich meint er auch, angesichts dieser Erfordernisse kreativ alternative
Imaginationen generieren zu können, die neue Zugänge zur Welt eröffnen.
Genauer gesagt, erlaubt der Gemeinsinn, die Lebenswelt wahrzunehmen,
bevor mentale Stereotypen oder berechnende Kalküle sie ins Licht bloß
vergangener Erinnerungen kleiden.«[41]

Der Gemeinsinn spürt neue sinnhafte Strukturen in konkreten Erfahrungen auf und stabilisiert sie in improvisierendem Handeln. Der Gemeinsinn ist dabei nicht nur kreativ, sondern auch moralisch, da er die Bedürfnisse von Mitmensch und Mitwelt situationsgerecht in Resonanz bringen kann.

Dieses spontane Erkennen vermag aber nicht zur Gestaltung neuer Strukturen und zur Ausbildung neuer Gewohnheiten und mentalen Infrastrukturen beizutragen, dazu ist er zu flüssig. Hier kommt das sinnstiftende Erkennen ins Spiel. Es setzt beim Magma des spontanen Erkennens an, umfasst den Gemeinsinn, aktiviert über ihn hinaus aber noch die Imagination und die praktische Urteilskraft.

»Die Imagination meint dabei die Fähigkeit, kreative Vorstellungen des Gegenwärtigen und darüber hinaus auch des zukünftig Möglichen zu schaffen. Auch ist sie fähig, neue Bilder des Vergangenen zu schaffen und so Geschichtliches neu zu bewerten. Mit ihr avancieren Menschen von bloß vorstellungsgeprägten, reagierenden Wesen hin zu bildschöpfenden Wesen, die ihre eigenen Anschauungen frei gestalten können.«[42]

Die praktische Urteilskraft, Lebensklugheit (phronesis bei den alten griechischen Philosophen) orientiert sich an konkreten Situationen und erlaubt, in ihnen zu agieren. Mit ihr können Urteile gebildet werden, mit deren Hilfe Fruchtbares und Schädliches unterschieden werden können.

Durch das Zusammenspiel von praktischer Urteilskraft, Imagination und Gemeinsinn vermag das sinnstiftende Erkennen sowohl Exnovation (Aufgabe von Altem) als auch Innovation (Etablierung von Neuem) zu betreiben. Mithilfe dieser Erkenntnisbereiche können Menschen ihre Gewohnheiten verändern und somit gestalten, sowohl im individuellen als auch im sozialen Sinne.

Mit dem Bild des basho-Framework beschreibt Silja Graupe schließlich ihre Vision einer neuen Biodiversität des Erkennens. Der japanische Begriff basho bedeutet in etwa Plätze, Wirkungsstätten oder konkrete Aufenthaltsorte oder auch Habitate des Erkennens. Sie unterscheidet dabei fünf verschiedene Habitate, die gleichberechtigt nebeneinanderstehen: rationales Erkennen, gewöhnliches Erkennen, sinnstiftendes Erkennen, spontanes Erkennen und radikal-imaginäres Erkennen.

Das basho-Framework soll Menschen nicht in ihrer Kreativität des Erkennens einschränken, sondern neue Spielräume schaffen. Dies symbolisiert der offene Raum in der Mitte, in der das radikal Imaginäre sichtbar wird. Die Übergänge sind dabei, wie im Schaubild eingezeichnet, unterschiedlich fließend. Vom Mittelpunkt aus ist der Übergang zum spontanen Erkennen am leichtesten, weil hier die Nähe zur Erfahrung am größten ist.

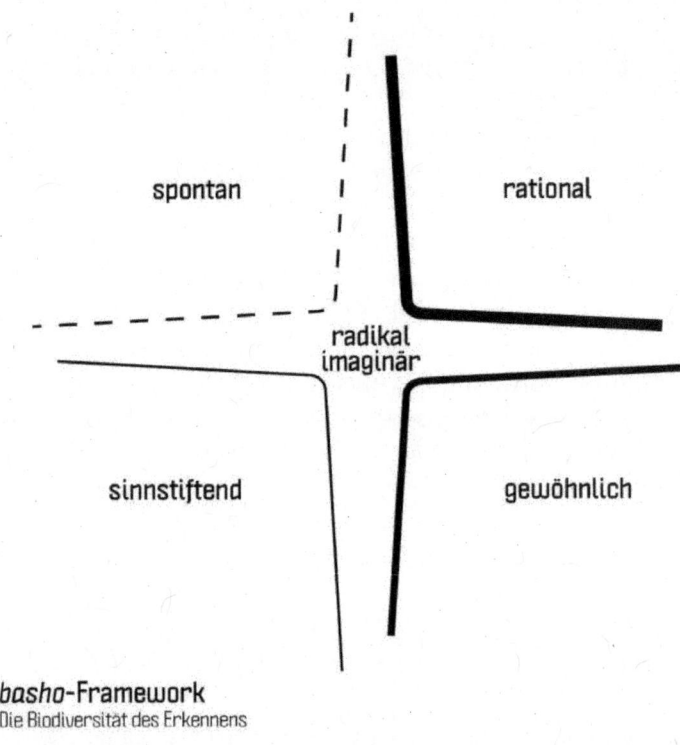

basho-Framework
Die Biodiversität des Erkennens

(Rechte: Silja Graupe, Cusanus Hochschule für Gesellschaftsgestaltung)[43]

»Demgegenüber erweist sich das Habitat des sinnstiftenden Erkennens bereits als deutlich stabiler, da es Gewohnheiten zu verfestigen ebenso wie zu verflüssigen versteht und so strukturellen Wandel dessen, was Normalität genannt wird, im Strom der Zeit ermöglicht. Die Bereiche des gewöhnlichen und vor allem des rationalen Erkennens dagegen fallen wie von hohen und steilen, felsenartigen Klippen jäh zum radikal Imaginären hinab. Hier bietet sich kein seichter Übergang, denn die postulierte Unabhängigkeit des Erkennens von gegenwärtiger bzw. überhaupt aller Erfahrung erlaubte diesen Übergang nur im Sinne eines Absturzes.«[44]

So weit Silja Graupe und ihr Ansatz. Erschreckt hat mich zuerst die Beschreibung der Eliten, die über Anreize und Nudging versuchen, Menschen zu steuern, auf den richtigen Weg zu verleiten, weil sie aus deren Sicht, grob gesagt, zu dumm zum Denken sind. Das klingt für mich nach einem imperialistischen Denken, das sich quer durch unsere Gesellschaft zieht. Manch Aufbegehren gegen »die da oben« erhält so noch einmal eine neue Deutungsmöglichkeit. Macht und Ohnmacht erscheinen in einem spezifischen Blickwinkel, verbunden mit der Frage, wer hat die Macht, Geschichten zu erzählen. Auch die Unterscheidung von Kübra Gümüşay zwischen den Benannten und den Unbenannten bekommt eine weitere Perspektive: Die Benannten sind nun die »Fridays for Future«-Aktivist*innen, bzw. all diejenigen, die Gemeinsinn spüren und versuchen zu leben und damit im alten System anecken. Es gilt, sich deren Geschichten erzählen zu lassen, sie zur Sprache zu ermutigen, damit sie nicht nur »werden«, indem sie sprechen, sondern dass das sich in diesen Erzählungen äußernde spontane Erkennen gesammelt und zu neuen Mustern verwoben wird.

Unklar bleibt mir allerdings die Rolle von Gut und Böse in dem Konzept. Ich frage mich, ob sich nicht nur der Gemeinsinn spontan und sinnstiftend zeigen kann, sondern auch der Gemein-Unsinn oder der Gemein-Leichtsinn. Anders gefragt: Was für ein Menschenbild steht bei Silja Graupe hinter diesem Erkenntnismodell, das sich so wunderbar in der Metapher des Blauen Planeten beschreiben lässt? Wie erklärt sie das Entstehen von Gewalt, von Unterdrückung, von Tyrannei, kurz: von der Zweiteilung der Welt? Pointiert formuliert: Woran »glaubt« Silja Graupe im Blick auf den Menschen? So, wie ich ihre Texte lese, ahne, spüre ich etwas von Vertrauen, von Glauben an das »schöpferische Nichts«, das sich im Kern aller Erkenntnis sowohl verbirgt als auch zu erkennen gibt, einer Kraft, die die Welt im Inneren zusammenhält, um nahe bei der Metapher vom Blauen Planeten zu bleiben. Hier wird zugleich für mich als Christ und Theologe deutlich, wie unendlich weit der Weg von einem Glauben an

Gott bis zur Rationalität und Berechenbarkeit an der Oberfläche des alten Erkenntnisparadigmas ist, das sich im Bild des Eisbergs ausspricht. Glaube, welcher Couleur auch immer, wird häufig ins rein Private abgeschoben. Mit dem Alltag der Welt, gesteuert durch eine Anreize gebende Elite, hat Glaube dann wenig zu tun, er gehört ins Reich der Irrationalität.

Kulturwandel und Gewohnheiten

Die Frage, wie sich Gewohnheiten ändern, ändern können und wie dieser Prozess befördert, gesteuert, gestaltet werden kann, war bereits in der Klimakrise auf der Tagesordnung, und das Corona-Virus verschärft diese Fragestellung auch deswegen, weil plötzlich viele Gewohnheiten in der Pandemie durch staatliche Vorgaben praktisch außer Kraft gesetzt werden: Besuche im Stadion, Theater und Konzerte. Oder der gewohnte Charakter verändert sich, im Büro, in Gottesdiensten, im Sport. Hier schimmert bereits durch, dass Gewohnheiten viel mit Kultur zu tun haben. Gewohnheiten haben individuelle, aber auch strukturelle Anteile. Spontanes Erkennen muss, wie Silja Graupe dargestellt hat, zu sinnstiftendem Erkennen führen und sich in veränderten Strukturen und Gewohnheiten manifestieren, wenn sich etwas tief greifend ändern soll.

Kulturen sind mächtig, Gewohnheiten auch, beide manifestieren sich über sehr lange Zeit und haften an Orten. Wenn ich analysieren und verstehen will, warum manches funktioniert und anderes nicht, ist es zwingend erforderlich, sich mit dem Verständnis von Kultur und Gewohnheiten zu befassen.

Wie Kulturwandel in Organisationen und Betrieben erreicht werden kann, ist an vielen Stellen Thema in Beratungsansätzen und in Literatur über Führung in Unternehmen. Auch in der Nachhaltigkeitsdebatte wird immer wieder darüber nachgedacht, wie groß die kritische Masse sein muss, um Veränderungen zu erzielen, und wie diese kritische Masse aktiviert werden kann. Daher werde ich dem Begriff der Kultur und des Kulturwandels nachgehen und mich dazu mit Edgar und Peter Schein befassen. In einem weiteren Schritt werde ich mich den mentalen Infrastrukturen zuwenden, die mir durch Harald Welzer schon länger vertraut sind. Ziel ist es, Kulturwandel und Gewohnheitsänderungen besser zu verstehen, um später gezielter der Frage nachgehen zu können, wie Erzählungen aussehen müssen, um Wandlungsprozesse zu fördern.

Edgar Schein hat zusammen mit seinem Sohn Peter Schein einen Klassiker über Organisationskultur in Unternehmen geschrieben, der auch grundlegende Fragen von Makro-Kulturen mit im Blick hat. Das ist für meine Fragerichtung weiterführend. Bei der Analyse von Kulturen unterscheiden die beiden Autoren drei Ebenen:[45]

> Artefakte (sicht- und spürbare Strukturen und Prozesse)
> ΄gewählte Überzeugungen und Werte (Ideale, Ziele, Werte, Ideologien, Rationalisierungen)
> grundlegende Annahmen (unbewusste, als selbstverständlich geltende Überzeugungen und Werte, die Wahrnehmung, Denken und Fühlen bestimmen)

Diese drei Ebenen sind unterschiedlich leicht zu beobachten und zu beschreiben, Artefakte leichter als Überzeugungen, diese wiederum leichter als Annahmen. Außerdem erinnern die Autoren daran, dass es eine objektive Analyse nicht geben kann, weil der oder die Beobachter*in immer ebenfalls Teil der Kultur ist.

Für die Frage, wie sich grundlegende Kulturen in unserer Gesellschaft analysieren und ggf. verändern lassen, hilft mir folgende Unterscheidung weiter, wie Menschen mit ihrer Umwelt in Beziehung treten, und zwar gerade auch deshalb, weil sie unter einer globalen Perspektive Geltung besitzt. Die Autoren skizzieren drei grobe Varianten, die sie sowohl interkulturelle Unterschiede identifizieren lassen, die aber insbesondere in global aufgestellten Unternehmen und/oder in globalen Wirtschaftsbeziehungen sinnvollerweise zu beachten sind, um Unternehmensprozesse besser zu verstehen:[46]

> Die »Macher«-Orientierung: Sie geht von der Annahme aus, dass die Natur kontrolliert werden kann, und hat von daher eine pragmatische Sicht auf die Natur, zugleich vertritt sie die Vorstellung, dass der Mensch sich vervollkommnen kann, ja muss. Für die Autoren ist dies die dominante Orientierung in den USA und in dortigen Management-Konzepten.

➢ Die »Sein«-Orientierung: Sie geht umgekehrt davon aus, dass die Natur mächtig und der Mensch dieser unterlegen ist. Da die Natur nicht kontrolliert werden kann, muss gelernt werden, sie so zu akzeptieren, wie sie ist. Viele Religionen sind von dieser Vorstellung geprägt.

➢ Die »Sein im Werden«-Orientierung: Sie liegt zwischen den beiden anderen Orientierungen, ihr Fokus liegt auf Entwicklung. Indem der Mensch seine Fähigkeiten voll ausschöpft, liegt er in Harmonie mit der Natur. Hier geht es mehr um die Frage, was und wer ein Mensch ist, was er werden kann, und weniger darum, was er zu leisten imstande ist.

Dieses Raster ist natürlich grob, aber hilft doch bei dem Versuch, Kulturen zu analysieren und zu verstehen. Nur wenn ich die jeweilige Orientierung oder auch das spezifische »Gemisch« erkenne, vermag ich Geschichten zu erzählen, die ankommen. Die heutige Kultur ist dabei die Gegen-Geschichte, Nachhaltigkeitsfragen sind vielfach noch nicht in kulturelle und mentale Infrastrukturen eingesickert. Versuche ich die Gegen-Geschichten und deren Antagonisten mit Empathie und Verständnis in den Blick zu nehmen, eröffnet dies Dialogmöglichkeiten, vor allem und zunächst nur in meinem inneren Dialog, wenn ich versuche, eine Kultur zu verstehen. Und nicht nur im Blick auf Nachhaltigkeit bin ich zugleich selbst Teil dieser alten Kultur, ich brauche nur in mich hineinzuhorchen und finde die Gegen-Geschichten auch in mir, da ich durch die Struktur meiner Gegenwart geprägt bin. Das schließt ein, dass ich auch den Schmerz in mir spüre, den Ed und Peter Schein als Urzelle des Kulturwandels beschreiben:

»Der Wunsch nach Veränderung, danach, etwas anders zu machen oder etwas Neues zu lernen, *beginnt immer* mit einer Form von Schmerz oder Unzufriedenheit.«[47]

An solch einem Punkt sind wir heute, keine Frage. Der Schmerz ist vielfach spürbar, ich sehe ihn bei Fridays for Future genauso wie bei Kübra Gümüşay und aktuell an vielen Stellen in der Corona-Zeit, auch in der »Black Lives Matter«-Bewegung. »Sein im Werden« klingt ähnlich wie »sprechend werden«, ich komme darauf zurück. Zunächst stellt sich die

Frage: Wenn die Analyse glasklar ist, wenn der Schmerz so groß ist, warum ist Veränderung so schwierig?

Die Aufgabe, vor der wir als Einzelne und als Gesellschaft immer wieder stehen, beschreibt Bodo Janssen in seinem Buch »Kraftquelle Tradition. Benediktinische Lebenskunst für heute« wie folgt:

»Ziel ist, das aus dem Willen heraus entstehende Handeln mit seinen immer wiederkehrenden Widerständen zu überwinden und in das Handeln aus einer guten, dem Leben dienenden Gewohnheit zu kommen. (…) Laut einer psychologischen Studie brauchen wir 66 Tage täglicher Praxis, um aus einem Akt eine Gewohnheit werden zu lassen. Der wichtigste Aspekt ist dabei das praktische Tun, denn theoretisches Wissen allein bewirkt nichts, praktische Anwendung alles. Eine gute Gewohnheit entsteht nicht dadurch, dass ich etwas denke.«[48]

Gut gefällt mir daran, dass Gewohnheiten nicht nur wie häufig in der Umgangssprache als »schlechte Gewohnheiten« abqualifiziert werden, sondern Bodo Janssen den positiven Charakter von Handeln betont, an das ich mich so sehr gewöhnt habe, so dass es mir in Fleisch und Blut übergegangen ist. Und auch der einigermaßen überschaubare zeitliche Rahmen von ca. zweieinhalb Monaten, knapp zehn Wochen, stimmt hoffnungsfroh. Ich frage mich aber, ob der Wille allein ausreicht. Anders gesagt: Reicht es aus, eine positive Geschichte der Gewohnheitsänderung zu beschreiben, ohne die Gegen-Geschichte, die Widerstände mit zu betrachten? Eine offene Frage in einer Zeit, in der ein kleines Virus uns zu Turbo-Veränderungen zwingt. Wie nachhaltig sind die Veränderungen, die der Lockdown ausgelöst hat? Liegt es wirklich allein an meiner Entscheidung, meinem Tun, meiner Disziplin? An vielen Stellen wurde das solidarische Social Distancing gelobt, ohne das die Maßnahmen weniger Wirkung erzielt hätten, nach allem, was wir wissen. Geht Veränderung durch Einsicht oder durch Zwang? Oder durch Zwang zur Einsicht? Und wann sind sie dauerhaft? Reicht es, 66 Tage zu warten, und danach ist das bis vor Kurzem übliche Händeschütteln aus unseren gewöhnlichen Verhaltensmustern verschwunden? Oder ist das Händeschütteln ein zu simples Beispiel? Was ist mit tiefer liegenden Gewohnheitsmustern, die auch nicht so offensichtlich sind wie Begrüßungsformen im öffentlichen Bereich und bei denen es eher um grundlegende Annahmen als um Artefakte geht, um es mit Edgar und Peter Schein zu sagen?

Hier habe ich viel aus dem Konzept der mentalen Infrastrukturen gelernt. Harald Welzer geht dabei von der bekannten Tatsache aus, dass nur ein Bruchteil der Orientierungslinien, die sich in unserem Habitus ausprägen, dem kognitiven Teil unseres Gehirns zugänglich ist. Den weitaus größeren Teil erreichen wir mit unserer Wahrnehmung nicht. Daraus folgt:

»Der Habitus, die Gefühle und die Denkformen des ökonomischen Menschen haben sich nicht durch kognitive Operationen verändert, die Aufklärer entworfen und gefordert haben, sondern durch die ökonomische, industrielle und politische Praxis der sich entwickelnden bürgerlich-kapitalistischen Gesellschaft. Wollte man also etwas an den mentalen Infrastrukturen verändern, müsste man die Praxis selbst verändern, die eben das Bewusstsein so nachhaltig und tief prägt, dass man sogar, wie Autoliebhaber stolz sagen, ›Benzin im Blut‹ haben kann. Das bedeutet: Wir brauchen Produkte, die uns in anderen Formaten erzählen, aber wir brauchen auch eine Geschichte, die wir über uns selbst erzählen können – und zwar aus der Perspektive einer möglichen Zukunft: Wer möchte man einmal gewesen sein? Wie möchte man die Welt eingerichtet und hinterlassen haben?«[49]

»Selbst denken« heißt eines der Bücher, die Harald Welzer geschrieben hat, und der Untertitel lautet: »Anleitung zum Widerstand«. Zum Nulltarif ist die Transformation nicht zu erreichen, es braucht die Änderung zentraler mentaler unbewusster Infrastrukturen, die zugleich äußere Strukturen mit verändern. Denn, so Welzer, meist werde unterschätzt, wie wichtig eine gelebte Kultur für die Entscheidungen der Einzelnen ist. Zugleich wird überschätzt, welche Rolle Wissen und Ethik für individuelle Handlungen spielen. Das könnte einen kleinen Hoffnungsschimmer in der Corona-Zeitenwende bedeuten, weil sich, erzwungen zwar, aktuell eine neue gelebte Kultur entwickelt, die sogenannte neue Normalität. Ob und in welcher Weise sie dauerhaften Bestand hat, bleibt freilich abzuwarten. Wird es Narrative, Geschichten geben, die in diesen Tagen und Monaten so erzählt werden, dass sie die Handlungen aufnehmen, interpretieren, verinnerlichen, aber auch anstoßen? Denn es sind doch die Geschichte, die Erzählungen, die Narrative, die handlungsleitend sind, und nicht Daten und Fakten. Um solche Geschichten erfinden und erzählen zu können, braucht es Utopien:

»Utopien sind ein großartiges Mittel, um Denken und Wünschen zu üben: sich einen wünschbaren Zustand in einer denkbaren Zukunft zu imaginieren, macht den Status quo zu lediglich einer Variante von vielen möglichen Wirklichkeiten.«[50]

Ich lese das, und im selben Moment löst sich in meinem Kopf das ganze Gerede von der angeblichen Alternativlosigkeit in Luft auf, das mancherorts eingetrichtert wird. Utopien können und müssen sich in Geschichten, in Erzählungen einer gelingenden Zukunft übersetzen lassen. Harald Welzer spricht in diesem Zusammenhang von Vorerinnerungen, mentalen Vorgriffen auf etwas, das zwar erst in der Zukunft existiert, aber für Ausrichtung von aktuellem Handeln ebenso wichtig ist wie der Rückgriff auf erlebtes oder ebenfalls vorgestelltes, imaginiertes Handeln in der Vergangenheit. Wesentliche Produktivkräfte in diesen Vorerinnerungen sind Wünsche, Träume, Neugier und Sehnsucht nach anderem. Harald Welzer bietet auch seine eigene konkrete Utopie an: Zivilisierung durch weniger, weniger Material, Energie, Dreck. Allerdings ist er realistisch:

»Die Zukunft wird nur auf einem Weg zu erreichen sein, der selbst durch Irr- und Abwege, unpassierbare Strecken, gute Passagen, Steigungen und Gefälle kurz: durch alles andere als Geradlinigkeit gekennzeichnet ist. (…) Die Heuristik einer nachhaltigen Moderne ist deshalb ein *Utopisches-bis-auf-Weiteres* und kennt daher auch Handlungsmaximen, die der nichtnachhaltigen Moderne völlig wesensfremd sind: probieren, abbrechen, aufhören, innehalten, pausieren.«[51]

In diesem Zusammenhang kann er auch von essayistischem oder hypothetischem Leben sprechen. Fast schon prophetische Worte, wenn ich mich in diesen Tagen umschaue und niemand weiß, was ist, was wird, was kommt.

Mentale Infrastrukturen zeichnen sich dadurch aus, dass sie mir größtenteils nicht bewusst sind, und es gibt eine komplexe Wechselwirkung zwischen Außen- und Innenwelt. Das konkrete Träumen im Futur II, das Entwickeln von Szenarien und Geschichten, in denen ich mir eine wünschenswerte Zukunft vorstelle, das bewusste und gezielte Erzählen verändern nach und nach Verhalten im Äußeren.

Kriterien für gelingende Erzählungen

Ich gehe einen Schritt weiter und frage: Gibt es überhaupt eine Große Erzählung für und in der Gegenwart, an der wir uns ausrichten und aufrichten können? Und wenn ja, wie setzt diese sich zusammen aus den vielen kleinen Geschichten, die erzählt werden? Ich möchte der Frage nachgehen, was die Kriterien von Erzählungen sind und welche Rolle der oder die Erzähler*in darin spielt. Denn unbestritten, es gibt Geschichten und Erzählungen in unserer Welt, und sie sind wirkmächtig. Ich teile die Auffassung der Nachhaltigkeitswissenschaftlerin und Theologin Almut Beringer, die davon ausgeht, dass Menschen nicht aufgrund von Daten und Fakten handeln, sondern aufgrund von Narrativen.[52]

In der Gegenwart ist viel von Storytelling die Rede. Bücher, Aufsätze und Webartikel dazu sind Legion. Allen gemeinsam ist die Suche nach Regeln. Der Sprachwissenschaftler Wolfgang Kraus hat den Zusammenhang von Narrationen und Identitätsbildung untersucht, das scheint mir für meine Fragestellung hilfreich zu sein. Denn sein Fokus liegt darauf, wie ich mein *eigenes* Leben erzähle. Für ihn ist die Konstruktion von Narrationen keineswegs beliebig. Wenn wir verstanden werden wollen, können wir die Regeln für richtige Geschichten nicht brechen. Aus einer Vielzahl von Analysen hat er fünf Grundregeln herausgefiltert:[53]

> ➤ Es braucht einen sinnstiftenden Endpunkt, es muss klar sein, worauf der oder die Erzählende hinauswill.

> ➤ Die Einengung auf relevante Ereignisse ist sinnvoll, eine Erzählung ordnet sich von ihrem Ziel her.

> ➤ Die narrative Ordnung der Ereignisse ist zu beachten, also Konventionen wie der lückenlose Lebenslauf. Abweichungen können aber gezielt zur Irritation usw. eingesetzt werden.

> ➤ Erzählungen stellen Kausalverbindungen her. In der westlichen Kultur sind die erzählten Ereignisse kausal verbunden, eins folgt auf das andere.

> ➤ Geschichten benötigen Grenzzeichen. Es gibt Signale, die deutlich machen, wann eine Erzählung beginnt und wann sie endet.

Diese Regeln sind noch recht allgemein und formal, deutlich wird aber bereits, dass Erzählungen immer interessengeleitet sind, ob ich nun aus meinem eigenen Leben oder die Geschichte einer Familie, eines Unternehmens, eines Fußballspiels erzähle.

Aufschlussreich ist es daher, sich selbst beim Geschichtenerzählen zuzuhören. Denn jede und jeder von uns erzählt Geschichten, pausenlos, Tag für Tag. Ich erzähle, wie es im Büro war oder im Urlaub. Oder beim Elternabend. Wir sind das gewohnt. Interessant wird es aber, wenn ich überlege, welche Geschichten ich aus meinem Leben immer wieder erzähle. Und wann. Und wem. Und mit welchen kleinen, feinen Unterschieden. Will ich überzeugen, beeindrucken, mich rechtfertigen? Will ich Verbundenheit signalisieren oder mich abgrenzen?

Welche Geschichten erzähle ich z. B. meinen Kindern? Von der Zukunft, die auf uns zukommt, und den mit dieser Zukunft verbundenen Hoffnungen, die ich im Blick auf meine Kinder hege, wenn sie einmal groß sind? Welche Geschichten haben mir meine Eltern erzählt?

»Ihr sollt es einmal besser haben als wir« – so lautete eine der Geschichten, die ich als Kind oft gehört habe. Allerdings meinten meine Eltern das nicht im Sinne von mehr Wohlstand, denn finanziell ging es ihnen und uns schon ausgesprochen gut. Nein, für sie hieß das: Wir konnten in unserer Jugendzeit und als junge Erwachsene in der Nachkriegszeit nicht die Bildung erfahren, die wir uns gewünscht hätten. Ihr sollt es da einmal besser haben! Unausgesprochen stand die Erwartung an meinen Bruder und mich im Raum, dass wir studieren sollten. Egal was.

Während der Arbeit an diesem Buch habe ich mir selbst zugehört. Ich war überrascht, wie groß das Set von Motiven, Ereignissen, Lesefrüchten usw. ist, das ich immer wähle und einsetze. Auch wenn ich in diesem Buch eine ganze Reihe solcher Geschichten erzähle, so ist die Zahl noch viel größer, ich musste also auswählen. Wie bin ich vorgegangen? Ein Aspekt war, wesentliche Wendepunkte in meinem Leben zu beschreiben, ein anderer, Erkenntnisse nicht in wissenschaftlich-sachlicher Sprache zu beschreiben, sondern sie anschaulich in eine Geschichte zu verpacken. Unter anschaulich verstehe ich Bilder, aber vor allem Emotionen. Geschichten transportieren Emotionen, durch sie motivieren oder demotivieren die Bilder und die Motive, die beschrieben werden.

Dieser Gedanke führt mich zu einem weiteren Aspekt. Jede Geschichte erzählt zugleich eine Gegen-Geschichte, sie grenzt sich ab, setzt sich von anderen Werten und daraus folgenden Entscheidungen ab. Mit meiner Narration verfolge ich bestimmte Interessen, die anderen Interessen entgegenlaufen. Verbindend kann dies dennoch sein, wenn es, wie der Soziologe Manuel Rivera und die Politikwissenschaftlerin Patrizia Nanz schreiben, einfühlend und zugewandt geschieht:

»Realistische Geschichten über Nachhaltigkeit (müssen) auch Antagonisten haben und diese Antagonisten sind teils ›wir‹ selber, in unserer Komplizenschaft mit einer nicht-nachhaltigen Lebensweise, aber eben auch ganz bestimmte Gruppen und Akteure unter uns mehr als andere. Ihnen den strukturellen Platz als Anti-Helden (…) in einer Narration zuzuweisen, heißt ja nicht unbedingt, sie zu verteufeln. Auch ihnen bleibt ja Empathie und Verständnis vorbehalten.«[54]

Dies ist für Manuel Rivera und Patrizia Nanz auch deswegen bedeutsam, weil ohne Antagonisten nachhaltige Narrationen einer schöneren Zukunft schnell »umarmend-blutleer« bleiben, weil ihnen das Gegenüber fehlt. Ohne die entsprechende Empathie allerdings werden schnell Gräben aufgerissen.

Auch Harald Welzer hat zusammen mit Stefan Rammler Kriterien für narrative Zukunftsbilder benannt. Diese sollten

➢ narrativ und emotional anschlussfähig,
➢ hinreichend konkret und detailreich,
➢ konstruktiv und positiv und
➢ nicht unrealistisch sein.[55]

Aus solch einer offenen, einfühlsamen und zukunftsorientierten Haltung heraus können mithilfe der genannten Kriterien Geschichten gesucht und entworfen werden, die bislang Unverbundenes verbinden. Die Kriterien stellen einen Rahmen dar, in dem ich mich erzählend, entwerfend, schreibend und reflektierend bewegen kann.

Fortschrittsglaube und fiktionale Erwartungen

Welche grundlegenden Annahmen, welche Glaubenssätze bilden die Werte für die Narrative und Narrationen ab, die in der heutigen Welt (noch) handlungsleitend sind? Dazu gibt es vielfältige Untersuchungen. Ich möchte zwei Aspekte beleuchten: den Glauben an den Fortschritt, der als Antreiber seit zweihundert Jahren tief in unserer Kultur verankert ist, und die fiktionalen Zukunftserwartungen, welche den heutigen Kapitalismus antreiben. Beide Beispiele werden aufzeigen, dass wirkmächtige Erzählungen letztlich auf Glaubensentscheidungen beruhen, und so werden zugleich zwei Brücken für die Beschreibung einer neuen Großen Erzählung sichtbar: Auch die Große Erzählung nimmt als Utopie den Rahmen eines Glaubenssystems an, weil Zielvorstellungen und Werte auf die Zukunft projiziert und Gegenwart von dort aus in den Blick genommen wird. Zum anderen wird der Dialog mit Religionssystemen und deren Traditionen möglich, die gemeinsame Basis ist die menschliche Grundkonstante, an etwas zu glauben, Vertrauen in etwas oder jemanden zu setzen, eine Grundvoraussetzung für motiviertes Handeln.

Der Glaube an den Fortschritt ist ein mächtigstes Narrativ, ein Glaubenssatz, der sich in den letzten zwei Jahrhunderten in Denken, Fühlen und Handeln der Menschen in der westlichen Kultur eingebrannt hat. Er war und ist Motor von Wohlstandsentwicklungen. Gegenwärtig allerdings verlieren Menschen zunehmend das Vertrauen in diesen Glauben. Wo die Folgen des Umgangs mit den natürlichen Ressourcen unseres Planeten immer offensichtlicher werden und uns buchstäblich näher rücken, kommt dieser Fortschrittsglaube in die Krise. Zugleich wird ein zweiter, eng mit dem ersten verbundener Glaubenssatz erkennbar: Der Glaube, dass dieser Planet genug Ressourcen für die mit dem Fortschritt verbundenen Entwicklungen bereithält, Ressourcen, die »nichts« kosten. Auch dieser Glaube gerät ins Wanken, hat sich vielleicht bereits verflüchtigt, aber da kein neuer Glaube existiert, ausgelöst von einer Utopie für die Zukunft, entfaltet in einer neuen Großen Erzählung, verharren viele Menschen in einer lähmenden Ungläubigkeit …

Sarah Spiekermann hat das Narrativ des Fortschrittsglaubens in ihrem bereits erwähnten Buch »Digitale Ethik« beschrieben. Die Anfänge lassen sich ihr zufolge bis ins Hochmittelalter zurückverfolgen. Bis dahin galt als Fortschritt, dass jeder Mensch im Lauf seines Lebens Entwicklungen durchmacht und darin fortschreitet. Er erkennt seine Talente und trachtet danach, mit ihnen den eigenen Platz in der Gemeinschaft zu finden, im Rahmen der Natur, des Kosmos, der Zeit, der Dinge und der Lebewesen um einen herum. Mensch und Natur werden nicht getrennt gesehen, sondern als verbunden. Fortschritt bedeutet die Erkenntnis und die Anerkenntnis dieser Verwobenheit.

Roger Bacon wurde zum Wegbereiter eines veränderten Fortschrittsverständnisses, das die Natur nicht mehr als Werteordnung verstehen will, in die das jeweils Neue harmonisch eingebettet wird. Jetzt wird die Natur zum Experimentierfeld, das es den Menschen erlauben wird, sich nach und nach aus der vorgegebenen Ordnung heraus zu entwickeln. Roger Bacon dachte schon im 13. Jahrhundert an die Verlängerung des menschlichen Lebens, an Flugapparate und selbstfahrende Fahrzeuge. Dieses neue Fortschrittsnarrativ ist durch drei Grundannahmen gekennzeichnet:

➢ Es sieht »Neues« als »gut« an.
➢ »Alt« dagegen gilt als »schlecht«.
➢ Dieses Denken hält die Welt für beherrschbar.

Dahinter offenbart sich ein Menschenbild, das den Menschen nicht nur als verbesserungs*fähig*, sondern als verbesserungs*notwendig* ansieht, wie Sarah Spiekermann ironisch anmerkt:

»Viele (in den heutigen Wissenschaftseliten, M.J.) empfinden den Menschen mitsamt seinen natürlichen Anlagen als suboptimal, dumm und unglücklich. Sie glauben, man müsse ihn verbessern. (…) Sie haben keinen Respekt vor der Würde des Menschen, wie er ist mit all seinen liebenswerten Schwächen, Behinderungen und Einzigartigkeiten (…). In ihren Augen brauchen wir keine menschlichen Geliebten und Ratgeber mehr. Wir brauchen Sprachassistenten.«[56]

In die Ahnenreihe dieser Vordenker eines negativen Menschenbildes gehören für sie Thomas Hobbes, John Locke und Jean-Jacques Rousseau. Dieses Narrativ ist für sie heute sowohl auf der Seite der politischen Linken prägend, die nach dem starken Staat ruft, um »die sozial Schwachen« vor Ungerechtigkeit zu schützen, als auch auf der Seite der Konservativen, die nach dem schlanken, aber an Law und Order orientierten Staat rufen, der im natürlichen Krieg aller gegen alle die Menschen in Schach hält, ganz im Sinne von Thomas Hobbes: Der Mensch ist dem Menschen ein Wolf – homo homini lupus est. Am Ende dieser Denkweise steht aktuell die Idee des Transhumanismus von Ray Kurzweil und anderen, die den Menschen und seine natürliche Körperlichkeit für so überwindenswert erachten, dass sie davon träumen, all unsere Körperteile durch computerisierte Materialien zu ersetzen, oder, noch besser, das menschliche Gehirn zu scannen und mein Ich, meine Erinnerungen und Gedanken in einen Computer hochzuladen. Ewiges Leben, so lautet die Utopie, wird so möglich, unabhängig von meiner Körperlichkeit. Völlig ausgeblendet wird dabei die bereits beschriebene Tatsache, dass die digitalisierte Welt zwar in der Lage ist, viele Rechenoperationen schneller und oftmals auch effizienter und überraschender durchzuführen, aber zugleich alles und jedes auf 1 und 0 reduziert und so eine gesiebte und damit eine verkümmerte Realität bleibt. Sollte es möglich werden, den Inhalt eines Gehirns in einen wie auch immer gearteten Computer hochzuladen und sich damit von seinem Körper abzutrennen, ist keineswegs das Ziel des Fortschritts erreicht, auch wenn ich den Gedanken weiterspinne und dieses Gehirn in einen Roboter einbaue, der so aussieht wie ein Mensch, mit Armen, Beinen usw. Er ist kein Mensch, weil der Mensch sich nicht auf 0 und 1 reduzieren lässt. Für Sarah Spiekermann hat dieser auf die Spitze getriebene Fortschrittsglaube fatale Folgen, denen konsequent entgegengetreten werden muss:

»Viele Menschen glauben mangels besseren Wissens an ihre ›transhumanen‹, also jenseits des Menschlichen liegenden Visionen. Dieser gefährlichen Entwicklung können wir in demokratischen Ländern nur auf eine Weise begegnen: Wir müssen klarere, durchdachtere und menschenfreundlichere Alternativvisionen entwickeln, die wir ihrer gefährlichen Ideologie entgegenstellen können. Dann können sich Wirtschaft, Gesellschaft und Politik wenigstens entscheiden, welchen Weg sie einschlagen möchten. Es gibt nur eine Herausforderung dabei: Das Böse kommt oft so schillernd und schön im Gewand des Guten daher, während das Gute eher im Stillen die unsichtbaren Fäden eines zufriedenen Lebens webt.«[57]

Die Analyse zeigt, dass es sich bei dem Fortschrittsglauben keineswegs um eine der Natur innewohnende Systematik handelt. Fortschritt ist nicht naturgegeben, sondern eine bestimmte Weise, die Welt, den Menschen und seine Werte zu sehen. Wenn er aber konstruiert ist, dann ist er auch veränderlich, das ist die hoffnungsfrohe Botschaft.

Neben die Dekonstruktion des Fortschrittsglaubens stelle ich nun die Analyse der Rolle der fiktionalen Erwartungen im heutigen Kapitalismus, die der Soziologe Jens Beckert vorgelegt hat.

Jens Beckert untersucht die seiner Ansicht nach nicht hinreichend berücksichtigte Rolle von Zukunftserwartungen im gegenwärtigen kapitalistischen System wirtschaftlichen Handelns. Die Theorie des rationalen Handelns versagt nicht, weil die Akteure nicht danach streben, ihren Nutzen zu maximieren, sondern weil diese Theorie schlicht die Konsequenzen von Ungewissheit nicht erfassen kann:

»Angesichts echter Ungewissheit dient eine Erwartung als Interpretationsrahmen, der eine Situation durch die Imagination von zukünftigen Zuständen der Welt und von Kausalbeziehungen anscheinend beherrschbar macht. (…) Der Begriff der ›fiktionalen Erwartung‹ bezieht sich auf die Bilder, die ein Akteur in seiner Vorstellung heraufbeschwört, wenn er über zukünftige Zustände der Welt nachdenkt.«[58]

Die wirtschaftlichen Akteure verhalten sich daher so, als ob sich die Zukunft so entwickeln würde, die Akteure glauben an die Zukunftsbilder, die in der konkreten Praxis die Form von Narrativen annehmen und als Geschichten erzählt werden. Jens Beckert zeichnet die sich im Verlauf der letzten Jahrhunderte wandelnden Vorstellungen von Zukunft nach, die in der Gegenwart mit einem Kontrollverlust in unseren modernen Gesellschaften einhergehen: Zukunft verwandelt sich mehr und mehr in einen Raum voller Hoffnungen und Bedrohungen, der Begriff des Risikos steht für diesen Prozess. Die Erwartungen der wirtschaftlichen Akteure sind dabei weniger rationale Voraussagen, sondern Wetten auf eine Zukunft, die noch völlig offen und damit ungewiss ist. Jens Beckert folgert, dass die Vorstellungen, wie die Zukunft aussehen wird, unter diesen Bedingungen viel mit literarischer Fiktion gemeinsam haben. Auch in der Ökonomie werden Annahmen ins Spiel gebracht, die über empirische Fakten hinausgehen. So wird eine eigene Realität erzeugt, in der Autor*innen und Leser*innen handeln, als ob die beschriebene Realität tatsächlich existierte. Beide, die literarische wie auch die ökonomische Fiktion, stützen sich auf

Erzählungen, in denen aus der Gegenwart heraus in einer kausalen Abfolge Zukunft entworfen wird, beide erschaffen eine eigene Welt. Die Methoden und Kriterien für Narrationen sind dabei die gleichen, aber ein zentraler Unterschied besteht: Die Leser*innen eines Romans wissen von vornherein, dass sie einen Text mit fiktionalem Charakter in Händen halten. Im Gegensatz dazu haben die wirtschaftlichen Akteure ein hohes Interesse daran, den fiktionalen Charakter ihrer Erwartungen zu verbergen. Nur wenn das gelingt, fühlen sich die wirtschaftlichen Akteure sicher genug, um Entscheidungen zu treffen, deren Ergebnisse naturgemäß unvorhersehbar sind.

Nun könnte ich sagen, gut, dann gibt es eben einen munteren Wettstreit um die Frage, wer die überzeugendste Imagination einer Zukunft beschreibt. Leider ist das zu einfach gedacht, denn hier spielt der Faktor Macht eine zentrale Rolle:

»In der Wirtschaft haben jene Akteure Macht, die in der Lage sind, die Erwartungen anderer besonders wirksam zu beeinflussen. Das tun sie, indem sie die Situationen und die Imaginationen wahrscheinlicher oder wünschenswerter zukünftiger Gegenwarten definieren. Je mächtiger ein Akteur ist, desto besser kann er die Erwartungen anderer beeinflussen. (…) Mittels Beeinflussung der Erwartungen wird auf dem Markt Macht ausgeübt. Macht zu haben bedeutet: Meine Erwartungen zählen!«[59]

Gerade Wachstumsgeschichten nehmen daher schnell den Charakter von Prophezeiungen an, in die viel Geld für Marketing gesteckt wird, schließlich sollen sich die finanziellen Investitionen eines Tages auszahlen. Aber diese Mechanismen der fiktionalen Erwartungen bestimmen nicht nur die wirtschaftlichen Akteure, sondern auch die Konsument*innen.

»Fiktionale Erwartungen an Konsumgüter kreisen um die von diesen heraufbeschworenen Bilder und um das Begehren, das durch die Vorstellung, sie zu besitzen, hervorgerufen wird. Diese Vorstellungen wiederum kreisen um die Bedeutung, die ein Käufer einem bestimmten Produkt zuschreibt. Mit anderen Worten: Konsummärkte sind Märkte, auf denen Bedeutungen gehandelt werden.«[60]

Als Konsument*in beschäftige ich mich in meiner Erwartung mit dem möglichen Produkt, als ob ich das Produkt bereits besäße und teste in meiner Imagination, ob das Produkt die gewünschte Befriedigung erzielen wird. Der Moment der Enttäuschung ist bekannt, wenn ich ein Produkt dann tatsächlich gekauft habe, denn der Wert eines Produkts ist in der Vorstellung meist höher als in der realen Erfahrung. Vielfach beschrieben ist ebenso, dass viele Güter wegen ihrer symbolischen Bedeutung begehrt werden, sie verleihen Identität und signalisieren, dass ich zu einer sozialen Gruppe gehöre. Es macht eben einen Unterschied, ob ich ein iPhone oder ein Shiftphone besitze, und oft erzähle ich eine Geschichte dazu, die den Wert des Gegenstands mit meinen Wertevorstellungen verknüpft oder eine Selbstrechtfertigung darstellt, wenn mich die Ahnung beschleicht, dass das vielleicht doch keine so gute Entscheidung war.

Geschickt spielt hier das auf permanentes Wachstum ausgelegte System mit den von Sarah Spiekermann beschriebenen Fortschrittsglaubenssätzen, das Neue ist immer gut, das Alte immer schlechter. Damit wird zugleich suggeriert: Gestern war mein Leben noch schlechter, nun aber, mit dem neuen Gerät ist es besser geworden. Sein Kauf entwertet buchstäblich, in Geld betrachtet, das vorherige Modell und zugleich mein altes Leben. Ohne diesen permanenten Wandel wäre das auf Wachstum angelegte Konsumsystem nicht möglich.

Wenn ich in diesem Abschnitt der Frage nachgehe, wie die Geschichten des Kapitalismus aussehen, die heute mehr und mehr zu einer Gegen-Geschichte einer sich entwickelnden Großen Erzählung der Nachhaltigkeit werden, dann gilt es, die Sprengkraft dieses Vorhabens im Blick zu halten, denn:

»Gelänge es, die symbolischen Bedeutungen von Konsumgütern zu entmystifizieren, so würde tatsächlich das Wachstum des Kapitalismus untergraben, denn die Entmystifizierung untergräbt die Motivation, Produkte zu kaufen, deren Wert hauptsächlich auf Imaginationen beruht.«[61]

Das macht schlagartig deutlich, warum alle Versuche, einen anderen Lebens- und Wirtschaftsstil zu etablieren, mit aller Macht und vielen Mitteln bekämpft werden. Dahinter steht die blanke Angst vor dem Absturz. Das wird in der Corona-Zeit mehr als deutlich, an Fluglinien, Tourismus, Einzelhandel. Letzterer beklagt, dass ihm der »Erlebniskauf« verloren ging, der sagenhafte fünfzig Prozent des Umsatzes in bestimmten Innenstadtlagen ausmacht. Daher ist eine Symbol-Figur wie Greta Thunberg so gefährlich für das System, daher wird sie bekämpft, lächerlich gemacht – und zugleich hofiert. Ist das der Versuch der Umarmung, oder ist es das Empfinden auch von Wirtschaftsakteur*innen, dass das von ihnen gestützte System ans Ende kommt, eine endlose Verlängerung des »Wirtschaftswachstumswahnsinns« (Frithjof Bergmann) auch ihnen vielfach als kaum noch praktikabel erscheint? Hinweise darauf gibt es. Anders gefragt: Wie imaginieren Unternehmer*innen selbst in Hinterzimmern und Think-Tanks außerhalb der medialen Öffentlichkeit die Zukunft des kapitalistischen Systems? Welche Erwartungshorizonte, welche optimistischen oder pessimistischen Utopien bewegen sie? Und gibt es die Chance, hier zu echten Dialogen zu kommen, und wenn ja, wo? Jens Beckert hat doch recht, wenn er postuliert:

»Theorien büßen ihre Glaubwürdigkeit ein, wenn sie keine überzeugenden Bilder einer erstrebenswerten Zukunft mehr heraufbeschwören.«[62]

Ich frage mich: Geschieht das gerade in der Corona-Krise? Einfach so weitermachen wird zunehmend schal und klingt wenig überzeugend. Wohin geht der Weg? Es braucht eine Utopie, einen Zielraum, vor allem ein sinnstiftendes, anschauliches, überzeugendes Leitbild. Für eine neue Große Erzählung der Nachhaltigkeit und Transformation, die zugleich eine Brücke schlägt zu der von mir angedachten Spiritualität einer verletzlichen Schöpfung.

Lebendiger Organismus als Leitbild

Zeit, einen Augenblick innezuhalten. Ich bin von der Haltung des Dialogs und dem zuhörenden, erkundenden Sprechen ausgegangen, habe beschrieben, warum es wichtig und richtig ist, immer wieder genau hinzuschauen. Ich habe die Stichworte verletzliche Identität, verletzliche Welt beschrieben und habe als geistliche Leitidee die Spiritualität einer verletzlichen Schöpfung angedeutet. Für all das braucht es eine entsprechende Sprache, eine Sprache, in der ich zugleich werde. Ich habe gefragt, wie sich Gewohnheiten und Kulturen ändern können, um nicht im luftleeren Raum vor mich hinzuträumen und zu erzählen. Ich habe nach Sinn und Gemeinsinn in Arbeitswelt und Ökonomie gefragt, weil sich das Neue schon im Alten zeigt. Veränderungen geschehen über Erzählungen, ich habe Kriterien für

Geschichten beschrieben und mich zuletzt eine Weile bei den Gegengeschichten, Gegenbildern und Antagonisten einer erhofften, erwünschten,
angestrebten neuen Großen Erzählung aufgehalten und habe den ihnen
innewohnenden Glaubenssätzen nachgespürt. Nun stellen sich mir noch
zwei Fragen, deren Fäden in diesem Kapitel noch zu Garn zu spinnen sind:

> ➢ Wie könnte ein Leitbild aussehen, das als Rahmen für entspre-
> chende Vorerinnerungen an die Zukunft dienen kann? Gibt es ei-
> ne Art Framing für dieses Leitbild?
>
> ➢ Und welche Fäden aus meiner evangelischen Tradition lassen
> sich im Blick auf Glauben und Spiritualität aufnehmen?

Als Leitbild kann von meiner Wahrnehmung her die Vorstellung dienen,
dass die Welt ein lebendiger Organismus ist und ich ein Teil desselben bin.
Dieses Bild blitzte hier und da schon auf, zuletzt bei Silja Graupe. Ich
habe es vor einigen Jahren bei dem ehemaligen Unternehmensberater und
McKinsey-Partner Frédéric Laloux kennengelernt, in seinem Klassiker
»Reinventing Organizations«. Er beschreibt dort fünf Stufen der Entwicklungen von Organisationen im Lauf der Menschheitsgeschichte, die bis
heute nebeneinander existieren: die tribale impulsive Organisation (Leitbild: Wolfsrudel), die traditionelle konformistische Organisation (Armee),
die moderne leistungsorientierte Organisation (Maschine), die postmoder-
ne pluralistische Organisation (Familie) und schließlich als jüngste Form
die integrale evolutionäre Organisation mit dem Leitbild des lebendigen
Organismus.

In seinem Buch untersucht Frédéric Laloux Unternehmen, welche ihre
innere Organisation integral evolutionär denken und somit anders struktu-
rieren als auf den Stufen zuvor. Er findet sie z. B. bei Buutzorg in den
Niederlanden, in der Evangelischen Schule in Berlin. Auch wenn diese
Unternehmen bzw. Organisationen in sehr unterschiedlichen Branchen
tätig und über den Erdball verstreut zu finden sind, ist ihnen eine bestimmte Sicht auf die Welt zu eigen, die sich in ihren jeweiligen Vorstellungen
von Arbeit, Wirtschaft, deren Sinnhaftigkeit und innerer Organisation
spiegeln: Sie haben alle als Leitbild einen lebendigen Organismus vor
Augen.

Ich gehe nicht genauer auf Frédéric Laloux ein, obwohl sein Blick sich vornehmlich auf die Arbeitswelt richtet. Mich interessiert der größere Horizont, in dem die Ökonomie nur einen Teilaspekt einnimmt und eingeordnet wird in das Leitbild eines lebendigen Organismus. Die Permakultur hat diesen weiten Blick, sie spricht ebenfalls von der Welt als einem lebendigen Organismus, nimmt ihren Ausgangspunkt aber bei der »Natur« und versucht zugleich soziales Leben unter der Frage einer nachhaltigen Gestaltung unseres menschlichen Lebens im Gleichklang mit unserer Um- oder Mitwelt in den Blick zu nehmen. Diese Perspektive ermöglicht es auch, eine Brücke zur Religion, zur Spiritualität zu schlagen.

Permakultur kam als Konzept für mich über meine Kollegin Ricarda Rabe, Pastorin für Kirche und Landwirtschaft, in den Blick, die im Spätsommer 2019 in Italien an einem Permakultur-Design-Workshop teilnahm. Nach ihrer Rückkehr berichtete sie begeistert in einer unserer Dienstbesprechungen von ihrer Reise. Besonders hellhörig wurde ich, als sie erzählte, dass die Permakultur sowohl die natürliche Mit- und Umwelt als auch unsere soziale Welt unter dem Leitbild eines lebendigen Organismus betrachtet. Das klang doch genau so, wie ich es bei Frédéric Laloux gelesen hatte. Wenn so unterschiedliche Ansätze wie Reinventing Organizations und Permakultur die gleiche Beobachtung machen, gibt dieses Leitbild eventuell eine Richtung vor? Auf Empfehlung von Ricarda las ich »Permakultur« von David Holmgren und fand meine These bestätigt.

Das Buch ist eine Art Magna Charta der Permakultur. David Holmgren schreibt erfreulich pragmatisch und unideologisch, und es klingt immer mal wieder durch, dass das in der Szene nicht von allen gutgeheißen wird. Das Buch orientiert sich in seinen Beispielen an »natürlichen« Zusammenhängen in Landwirtschaft, Gartenbau und Landschaftsbau, es wird aber immer auch die Verbindung zu sozialen Organisationen gezogen. Folgende, etwas längere Passage beschreibt das Leitbild des lebendigen Organismus im Rahmen der Permakultur:

»Angesichts des Umstandes, dass sich Ökosysteme als Reaktion auf menschliche und andere Einflüsse mit erstaunlicher Geschwindigkeit anpassen können, setzen wir auf die Hoffnung, dass die Selbstorganisationskraft der Naturverstärkung verstärkt und gefördert werden kann, um binnen weniger Generationen funktionale menschliche Ökosysteme vorzubringen. (...) Wenn es uns gelingt, in der Planung, Entwicklung und der Verwaltung offenere, flexiblere und interaktivere Prozesse zu entwickeln, werden wir besser dazu in der Lage sein, die Vorteile der ungezähmten Natur und der menschlichen Komplexität zu erkennen. Uns selbst und unsere Handlungen als Teil der Natur zu begreifen, ist eine kulturelle Transformation, die bereits eingesetzt hat, aber noch nicht abgeschlossen ist. (...) Die Transformation setzt erst dann ein, wenn wir uns selbst nicht mehr getrennt von der Natur betrachten. (...) Die wahre Achilles-Ferse des modernen Denkens rührt von den durch die Aufklärung besiegelten Trennungen zwischen Mensch und Natur, Geist und Körper, Gut und Böse, die uns für ein ganzheitliches integriertes Verständnis der Natur blind werden lassen. Die Wissenschaft der Ökologie erbrachte eindeutige Belege dafür, dass alles miteinander verbunden ist.«[63]

Es geht also nicht darum, das Individuum in den Mittelpunkt zu stellen und auch nicht die einzelne Art zu betrachten, sondern die Beziehungen. Selbsterhaltende und selbstregulierende Systeme bezeichnet er als den »Heiligen Gral« der Permakultur, eine Utopie, die angestrebt und doch nie vollständig erreicht werden kann. Die Aufgabe der Permakultur beschreibt er mit dem einprägsamen Bild des Puzzles: Es gilt, viele verstreut liegende Teile aufzusammeln und neu zusammenzusetzen, dazu wird eine gute Beobachtungsfähigkeit benötigt.

Auch bei der Permakultur ist also die Beobachtung, das genaue Hinschauen Ausgangspunkt und wesentliches Element. Diejenigen, die sich dieser Aufgabe widmen möchten, müssen das Hinschauen oder auch das Hinhören, das Hinspüren erst wieder lernen, weil Menschen in der westlichen Kultur sich dies weitgehend abtrainiert haben, für manch eine, einen steht gar eine Art von Alphabetisierung an:

»In einer Welt, in der wir in einer Fülle sekundärer (vermittelter) Beobachtung und Interpretationen schier zu ertrinken drohen, ist die Erneuerung und Erweiterung unserer Beobachtungsgabe (in all ihren Formen) mindestens ebenso wichtig wie das Filtern und Deuten jener Flut an Informationen aus zweiter Hand. Geschulte Beobachtungsgabe und bewusste Interaktion bringen viel eher kreative Lösungen hervor als weitere Feldzüge in neue Spezialgebiete durch die Heerscharen aus Wissenschaft und Technik.«[64]

Das braucht seine Zeit. Natürliche Muster zeigen sich nicht sofort und schnell. Das ist ein Problem für heutige Menschen, die gelernt haben, schnell zu reagieren und sich anzupassen. Allerdings machen sie dabei häufig Fehler und verschwenden die zur Verfügung stehenden Potenziale zu schnell oder an den falschen Stellen:

»Herauszufinden, wo wir unsere begrenzten Ressourcen und Kräfte am effektivsten einsetzen können, um die größtmögliche Wirkung zu erzielen, ist wichtiger, als hektisch alles richtig machen zu wollen. Menschliche Motivation und Energie sind wunderbare Ressourcen, aber übermäßiges Eingreifen in natürliche Systeme sind ein Fehler, dem wir wieder und wieder zu verfallen scheinen. Masanobu Fukuokas elegant formuliertes Prinzip der ›Nichts-tun-Landwirtschaft‹ (…) legt nahe, dass es immer eine gute Strategie ist, erst zu beobachten und gründlich nachzudenken, bevor wir irgendetwas verändern, ganz besonders gilt dies für Systeme, mit denen wir zum ersten Mal zu tun haben.«[65]

Worte, die in der aktuellen Corona-Pandemie schon fast prophetisch klingen, wo viele nach schnellen Lösungen schreien, weil sie es kaum aushalten, nichts zu tun. Es fällt extrem schwer, einige Wochen oder gar Monate mit der Ungewissheit zu leben, dass noch nicht absehbar ist, wohin die Reise geht. Oder gehen könnte. Dabei besteht die Chance für David Holmgren genau darin, dass uns die Erfahrung relativer Machtlosigkeit anregt, grundlegend über das System nachzudenken. Gedanken, die kompatibel scheinen mit der Unterscheidung von spontanem und sinnstiftendem Erkennen.

David Holmgren benennt drei ethische Maximen und, darauf aufbauend, zwölf Prinzipien, die sich im Lauf der Entwicklung der Permakultur herausgeschält haben. Die drei Maximen lauten:

➢ Sei achtsam mit der Erde – earth care
➢ Sei achtsam mit den Menschen – people care
➢ Begrenze Konsum und Wachstum, verteile Überschüsse gerecht – fair share[66]

Die Prinzipien lauten:
➢ Beobachte und interagiere
➢ Fange Energie ein und bewahre sie

- ➢ Erziele eine Ernte
- ➢ Lass die Natur regulieren und lerne aus dem Feedback
- ➢ Nutze und schätze erneuerbare Ressourcen und Leistungen
- ➢ Erzeuge keinen Abfall
- ➢ Gestalte zuerst Muster und dann die Details
- ➢ Integriere mehr, als du trennst
- ➢ Nutze kleine und langsame Lösungen
- ➢ Nutze und schätze die Vielfalt
- ➢ Nutze Randzonen und schätze das Marginale
- ➢ Nutze Veränderung und reagiere kreativ darauf

Hinter diesen aus dem Leitbild des lebendigen Organismus heraus entwickelten Maximen und Prinzipien steht die These, dass Ökosysteme das Überleben und die Gesundheit ihrer Arten gewährleisten, indem sie eine Umwelt aufrechterhalten, die als Ganze lebensfördernd und nährend ist. Oder, als offene, zielorientierte Frage formuliert: Es gilt beständig zu fragen, ob eine Ressource nach einem Eingriff in einem besseren Zustand als zuvor ist.

David Holmgren betont, dass Systeme grundsätzlich so gestaltet sein sollten, dass sie ihre Funktionen auf der kleinstmöglichen für die jeweilige Funktion praktikablen und energieeffizienten Ebene erfüllen können. Menschliches Augenmaß sollte dabei der Maßstab für eine humane, demokratische und nachhaltige Gesellschaft sein. Daraus folgt, dass wir überall dort, wo es möglich ist, die Dienste lokaler Unternehmen in Anspruch nehmen oder uns in ökologischen Fragen zuallererst vor Ort engagieren.

Die drei Maximen sind weder überraschend noch neu, die zwölf Prinzipien finde ich allerdings auch schon in der knappen Übersicht prägnant und einprägsam. Ich ahne intuitiv, was gemeint ist, gemeint sein könnte. Sie sind zudem eine Mischung aus einem »Von-oben-nach-unten« einerseits und einem »Von-unten-nach-oben« andererseits. In der Kombination ergibt sich ein Wahrnehmungsrahmen. Ich halte die Prinzipien für geeignet, das Narrativ, das sich in den Maximen noch eher allgemein ausspricht, zu konkretisieren, ohne ideologisch zu werden. Der Wahrnehmungsrahmen könnte so aussehen:

- ➢ Das Bild des lebendigen Organismus stellt das Leitmotiv dar,
- ➢ dieses Leitmotiv entfaltet sich in den drei ethischen Maximen,
- ➢ und die Maximen lassen sich durch die zwölf Prinzipien veranschaulichen und konkretisieren.

So kann die Permakultur als Framing für eine neue Große Erzählung dienen und Hinweise für konkrete einzelne Geschichten und Erzählungen geben, die Handlungen anregen und ermöglichen.

David Holmgren benennt auch verschiedene Aspekte der Gegengeschichte, die heute noch den Mainstream prägen. Ein Problem heutiger Vorgehensweisen sieht er in der Verkürzung der Fragestellungen und der Einschränkung der Blickwinkel. Die Konzentration auf jeweils kleine Ausschnitte komplexer Zusammenhänge führt zu »weißen Elefanten«, die entweder groß und beeindruckend sind, aber nicht funktionieren oder so riesig sind, dass sie nahezu alle Ressourcen verschlingen und gleichzeitig in der Gefahr stehen, außer Kontrolle zu geraten. Komplexe funktionierende Systeme entwickeln sich dagegen in aller Regel aus einfachen funktionierenden Systemen heraus, daher ist es für ihn wichtiger, geeignete Strukturen für die Gestaltung zu finden, als alle Details der Systemelemente zu verstehen.

Eng damit verbunden ist für David Holmgren ein alles nivellierender und auslöschender Imperialismus, der insbesondere die Erfahrungen indigener Völker vernichtet hat:

»Elemente der lokalen Vorherrschaft einer Ethnie und Kultur über eine andere sind nach wie vor ein wesentlicher Bestandteil von Politik und Gesellschaft. Das verschleiert häufig den Umstand, dass die Version der Moderne, die über Medien und Firmen verbreitet wird, der größte kulturelle Imperialismus ist, den die Welt je gesehen hat. (…) Der moderne globalisierte Kapitalismus verschlingt – befeuert durch fossile Brennstoffe – menschlich-kulturelle, landwirtschaftliche und natürliche Vielfalt und ersetzt diese auf allen Ebenen durch eine globale Monokultur. Bei Menschen in aller Welt weckt der Verlust lokaler Kulturen und regionaler Bedeutung angesichts der Globalisierung Angst, Wut und andere widersprüchliche Emotionen.«[67]

Eine neue Große Erzählung muss diese imperialistische Gegengeschichte benennen, mit Empathie und Verständnis, schon allein deswegen, weil unsere Generationen Teil dieser Gegengeschichte sind, die zumindest mich und meine Kohorte nachhaltig von Kindheitstagen an geprägt hat. Der »Gegner« sitzt also in mir selbst, ich erzähle eine neue Geschichte also zuallererst auch mir selbst und gegen mich.

Eine zentrale Rolle spielt bei David Holmgren die Stadt, und hier lösen manche Passagen Unbehagen bei mir aus. Manchmal habe ich den Eindruck, die moderne Stadt ist für ihn eine Art unbewusstes Anti-Leitbild. Er lässt kaum ein gutes Haar an ihr, bis auf wenige Hinweise, in denen er positive Beispiele benennt, in denen Permakulturprinzipien berücksichtigt wurden. Als überzeugter Städter klingt mir das an vielen Stellen zu einfach. Keine Frage, moderne Urbanität ist eine riesige Ansammlung unglaublicher Probleme, in ihnen spiegeln sich die Entwicklungen der Moderne wie in einem Brennglas. Und ganz sicher ist »die Stadt« eine Art Sehnsuchtsort, der viele Menschen anzieht, die sich hier Dinge erhoffen, die unrealistisch sind. Ich vermisse aber eine Auseinandersetzung mit den Gründen, die zur Entwicklung von Städten geführt haben, und mit der positiven Rolle, die Städte im Rahmen der Menschheitsgeschichte gespielt haben. Dieses Unbehagen lässt mich nach anderen Konzepten der Permakultur Ausschau halten, möglichst auch aktuelleren Ansätzen, sodass die Klimakrise bereits mit im Blick ist, die bei David Holmgren nicht im Vordergrund steht. So stoße ich auf den amerikanischen Kulturphilosophen Charles Eisenstein.

In seinem 2019 auf Deutsch erschienenen Buch »Klima. Eine neue Perspektive« nimmt Charles Eisenstein an vielen Stellen Grundgedanken der Permakultur auf. Regenerative Landwirtschaft, Waldgartenlandwirtschaft, die Rolle von Wasser und Energie werden besprochen, lokal wird gegenüber global ins Zentrum der Betrachtung gestellt – all das klingt über weite Strecken wie bei David Holmgren. Für mich sind zum einen die Abschnitte interessant, in denen diese Prinzipien fokussiert aus der Klimaperspektive betrachtet werden, zum anderen seine Haltung zu und Wertschätzung von Spiritualität, die Dialogmöglichkeiten mit Religionen eröffnen.

Für Charles Eisenstein beginnt das Narrativ von der Zerstörung der Ökosysteme bereits vor 5000 Jahren, er nennt es die »Geschichte der Separation«: Natur wird seither als etwas vom Menschen Getrenntes wahrgenommen. Sie wird als komplizierte Maschine betrachtet, mit der ein instrumentell-utilitaristischer Umgang gepflegt wird, der danach fragt, was die Natur mir oder uns nützt. Die Vorstellung von Mensch und Natur als Maschine führt zu einem linearen Denken, das versucht, Ursachen und Wirkungen zu erfassen und entsprechend zu reagieren. Erst in den letzten zweihundert Jahren hat dieses Denkmodell unübersehbare Folgen in globalen Zusammenhängen hervorgebracht.

Wir befinden uns nach Charles Eisenstein im Krieg, mit der Natur, mit uns selbst. Das Problem dieser linearen Denkweise liegt darin, dass unser Verstand so gepolt nach Ursachen sucht, um Schuldige zu finden und die Sachen dann in Ordnung bringen zu können. Allerdings verkennt dieses reduktionistische Modell, dass es in komplexen Systemen oft unmöglich ist, eine einzige Ursache zu finden.

Das heutige Modell beruht für Charles Eisenstein weitgehend auf quantitativem Denken, es versucht an vielen Stellen, die Welt vollständig in Zahlen beschreiben zu wollen. Hier ist die Parallele zu Sarah Spiekermanns Bild von der gesiebten Realität offensichtlich, Ähnliches gilt für die These von Silja Graupe, heutige Wissenschaft sei durch Mathematisierung geprägt. Der Versuch einer Durchökonomisierung aller Lebensbereiche zieht in der Gegenwart fatale Folgen nach sich. Wir sehen und erleben zwar mehr und mehr die Folgen der Klimakrise und damit des zerstörerischen Denkens der Separation, aber wir reagieren mit verinnerlichten Gewohnheitsmustern. Mit ihnen suchen wir den Klimawandel mit uns vertrauten Methoden und Denkweisen zu beseitigen, weil wir glauben, damit die Grundlagen der Gesellschaft, wie wir sie kennen, aufrechterhalten zu können. Doch so verschärfen viele Reaktionen eher die Situation, die sie zu verbessern suchen, schlimmstenfalls erreichen sie sogar das Gegenteil. Die uns prägenden mentalen Infrastrukturen führen vielleicht dazu, dass wir ahnen und auch sagen, dass wir die Folgen der Klimakrise sehen und darauf reagieren müssen, aber hat Charles Eisenstein nicht recht, wenn er zugespitzt und provokativ schreibt:

»Ein Großteil der Bevölkerung ist der Meinung, dass der Klimawandel eine ernsthafte Bedrohung für unsere Zivilisation darstellt, aber glauben sie das wirklich? (...) Die Skeptiker stehen zu ihrem Unglauben und tun das auch öffentlich kund. Der angeblich Glaubende denkt, dass er glaubt, tatsächlich aber glaubt er nicht. Hand aufs Herz: Glauben Sie es wirklich?«[68]

Charles Eisenstein spielt hier bewusst oder unbewusst mit verschiedenen Bedeutungen von Glauben: einmal von Glauben als ungewisser Vermutung, dann von Glauben als Für-wahr-Halten eines Sachverhaltes und schließlich mit dem Verständnis, dass Glauben eine umfassende, mich bestimmende Weltsicht beinhaltet, die mein Denken und Handeln in Gegenwart und im Blick auf die Zukunft bestimmt. Letzteres führt zu der Frage, welches Welt-, Umwelt- und Menschenbild ich in mir trage und verinnerlicht habe. Weiter wird die Frage aufgeworfen, welcher neue Bezugsrahmen in unserer Situation angemessen ist, in einer Situation, in dem das alte Bild mehr und mehr Risse zeigt und auseinanderfällt – mit fatalen Folgen für meine Psyche, weil ich das Gefühl habe, alles zu verlieren, alles an Orientierung rinnt mir durch die Finger, ich falle ins Leere ...

Das neue Narrativ, der neue Bezugsrahmen, der heute und zukünftig tragen kann, lautet auch für Charles Eisenstein: Die Erde ist ein lebendiger Organismus. Daraus folgt, dass alle Wesen, auch die nichtlebenden, als lebendige fühlende Subjekte betrachtet und respektiert werden müssen. Das ist im Kern eine spirituelle Entscheidung, die mit dem heutigen Bild von Natur nicht übereinstimmt. Sie hat zum Ziel, pädagogisch die Kluft zwischen unbelebten und belebten Dingen zu überwinden. Denn jede Verletzung der Integrität unseres Planeten fügt unvermeidlich auch uns Menschen Schaden zu. Unser psychisches, soziales und politisches Klima ist eng mit dem atmosphärischen Klima verbunden. Die Bestimmung des Menschen in diesem lebendigen Organismus liegt für ihn darin, mit seinen Fähigkeiten zur Schönheit, Lebendigkeit und Entwicklung der Erde beizutragen. Dieses Konzept nennt Charles Eisenstein »Interbeing«.

Interbeing meint: Ein ganzer Mensch ist jemand, der von einem Netz enger Beziehungen gehalten wird. Beschneide ich diese Beziehungen, amputiere ich einen Teil von mir. Um die Ganzheit wiederherzustellen, müssen diese verlorenen Beziehungen wiederhergestellt werden. Es geht darum, mit der Mitwelt Natur als Teilnehmer*in zu interagieren und ihr nicht als Beobachter*in gegenüberzustehen.

Interbeing zielt aber nicht nur darauf, eine andere Sicht auf die Welt zu vermitteln, sie zielt auf Veränderung, auf Handlungsfähigkeit und Selbstwirksamkeit, hier setzt auch Charles Eisenstein auf lokale Ökosysteme. Dort befassen sich Menschen mit konkreten Missständen, dort können sie konkrete Ergebnisse anstreben und erreichen, die alten Mechanismen, die mentalen Infrastrukturen von Leugnung und Lähmung werden so aufgehoben und allmählich durch neue Gewohnheiten ersetzt.

All das ist nicht wirklich neu. Für mein Vorhaben, eine Spiritualität einer verletzlichen Schöpfung zu entwickeln und dafür sowohl Sprache als auch Formate zu finden, finde ich bei Charles Eisenstein allerdings wertvolle Impulse. In der christlichen Tradition finden sich Begriffe wie Umkehr, Reue und Klage, Sünde. Sie sind neu zur Sprache zu bringen, denn sie sind abgegriffen und weitgehend inhaltsleer, lösen außer in der Filterblase der kirchlichen Kerngemeinden keine oder kaum noch Wirkung aus, und wenn doch, dann zumeist nur im Bereich der individuellen Frömmigkeit, der eigenen Fehlerhaftigkeit. Menschen *fühlen* bei diesen Begriffen kaum noch etwas, und das ist ein schwerer Schaden für Spiritualität. Das ist nicht nur ein Versagen der Kirchen, sondern wurzelt in einem tiefen Verlust unserer Zeit, etwas fühlen zu können im Blick auf die Natur, weil wir durch die Geschichte der Separation von ihr getrennt sind. Charles Eisenstein setzt genau hier an, beim Fühlen, ohne dabei religiös zu argumentieren:

»Die Vorstellung, dass unser Planet lebt (…) veranlasst uns, mehr zu fühlen, uns mehr zu kümmern und mehr zu tun. Wir können uns nicht länger vor unserem Schmerz und unserer Liebe hinter einer Ideologie verstecken, die aus der Welt einfach einen Haufen Zeug macht, den wir für unsere Zwecke instrumentalisieren. (…) Es wird wehtun, wenn wir wieder fühlen lernen, wartet doch so viel Schmerz draußen auf uns. Den äußeren Schmerz in der Welt haben wir ausgeblendet und den inneren in uns selbst unterdrückt.«[69]

Diese Gedanken machen etwas mit mir als Christ. Ich erkenne die Leerstelle, meine Sprachlosigkeit und frage mich: Wie finde ich Wege, Trauer und Klage so zur Sprache zu bringen, dass daraus Reue und Umkehr erwachsen? Es beginnt sicher mit dem Mitgefühl, dem Mitgefühl mit Menschen sowieso, aber auch mit Tieren und Pflanzen, Aber was ist mit der unbelebten Natur? Mitgefühl mit einem Berg, einem Landstrich, einem Fluss, dem Meer? Ist es wirklich so undenkbar, hier einfach einmal davon auszugehen, dass diese Dinge fühlende Wesen sind? Ob sie es sind oder nicht, allein mit diesem Blick verändert sich mein Verhältnis zu ihnen. Und so fern ist das nicht, ich denke an die Bilder vom Hambacher Forst, von den riesigen Wunden, die der Braunkohletagebau in die Landschaft schlägt. Ähnliches gilt bei ölverschmutzten Stränden, Bildern von unendlich sich dahinziehenden Müllkippen. Ich fühle etwas dabei, und es sind Gefühle von Trauer. Macht es Sinn, als Kirche hier über Trauergottesdienste und Klagerituale nachzudenken?

Charles Eisenstein setzt sich ein für eine Geschichte von Fürsorge, Schönheit und Liebe. Dazu ist es notwendig und sinnvoll, hinzuschauen und auch unvernünftige, verrückte Fragen zu stellen:

»Der westlich-zivilisierte Verstand kann die Idee einer intelligenten Natur nicht so einfach begreifen, er versucht sie zu vermenschlichen oder zu vergöttern – wieder Eroberungsversuche. Der Natur (…) Handlungskompetenz und Subjektivität zuzuerkennen heißt nicht, ihr menschliche Subjektivität und menschliche Handlungskompetenz zuzuerkennen und sie damit zu Bilderbuchversionen unserer selbst zu machen. Es gilt zu fragen: ›Was will das Land?‹, ›Was will der Fluss?‹, ›Was will der Planet?‹ – Fragen, die aus der Perspektive von Natur-als-Ding verrückt erscheinen.«[70]

Charles Eisenstein lockt mich hier auf den Weg der Poesie. Von solchen Verführungsversuchen gibt es gegen Ende seines Buches einige, hier wird er ausdrücklich spirituell:

»Das, was unsere Gebete hört, hat es satt, Gebete zu hören, die nicht ernst gemeint sind. Oft wünschen wir uns in unserer Kultur bestimmte Dinge und verhalten uns aber in direktem Widerspruch zu diesem Wunsch. Und so wundert sich *das Zuhörende*: ›Meinst du es wirklich so?‹«[71]

Oder:

»Wir können nicht sicher sein, dass unsere Gebete in der Form beantwortet werden, die wir erwarten. Wir können aber darauf vertrauen, dass unsere Gebete immerhin gehört werden. Wir sind nicht allein. Etwas beobachtet. Etwas lauscht. Nun werden meine christlichen Freunde vielleicht sagen: ›Ja, das Etwas, von dem du redest, ist Gott.‹ Ich stimme ihnen weitgehend zu, außer dass sie Gott als ein immaterielles Wesen begreifen, einen Geist, der die Materie dirigiert (…). Ich würde sagen, dieses ›Etwas‹, das lauscht, ist alles: Erde, Himmel, Wasser, Luft, Feld, Bäume, Tiere,

Pflanzen ... gemeinsam mit Wesen, die wir nicht sehen und die keine Namen haben (...). Materie fühlt, beobachtet und lauscht; Gott, könnte man sagen, ist in allen Dingen, und nichts ist nicht Gott.«[72]

Etwas beobachtet. Etwas lauscht. Spricht »etwas« auch? Ich teile nicht die Auffassung von Charles Eisenstein, dass Gott in allen Dingen »ist«, denn so wird er Teil dessen, was der christliche Glaube als Schöpfung bezeichnet, und die Theologie hat immer betont, dass Gott als der Schöpfer seiner Schöpfung »gegenübersteht«, aber in ihr wirkt. Damit stehe ich vor der Herausforderung, diese Formulierungen im Kontext meiner eigenen christlichen Tradition und meiner Profession als evangelischer Theologe wahrzunehmen und zu reflektieren.

Im Gespräch mit evangelischen Positionen

Im Silvestergottesdienst 2019 aus dem Amazonas-Panorama von Yadegar Asisi in Hannover stellt eine »Fridays for Future«-Aktivistin dem evangelischen Landesbischof Ralf Meister und dem katholischen Bischof Heiner Willmer die Frage nach einem öffentlichen Schuldbekenntnis der Kirche zum Versagen in der Nachhaltigkeit. Ob solch ein Bekenntnis Wirkung zeigen würde, sei dahingestellt. Aber die Frage ist spannend. Öffentlich gestellt, zielt sie auf eine Kernaussage christlichen Glaubens: Reue, Schuldbekenntnis, Umkehr.

2019, im zweiten Dürresommer und während der Demonstrationen, zu denen Fridays for Future Junge wie Ältere auf die Straße holte, gab es einen Moment, den ich als körperlich schmerzhaft empfand. Mit einem Mal stand mir klar vor Augen, dass sich in dieser Krise mein Weltempfinden grundlegend ändert. Ich sah das bildlich vor mir, ich fühlte diesen Moment der Erkenntnis als ein Herausreißen und zugleich Herausgerissenwerden. Dieser Moment war nicht wie so oft ein freudiges, helles Ereignis, wo ich sage, wow, toll, was für eine neue Sicht auf mich, mein Leben oder auch nur einen Teilzusammenhang. Hier fühlte ich, wie tief strukturell ich mich von etwas Altem verabschieden muss, so tief, dass etwas in mir zerreißt. Das Bild des Risses symbolisiert dabei sowohl die umfassende Bedeutung als auch die Erfahrung des Schmerzes, kein schöner Moment. Denn sie warf in mir die Frage nach Trauer, Klage, Schuld auf, all die Fragen, die die junge Aktivistin den beiden Bischöfen im Asisi-Panorama in Hannover stellt. Und ich wusste, du musst da rein, musst diesen Schmerz aushalten und ihm nachspüren. Zugleich macht mir das Erlebnis deutlich: Das Gewebe, von dem Hannah Arendt spricht und in das ich mein Garn hinein verwebe, dieses Gewebe kann auch reißen. Vielleicht muss es zu gegebener Zeit auch reißen, weil sonst Neues nicht möglich wird?

Wenn dieser Riss so tief geht, dann, so ahne ich, gehört eigentlich meine ganze bisherige Sprache auf den Prüfstand. Auch die meiner eigenen Spiritualität, auch die meiner theologischen Sprache. Denn Sprache ist kontextbezogen, ebenso wie der Glaube. Mein Glaube spricht sich aus in einer Sprache, die in Beziehung steht, und tritt zu den Grundlagentexten der hebräischen und der griechischen Bibel ebenso wie zu den Auslegungen im Lauf unserer mittlerweile zweitausendjährigen Christentumsgeschichte.

Die großen Begriffe unserer Tradition, die großen Erzählungen der Bibel bieten einen Spielraum an, Leben und Welt zu verstehen. Sie bieten Antworten auf die Fragen nach dem Woher und Wohin, nach dem Warum und Wozu. Schöpfung, Erlösung, Verheißung werden sowohl individuell als auch gemeinschaftlich bezogen angesprochen, erklären die Welt. Diese Begriffe müssen immer wieder neu übersetzt werden.

Ausgangspunkt ist die Ahnung, die Erfahrung, dass es Antworten gibt, die mir zufallen, die unerklärlich sind. Was hält mich im Leben? Was ruft mich ins Leben? Was weist über mich hinaus? Letztlich kann die Frage nicht beantwortet werden: Gibt es Gott wirklich? »Den Gott, den es gibt, den gibt es nicht«, so hat Dietrich Bonhoeffer einmal formuliert und damit den Graben unserer Erkenntnismöglichkeit beschrieben. Was es gibt, ist Glauben. Die Glaubenserfahrung bleibt unverfügbar. Und selbst wenn Ludwig Feuerbach recht hätte und Gott »nur« eine menschliche Projektion wäre, dann wären diese Geschichte und der Geist, den sie auslöst, bedeutsam. Denn eine Erzählung, die wie die christliche Religion so viel Ermutigendes, Tröstendes, Zukunftsorientiertes bewirkt hat, hat ihren Wert auch in sich, wenn Gott am Ende »nur« eine Projektion wäre. Das feuerbachsche Theorem bietet aus meiner Sicht hier aber einen Dialogansatz an. Ich kann meine Glaubenserfahrung bezeugen und zugleich sagen: Lasst euch doch mal auf die Frage ein: Was wäre denn, wenn? Gesetzt den Fall, es »gibt« Gott, und die Glaubensgeschichten sind wahr, was wäre denn dann? Und was wirkt da? Und welche Sprache finde ich, die »Wirkung« erzielen kann?

Diese Gedanken verbinden sich mit der zweiten Beobachtung, die mich umtreibt, seit ich das Gemeindepfarramt verlassen habe und im funktionalen Pfarrdienst unterwegs bin. Ich habe sie schon mehrfach angesprochen, jetzt gilt es, genauer hinzuschauen.

Ich habe bereits beschrieben, dass meine sozialethische Sprache im KDA vielfach eine Art implizite Theologie darstellt. Ich nutze die Sprache der Sozialwissenschaften, der Politik, denke meine eigene Grundlegung und Werte mit, bringe sie oft aber nicht explizit zur Sprache. Warum? Weil ich die Erfahrung gemacht habe, nicht anzukommen, nicht verstanden zu werden? Oder reicht es aus, dass meine jeweiligen Gegenüber wissen, dass ich Pastor und daher der christlichen Botschaft verbunden bin? Oder schätzen sie mich als Gesprächspartner gerade deswegen, weil ich sprachlich nicht direkt religiös argumentiere und mein Glaube eher durchschimmert?

Wie auch immer, meine Erfahrung lautet, dass Kirche als Dialogpartner gefragt ist – umso mehr, wenn Kirche bereit ist, übliche Pfade zu verlassen. Das erleben meine Kolleg*innen und ich in den arbeitsweltbezogenen Diensten Tag für Tag, wenn wir in Gespräche mit Menschen in Arbeitswelt und Wirtschaft gehen. Und dieses Interesse am Austausch mit Kirche nimmt zu. Auch an anderen Orten geraten Kirche, Christentum und Religionen insgesamt neu und anders in den Blick. Im letzten Bericht an den Club of Rome finden sich erstmals Passagen zur möglichen Rolle der Religionen. In der Nachhaltigkeitsdebatte verändern sich die Rolle und die Sprache der Religionen, der Kirche, meines Glaubens, und Corona wirkt hier wie ein Katalysator, der Prozesse beschleunigt, weil so viel gleichzeitig geschieht. Aber auch weil es in der Luft lag, wie Andreas Reckwitz schreibt:

»Ohne die Krise der Spätmoderne, die seit den 2010er-Jahren ins Bewusstsein rückt, wäre das Coronavirus wohl nur eine banale Pandemie – eine menschliche Tragödie, aber ohne intellektuellen oder politischen Nährwert. Im Rahmen der ohnehin schon verbreiteten Desillusionierung kann das Virus jedoch als Menetekel einer Moderne in der Sackgasse und als Chance für einen gesellschaftlichen Neubeginn gedeutet und dramatisiert werden.«[73]

Alles wird anders, welch eine Chance, neu im Sprechen und im Glauben zu *werden*, um noch einmal den Gedanken von Kübra Gümüşay aufzunehmen. Bislang war ich hier weitgehend biografisch unterwegs, aber ich bin auch auf die Suche gegangen und habe in der evangelischen Welt der Gegenwart Spuren gesucht und gefunden.

In Hannover ist neben dem Kirchenamt der EKD auch das Sozialwissenschaftliche Institut der EKD (SI) beheimatet. Zu den Arbeitsschwerpunkten des SI gehören Arbeitswelt und Wirtschaft, von daher gibt es eine Nähe zwischen KDA und dem Institut. 2019 ist der langjährige Direktor Gerd Wegener in den Ruhestand gegangen, sein Nachfolger wurde Georg Lämmlin. Im Januar 2020 wurde er in Hannover offiziell eingeführt, dem Gottesdienst voran ging ein Symposion: »Gesellschaftlicher Zusammenhalt in der postsäkularen Gesellschaft«. Dort ging es um den von mir beobachteten, vermuteten Übergang von einer Gesellschaft, die Religion eher bekämpft, zu einer Gesellschaft, die Religion eher neutral-neugierig gegenübersteht. Dort hat Georg Lämmlin selbst auch einen Vortrag gehalten, und um mit ihm darüber zu sprechen, haben wir uns auf einen virtuellen Kaffee auf Zoom verabredet.

Zu Beginn beschreibe ich meine Beobachtung, dass ich als Vertreter von Kirche zumeist willkommen bin. Eine abwehrende oder auch neutral-zurückhaltende Haltung begegnet mir eher selten, dafür oft ein vorsichtiges, aber neugieriges Interesse. Auch an verschiedenen Stellen bin ich in der Literatur über eine veränderte Rolle von Kirche und Religion in der Gesellschaft gestoßen und frage, wo der Direktor des SI die Potenziale von Religion in einer postsäkularen Gesellschaft sieht.

Georg Lämmlin erzählt, dass er in seinem noch unveröffentlichten Vortrag von zwei sehr unterschiedlichen Gesellschaftsdiagnosen ausgegangen ist. Andreas Reckwitz betrachtet Religion als Ausdrucksform von Singularität oder auch einer stark individuellen Perspektive, für Jürgen Habermas dagegen ist Religion Ausdrucksform einer ethischen Haltung, die zum Zusammenhalt der Gesellschaft beiträgt, immer unter der Voraussetzung, Religion stellt sich in dieser öffentlichen Präsenz den Rationalitätsansprüchen der in unserer Gesellschaft üblichen öffentlichen Diskurse. Beide Konzepte lassen sich nicht unter einen Hut bringen, Andreas Reckwitz verortet Religion eher unter »Eigensinn«, Jürgen Habermas eher unter »Gemeinsinn«. Beide Linien existieren seit der Reformation in der christlichen Tradition nebeneinander und haben die neuzeitliche Entwicklung befördert, obwohl sich im Grunde genommen beide Pfade konzeptionell widersprechen oder gar ausschließen.

Einen dritten, verbindenden Weg findet Georg Lämmlin bei dem Theologen Friedrich Schleiermacher. Dieser hat im 19. Jahrhundert Religion als »Gefühl schlechthinniger Abhängigkeit« beschrieben, und das sei insofern interessant, als dieses Gefühl sowohl Basis des eigenen Glaubens als auch Grundlage christlicher Gemeinschaft darstellt. Georg Lämmlin sagt aber auch, dass Friedrich Schleiermacher seinen eigenen Denkansatz letztendlich nicht entschieden genug durchgeführt habe, es bleibe bei ihm unklar und unscharf, wie es aus dem eigenen Gefühl heraus zu handlungsleitenden und gemeinschaftsbildenden Handlungen kommen kann. Neuerdings hat Hartmut Rosa in seinem Buch »Resonanz. Eine Soziologie der Welterklärung« ausdrücklich Friedrich Schleiermachers Gefühl der schlechthinnigen Abhängigkeit aufgenommen und in seiner Resonanztheorie diese Engführung überwunden. Georg Lämmlin schreibt in seinem Vortrag:

»Was Rosa als Resonanz ins Spiel bringt, ist von einer hohen alltagssprachlichen und lebensweltlichen Anschlussfähigkeit auf der einen, verbunden mit einem umfassenden theoriegeleiteten Erklärungsanspruch auf der anderen Seite. Eine Kritik der Sozial-, Anerkennungs-, Macht-, Verteilungs-, Produktionsverhältnisse usw. ist (…) von diesem Erklärungsanspruch umfasst (…). Die Resonanztheorie entspricht damit dem, was (…) eine theologische Religionstheorie ebenfalls zu leisten beansprucht: Eine Theorie der Welterklärung, der Erfahrung und Orientierung in der Welt, auf einer religiösen Basis, etwa der Grundlage des christlich-frommen Selbstbewusstseins in Form des Bewusstseins schlechthinniger Abhängigkeit zu geben. Und tatsächlich ist Schleiermachers religiöse Grundlegung der Erfahrung eines antwortenden Universums als religiöses Gefühl für Rosa die Formulierung seiner Resonanztheorie auf der religiösen Resonanzachse. In Schleiermachers Grundbegriff kommen Anschauung und

Gefühl zusammen als genuines ›Resonanzmoment der wechselseitigen, erreichenden Berührung‹ zwischen mir und der unendlichen Welt.«[74]

Das finde ich spannend, denn hier sehe ich Anknüpfungspunkte zu Aspekten meinen Überlegungen. Anknüpfung an Alltagssprache und alltägliche Situationen beschäftigen mich, das fließt für mich aus der Grundhaltung, genau hinzuschauen, und eben nicht nur auf die großen Linien, sondern auf die Details, so wie ich es von Sarah Spiekermann, David Holmgren und Charles Eisenstein aufgenommen habe. Ich erzähle von meinen Gesprächen mit Ali Aslan Gümüşay und seiner Suche nach Spuren von Alltagsreligion, die er auch in Arbeitswelt und Wirtschaft sucht und findet.[75] Hier knüpft für mich die These, die Vermutung an, dass wir mit entsprechenden Brillen vieler solcher Spuren entdecken können. Menschen sind vielfach zutiefst religiös, auch christlich geprägt – wir haben es aber verlernt, darüber zu reden. Zumindest für den Bereich der Arbeitswelt gilt dies eindeutig, und es ist umso verrückter, da ich auch schon bei Jens Beckert gelernt habe, dass das ganze kapitalistische System auf so etwas wie Glauben beruht, im Blick auf die Erwartungen.

An dieser Stelle nimmt Georg Lämmlin den Faden auf und erzählt, dass er in seinem Vortrag zwei persönliche Begebenheiten eingeflochten hat, mit denen er bestimmte Gedanken veranschaulichen wollte. Die erste Begebenheit ist eher anekdotisch. Hartmut Rosa zitiert in seinem Resonanzbuch das Gedicht »Die Wünschelrute« von Joseph von Eichendorff:

»Schläft ein Lied in allen Dingen / Die da träumen fort und fort / Und die Welt hebt an zu singen / Triffst du nur das Zauberwort.«[76]

Diese Worte, so Georg Lämmlin, seien auch für ihn eine wunderbare poetische Beschreibung für das, was Hartmut Rosa unter Resonanz versteht, nämlich davon auszugehen, dass die soziale wie auch die ökologische Welt eine antwortende Welt sei. Und sie verbinden sich für ihn mit einem Ort, an dem er oft gestanden hat, der Eichendorff-Anlage über den Dächern Heidelbergs. Ich verstehe das sofort, ich kenne zwar die Anlage nicht, aber den Blick auf Heidelberg, und für mich verbinden sich solche Erinnerungsbilder auch immer wieder mit Inhalten. Wenn ich vom Transformationskongress in Berlin 2012 erzähle, habe ich immer sofort das Bild des kreisrunden Congress Centers in Berlin vor Augen, und noch mehr, ich spüre den Luftzug buchstäblich auf Schulter und Nacken, der mir im Verlauf der zwei Tage einen steifen Hals eingebracht hat.

Mit seiner zweiten biografischen Begebenheit beschreibt Georg Lämmlin dagegen eine tief gehende Einsicht. Als Zehnjähriger sei er mit zwei anderen Jungen in die Kirche geschlichen, weil der Pfarrer, warum auch immer, nicht zum Kindergottesdienst erschienen war. Sie hätten sich Gesangbücher genommen, alle fünfzehn Strophen von »Geh aus mein Herz« gesungen. Dann wären sie wieder nach Hause gegangen – sie waren der Meinung, das habe gereicht. Das Lied hat ihn bis heute tief in seiner Frömmigkeit geprägt. Hartmut Rosa hat nun ebenfalls auf Paul Gerhardts Lied Bezug genommen, und zwar auf die achte Strophe:

»Ich selber kann und mag nicht ruhn, / des großen Gottes großes Tun / erweckt mir alle Sinnen; / ich singe mit, wenn alles singt, / und lasse, was dem höchsten klingt, / aus meinem Herzen rinnen.«

Nach unserem Gespräch suche ich im Vortragsmanuskript die Passage, auf die Georg Lämmlin hier anspielt:

»Hier erlebt das fromme Subjekt bereits, was Eichendorff mit seinem Zauberwort erst beschwört, hier singt bereits alles und findet Resonanz in der frommen Seele, die in dieses Singen einstimmt. (…) Die poetische Theologie Paul Gerhardts erzeugt auch im soziologischen Entwurf Rosas Resonanz. Damit lässt sich auch (…) die biographische Verortung verknüpfen: Über die Einzelbiografie hinweg gibt es biografische Muster der Individualisierung beispielsweise in Form von Bildungsgeschichten, die nicht einfach individuellen Vorlieben entspringen, sondern auf Gemeinsamkeiten jenseits der eigenen Lebenswelt basieren.«

Hier bin ich wieder dabei und erzähle, dass ich meinerseits ebenfalls etliche biografische Begebenheiten in meinen Text einfließen lasse. Aber mich beschäftigt auch die Frage, ob und wie sich sozusagen überindividuell Muster und Inhalte für eine Große Erzählung finden lassen, die genau dem letzten Gedanken von Georg Lämmlin entsprechen. Ja, sagt er, aber solch eine neue Erzählung braucht auch institutionelle Gelegenheiten, die in der heutigen Lebenswelt der Menschen verankert sind, damit eine Erzählung andocken kann. Wir können nicht mehr einfach davon ausgehen, dass die lange üblichen kirchlichen »Gelegenheiten« diesen Anspruch noch erfüllen, wir müssen auch neue Wege beschreiten, und das SI wird hier entsprechende Forschungen betreiben.

Ich gehe nachdenklich aus dem Gespräch. In manchen meiner Überlegungen fühle ich mich bestärkt. Die Frage nach institutionellen Gelegenheiten bleibt ein Widerhaken in meinem Kopf, bislang bin ich ja auf der Spur, dass der Dialog der entscheidende Ort oder das Format ist, an dem Entwicklung geschieht, auch spirituelle Entwicklung. Aber vielleicht ist das doch zu individuell gedacht? Wie verknüpft sich in meiner These von einer »Spiritualität der verletzlichen Schöpfung« dieser eher individuelle Ansatz nicht nur mit den Geschichten aus der biblischen und christlichen Tradition, sondern auch mit den Orten? Welche Rolle spielen ein Format wie Gottesdienste oder Kirchgebäude in meinem Denkansatz?

Ich bin anschließend der Frage Nachhaltigkeit und Religiosität nachgegangen, einer Frage, die im Gespräch mit Georg Lämmlin nicht ausdrücklich zur Sprache kam, aber implizit immer mitlief, zumal Hartmut Rosas Resonanzansatz viele Berührungen auch mit ökologischen Fragen beinhaltet. Bei meinen Recherchen bin ich auf Wolfgang Stierle und Henning Wrogemann gestoßen.

Der Ökonom und Theologe Wolfgang Stierle ist Mitglied des Leitungsstabs im Bundesministerium für wirtschaftliche Zusammenarbeit (BMZ) und zuständig für den Bereich »Dialog Werteorientierte Entwicklungspolitik«. In einem Aufsatz beschreibt er die Erfahrung einer Expert*innengruppe, die 2018 in Afrika unterwegs war. Diese Gruppe berichtet von Rückmeldungen etlicher afrikanischer Gesprächspartner*innen, dass zum ersten Mal nach langen Jahren jemand gekommen sei, »um einfach nur mal zuzuhören«. Was haben die Europäer*innen gehört? Für Afrikaner*innen ist es selbstverständlich, in allen Fragen Religion und Spiritualität mit zur Sprache zu bringen, sie hat eine existenzielle Bedeutung, aber für die europäischen Ohren war dies eine überraschende und verwirrende Erfahrung.

Hintergrund dieser Reise war eine Strategie, die das BMZ schon 2016 aufgesetzt hat: die Rolle von Religionen in einer auf Nachhaltigkeit setzenden und sich an den SGDs orientierenden Entwicklungspolitik anders zu werten. Ein Quantensprung, nicht unumstritten und für die Mitarbeitenden herausfordernd und irritierend. Die gelernte »Sachorientierung« wurde dadurch infrage gestellt, zugleich wurde natürlich darauf hingewiesen, dass Religionen keineswegs nur sinnvoll und heilsam sein können, sondern an vielen Orten in der Welt auch Quelle von Hass, Gewalt und Spaltung darstellen. Dennoch:

»Religionen sind oft der Schlüssel für die Deutung von Veränderungen und von leitenden Orientierungen; sie nehmen Partei für Bedürftige, sie sind Agenten des Wandels und der Bewahrung zugleich (...), stiften Identität, stärken Resilienz, geben Heimat und Orientierung (...) und bringen den langen Atem für Veränderungen mit (...) und schließlich: Religionen haben Geld.«[77]

Ich finde diese Auflistung bemerkenswert, wirft sie doch zugleich die Frage auf, was wir in Deutschland als Kirchen und Religionsgemeinschaften von solchen Beobachtungen lernen können. Ich bin der Meinung: Alle genannten Aspekte skizzieren auch Rolle und Potenziale der Kirchen in unserem Land in der Herausforderung der sozial-ökonomischen Transformation. Wolfgang Stierles Beobachtung knüpft gut an meine bzw. unsere Beobachtung im KDA an, dass Menschen in Arbeitswelt und Wirtschaft ein großes Interesse daran haben, mit Kirche zu sprechen, wenn sie zuhörend auftritt. Was für eine Zukunftsperspektive, was für ein Potenzial!

Zum Schluss fasst Wolfgang Stierle seine Beobachtungen zusammen und bringt mit der »Unterscheidung der Geister« noch einen weiteren hilfreichen Begriff ein, der in der religiösen Kommunikation wohlvertraut ist:

»Es ist nicht so, dass sich neuerdings ein religiöser Geist in die Debatten mischt, sondern eher so, dass ein bereits verbreiteter *spirit* als Geistkindschaft thematisiert und in Frage gestellt wird. (...) Es geht also gar nicht um Spiritualität, sondern um die Frage der Unterscheidung von lebensfeindlichen und lebensfreundlichen Geistern. (...) Immer wieder werden transformative Anliegen nachgerade als ›Wesen der Religion‹ wahrgenommen.«[78]

Kein neuer religiöser Geist, sondern ein längst verbreiteter Geist. Und Nachhaltigkeit ist Wesenskern von Religion. Zwei Fragen entstehen hier für mich: Wie verändere ich meine eigene Sicht auf die Lage in Deutschland so, dass ich erkenne, was längst schon da ist, und welche bisherigen Muster haben verhindert, dies zu sehen? Ist es die vielfach beschworene

Zeitgeistanfälligkeit des Protestantismus, die evangelische Christ*innen und Theolog*innen in die Falle laufen lässt?

So plakativ zugespitzt trifft es sicher nicht zu und auch nicht überall. Dennoch stimmen mich Gedanken von Henning Wrogemann, Professor für Interkulturelle Theologie an der Kirchlichen Hochschule in Wuppertal, nachdenklich, der mit einem weltökumenischen Blick auf unsere evangelische Kirche in Deutschland schaut. Auch er geht davon aus, dass es vor allem Geschichten und Erzählungen sind, durch die Inhalte transportiert, Menschen getröstet und zum Handeln motiviert werden:

»Das Evangelium wird in Geschichten, in Symbolen und Metaphern mitgeteilt. Diese Bilder- und Symbolwelt ist aufs Neue zu entdecken und ernst zu nehmen. Wir brauchen daher eine Einübung in den Gebrauch biblischer Bilder. Bis heute verwendet beispielsweise die Systematische Theologie eine abstrakte und zum Teil sehr hoch aggregierte Sprache. Dies hat durchaus seine Berechtigung. Im heutigen Kontext jedoch müsste diese durch eine Dogmatik in christlichen Symbolen flankiert werden. Dies wäre ein Ansatz, der die grundlegenden Lehren und Erfahrungszugänge des christlichen Glaubens in einem Ensemble von biblischen Symbolen und Bildern umzusetzen versuchte. Viele Christen in Deutschland, nicht zuletzt viele Pastoren, sind kaum in der Lage, den christlichen Glauben anschaulich und das heißt in einer bildhaften Sprache und dem sinnhaften Gebrauch geeigneter Symbole zu vermitteln.«[79]

Heftige Kritik, die von ihm am Beispiel des Schöpfungsbegriffs konkretisiert wird. In der kirchlichen Sprache und Praxis wird vielfach Schöpfung nicht vom Zentrum des christlichen Glaubens her gedacht und zur Sprache gebracht:

»Meiner Erfahrung nach gibt es jedoch vielerorts eine Tendenz, dass etwa in der Kinder- und Jugendarbeit der Bezug auf Jesus Christus gegenüber allgemeinen Themen wie ›Schöpfung‹, ›Freundschaft‹ usw. geradezu aufgegeben wird. Umgekehrt wird in meditativen Angeboten der Gebrauch von Symbolen leicht ›ontologisiert‹, will heißen, dass dann Symbole wie ›Wasser‹, ›Meer‹, ›Erde‹ oder ›Los-lassen‹ für sich stehen und der Bezug zu der Geschichte Jesu von Nazareth nicht mehr hergestellt wird. Solche Formen sollen sicherlich Offenheit suggerieren, sie können meines Erachtens jedoch allzu leicht langweilig werden, weil in ihrer Beliebigkeit kein christliches Profil und damit kein Angebot wirklicher Lebensorientierung mehr gegeben ist.«[80]

Stimmt diese Beobachtung, dann ist das eine bittere Wahrheit: Eine »ontologisierende« Verkündigung ist langweilig, weil sie keine Lebensorientierung bietet. Aber hat Henning Wrogemann nicht recht? Wird nicht oft auch in der Kirche allzu leicht und allzu schnell »Schöpfung« mit »Natur« gleichgesetzt? Ich kann den Begriff nicht mehr so ohne Weiteres verwenden, seit Hannelore Kraft, seinerzeit Ministerpräsidentin in NRW, in der Auseinandersetzung um den angedachten Steinkohleabbau unter dem Rhein davon sprach, hier gelte es nun die Schöpfung zu bewahren. Schöpfung, das hieß in ihrem Verständnis die Bewahrung eines Status quo menschlicher Gestaltung von Kulturlandschaften, denn der Rhein fließt schon lange nicht mehr so »ungehindert« wie vor Hunderten von Jahren, was lange zu dramatischen Hochwasserlagen geführt hat.

Die andere Frage führt ins Zentrum von so etwas wie Schöpfungsspiritualität. Was mache ich mit Worten und Begriffen aus der Tradition, die missverständlich oder vieldeutig geworden sind? Konkret: Wie rede ich heute über Schöpfung so, dass es dem Wesen unseres christlichen Glaubens angemessen und zugleich kontextbezogen stimmig ist?

Zwischenbilanz

Zeit für eine Zwischenbilanz. Wie sieht das Garn aus, das ich gesponnen habe? Ich bin vom Dialog ausgegangen. Sarah Spiekermann hat mich auf die Spur gesetzt, immer wieder genau hinzuschauen. Kübra Gümüşay hat mich im Blick auf Sprache und Sein angeregt. Joanna Macy und andere haben mich auf die Spur geführt, dass es vielleicht im Kern darum gehen könnte, eine Spiritualität einer verletzlichen Schöpfung zu beschreiben, die Teil der neuen Großen Erzählung werden kann. In Ökonomie und Arbeitswelt habe ich aktuelle Entwicklungen beschrieben, die sich mit den Stichworten Sinn bzw. Purpose und Gemeinsinn verbinden. Ich habe Kriterien für Erzählungen nachgespürt, verschiedene Gegengeschichten beschrieben, die der heutigen, in die Krise gekommenen Großen Erzählung zugrunde liegen. Ich bin der Frage nachgegangen, warum mentale Gewohnheiten einen Kulturwandel so erschweren und wie es trotzdem gehen kann. Die Permakultur bietet mir im Anschluss an David Holmgren und Charles Eisenstein Kriterien und Prinzipien für die Suche nach Geschichten und Erzählungen einerseits an, andererseits eröffnet sie Brücken und Tore zu einer spirituellen Auseinandersetzung mit dem Leitbild eines lebendigen Organismus. Abschließend habe ich einen sehr kurzen Streifzug durch die evangelische Theologie gemacht und frage mich jetzt mit einem Mal, warum mir dort nur drei Männer begegnet sind. Markus Vogt, ein weiterer Mann und katholischer Theologe, spricht mir aus der Seele, wenn er schreibt:

»Die theologische und kulturelle Herausforderung besteht hier darin, den Verlust des Fortschrittsglaubens auf eine nicht-resignative Weise zu bewältigen. Nachhaltigkeit ist eine neue ›Große Erzählung‹ der Geschichte der Moderne im Umbruch als Geschichte der ökosozialen Transformationen des Verhältnisses von Mensch und Natur.«[81]

Nachhaltigkeit ist die neue Große Erzählung, welche die Geschichte der ökosozialen Transformation beschreibt. Mein Garn ist gesponnen, meine Fäden sind mit anderen verbunden. Im nächsten Kapitel geht es darum, wie sich dieses Garn in Muster einweben lässt, in der Hoffnung, dass Neues entsteht.

An Mustern mitweben

> »Der wirkliche Grund, warum gläubige Menschen tenden-
> ziell glücklicher scheinen, liegt in einem Gespür. Im Glau-
> ben entsteht das Gespür dafür, dass ich mit etwas Größerem
> verbunden bin.«[82]

Zukunftskunstfertigkeit

Die Idee zu diesem Buch entstand lange vor dem Auftreten des Corona-
Virus, geschrieben wurde es zum großen Teil im Frühjahr und Sommer
2020, während sich die Pandemie nach und nach ausbreitet und vieles
verändert, infrage stellt, zerstört. Ein kurzer Abriss, wie ich diese Monate
erlebt habe.

Am 16. März schließt das Landeskirchenamt unsere Einrichtung, wir
begeben uns ins Home-Office, wenige Tage später verkündet die Bundesregierung die allgemeinen Ausgangsbeschränkungen, der Lockdown beginnt und verändert die Welt, die wir bisher gekannt haben.

Von Stund an verändern sich Debatten und Diskurse. Wer neuer CDU-
Vorsitzender werden sollte, interessierte außer einigen Journalist*innen
kaum noch jemanden. Vor allem aber veränderte sich unser Handeln. Was
lange vorher nur zäh oder gar nicht in Gang kam, geht auf einmal. Video-
konferenzen zum Beispiel. Gottesdienste »ganz anders«. Zugleich eröffnen sich für unzählige Menschen albtraumhafte Entwicklungen. »Helden
(!) des Alltags« nennen die Medien Pfleger*innen, Supermarktbeschäftigte,
Ehrenamtliche in den Testzentren. Eine höchst zwiespältige, vorgeblich
solidarische und doch zutiefst ungerechte mediale Wahrnehmung. Es zeigt
sich wieder einmal, dass die jetzt als »systemrelevant« gefeierten Berufe
häufig zu den schlecht bezahlten Tätigkeiten in unserem Land gehören, in
denen überproportional viele Frauen beschäftigt sind. Gleichzeitig werden
viele andere buchstäblich übersehen, die in der Krise im Verborgenen ihrer
Arbeit nachgehen.

Zudem wundern sich nicht wenige, wo plötzlich all das Geld herkommt,
dass der Wirtschaft als Schutzschild zur Verfügung gestellt wird. Nicht,

dass jemand dagegen ist, ganz im Gegenteil. Und offenbar sind auch die Schwächsten in der Gesellschaft mit im Blick, Solo-Selbstständige, Hartz-IV-Empfänger*innen. Auszahlung von Unterstützung, Kurzarbeitergeld, noch aufgestockt. Schutz vor Verlust der Wohnung bei Mietschulden usw. Zugleich entwickelte sich an vielen Orten eine kreative Form von Solidarität. Am Hackathon der Bundesregierung beteiligten sich 40.000 Menschen. Offenbar trägt das in der kulturellen DNA der alten Bundesrepublik angelegte Leitbild einer »Sozialen Marktwirtschaft«, das bereits in der Finanzkrise dazu führte, dass Deutschland besser durch diese Herausforderung kam als andere.

Doch es gab auch Schattenseiten. Das hässliche Gesicht eines uneinigen und zerstrittenen Europa zeigt sich in der Unfähigkeit, über Wochen überfüllte Flüchtlingslager in Griechenland nicht zu räumen. Oder in dem Streit um Eurobonds. Oder im Schweigen zu den offenen und unverhüllten Versuchen der Regierungen in Polen und Ungarn, die Krise zu nutzen, um die eigene Macht zu zementieren und Bürger*innenrechte weiter auszuhöhlen.

Anfang April tauchte in einigen Artikeln dann auch das große Thema der letzten zwei Jahre wieder auf, die Klimakrise. Drei Wochen lang war sie unsichtbar gewesen. Na ja, nicht ganz. Manche Interessenvertreter*innen der Wirtschaft streuten in ihre Brandreden und -briefe schon die Forderung ein, dass man doch jetzt, um die Wirtschaft zu schützen, bitte schön die vereinbarten Klimaziele »strecken« soll. Aber das war zu erwarten. Einige Aktivist*innen von Fridays for Future oder Klimawissenschaftler*innen wie Maja Göpel wiesen schon darauf hin, dass die Thematik im Hinterkopf bleibe und bleiben müsse. Streikaktionen waren aber nicht möglich, manch eine, einer rieb sich schon die Hände, und eine makabre Todesanzeige, finanziert von der AfD, bejubelte das Ableben von Fridays for Future. Aber es wird auch gefragt, warum so viel Geld für die Bewältigung der Corona-Krise vorhanden ist, aber für die noch viel umfassendere und bedrohlichere Klimakrise nicht.

Im Mai und Juni setzt so etwas wie Gewöhnung ein, zugleich sind alle irgendwie damit beschäftigt, die nach und nach erfolgenden Lockerungen für den je eigenen Alltag zu bewältigen, ganz praktisch, aber auch mental. Es zeigt sich, es gibt Gewinner*innen und Verlierer*innen. Vorhandene

Spaltungen in der Gesellschaft verstärken sich wieder einmal. Eine Frau erzählt mir, für Menschen, die Hartz-IV empfangen, hat sich im Lockdown über die Maskenpflicht hinaus wenig verändert. Sie konnten einkaufen und spazieren gehen, Erwerbsarbeit hatten sie nicht und daher auch kein Geld, sich an Freizeitaktivitäten welcher Art auch immer zu beteiligen, die nun für viele nicht mehr möglich waren.

Jetzt, Anfang Juli, sind wir schon wieder weiter. Deutschland hat im Vergleich mit anderen Staaten die Corona-Zahlen niedrig halten können. Das weckt die Sehnsucht nach einer »neuen Normalität«, denn bei allen Versuchen, das alte Leben wiederzubekommen, ist die Ahnung weit verbreitet, das wird nicht möglich sein. Reisen ist wieder möglich, die Menschen strömen in die Urlaubsorte in der Hoffnung, eine Auszeit nehmen zu können, und müssen dann feststellen, Maskenpflicht und Abstandsregelungen gelten hier auch.

Corona, ein Kontrastmittel. So beschreibt es meine Kollegin Laura Rinderspacher. Corona macht vieles sichtbar, was vorher auch schon da war. Aber nicht gesehen wurde. Oder nicht so deutlich zu sehen war. Wir spüren im Team diesem Bild nach, suchen die Beobachtungen aufzunehmen, diejenigen zu sehen, die niemand sieht. Und wir suchen zu identifizieren, was richtig gut läuft, aber auch nicht gesehen wird.

Zwischendurch sitze ich, frühmorgens, abends, am Wochenende am Schreibtisch, schreibe immer weiter und frage mich, wie denn die Zukunftskunstfertigkeit aussehen könnte, mit der ich mein Garn nun in vorhandene und im Umbruch befindliche Muster so einweben kann, damit Neues entsteht. Das erweist sich als schwieriger als gedacht.

Denn die Zukunft liegt auf der einen Seite klar voraus, Nachhaltigkeit und Transformation, eine neue Große Erzählung, die vom Leitbild eines lebendigen Organismus geprägt ist, das ist die Richtung, das ist der Zielraum.

Auf der anderen Seite ist alles unklar. Momentan dreht sich unsere Welt so schnell, dass kaum eine oder einer hinterherkommt. Zoom, um nur ein Beispiel zu nennen, ist gerade in fast aller Munde, doch wer weiß, vielleicht gibt es schon im Herbst etwas noch Besseres? Die Bereitschaft zu experimentieren, alte Zöpfe abzuschneiden ist genauso riesig wie die Sehnsucht nach Ruhe, Geborgenheit und Sicherheit.

Die Wirtschaft taumelt in vielen Branchen, ahnt, dass es dramatische Umbrüche geben wird. Daneben gibt es die Versuche, Koalitionen zu schmieden, Europa wacht auf, ein Green New Deal wird angestrebt, die Freude ist groß, dass die Rechten bislang kein Kapital aus der Krise schlagen konnten, in Deutschland nicht, in Frankreich nicht, in Italien und Griechenland auch nicht. Doch hält das an? Immerhin, die Sorge um diejenigen, die – wieder einmal – die Verlierer*innen sein könnten, ist diesmal auf dem Tisch. Es wird darüber geredet, dass es vor allem Frauen sind, die in den sogenannten systemrelevanten Berufen arbeiten und dort schlecht verdienen. Es wird diskutiert, wie das mit den Kindern weitergehen kann, in Kitas und Schulen. Schwierige Situationen, keine einfachen Antworten. Und da habe ich noch kein Wort über irrlichternde Präsidenten verloren, die in dieser Zeit darauf hinwirken, zu spalten und zu zerstören. Rassismus allerorten, Corona wirkt auch hier als Kontrastmittel, vielleicht ist in diesem Zusammenhang das Wort Brandbeschleuniger zutreffend, denn Männer wie Donald Trump gießen unablässig Öl ins Feuer …

Im Verlauf des Juli herrscht eine seltsame Stimmung im Land. Vieles liegt auf dem Tisch, eine Menge scheint möglich, aber was in drei Monaten sein wird, kann niemand sagen. Wir hoffen auf den Sommer, auf Luft und Sonne, damit wir draußen sein können, dort, wo das kleine Virus offenbar nicht so gute Chancen hat. Und wir fürchten schon den Herbst und den Winter, denn die Virologen (gibt es da eigentlich auch Frauen?) sind vorsichtig skeptisch und ängstlich.

Ich horche in mich hinein und spüre, diese Unklarheit und Unsicherheit macht etwas mit mir. Ich erlebe es an mir und anderen, es wird gerade viel erzählt. Es gibt ein großes Bedürfnis, über die eigenen Ängste, Unsicherheiten, Beobachtungen, Hoffnungen, die kleinen positiven Erfahrungen zu sprechen. Rollen verändern sich, manch eine, manch einer fragt sich: Macht diese meine Arbeit gerade und in Zukunft eigentlich noch Sinn? Und was ist, wenn ich die Frage mit Nein beantworte, beantworten muss?

Dieses Kapitel habe ich überschrieben: An Mustern mitweben. Wie entstehen Muster? Wie webt man Muster? Die Anregung habe ich einem Vortrag von Uwe Schneidewind in Karlsruhe entnommen, zu sehen und zu hören auf YouTube.[83] Er beschreibt dieses Bild, um zu verdeutlichen, warum Greta Thunberg weltweit in kurzer Zeit so viel Resonanz erzeugen konnte. An neuen Mustern weben immer schon viele Menschen über lange Zeit, sie entstehen im Verborgenen. Und dann kommt eine Situation, ein Anlass, und ein Muster wird aktiviert. Greta Thunberg hat das sich längst entwickelnde Muster der Transformation mit ihrem Schulstreik sichtbar gemacht, man könnte auch hier sagen, Fridays for Future hat wie ein Kontrastmittel gewirkt, das alte und neue Muster sichtbar werden ließ.

Dieses Kapitel ist nicht aus einem Guss. Es sind verschiedene kleine mosaikartige Stoffe, in die ich versuche, mein Garn einzuweben. Das ergibt kein Gesamtbild, wie auch in diesen Zeiten. Christine meinte eines Tages, das sei doch wie bei einem Kaleidoskop. Da sind viele bunte Teile drin, die ergeben ein Muster. Und dann schüttele ich einmal, und die gleichen Teile ergeben ein neues Bild, ermöglichen neue Einsichten. Ein schönes Bild und so passend. Ich webe kleine Stoffmuster, und Sie als Leser*innen sind eingeladen, sie anzuschauen und dann zu schütteln. Es gibt keinen durchgehenden roten Faden. Das Kapitel und das Buch, beide bleiben unfertig. Wenn dieses Buch in einigen Monaten erscheint, ist die Situation schon wieder eine andere. Aber vielleicht können meine kleinen Stoffmuster dazu anregen, genau hinzuschauen. Und zu schütteln. Immer wieder. So entsteht Zukunftskunstfertigkeit.

Glauben als ob und was wäre, wenn …

In diesem Abschnitt werde ich meiner spirituellen Sprache nachgehen und versuchen, meine Glaubenserfahrungen neu, anders, ungewöhnlich zu beschreiben. Das ist ein riskantes Unterfangen, riskant, weil ich mich in gewisser Weise selbst aufs Spiel setze, aber auch weil diese Gedanken für den einen oder die andere fremd oder gar irritierend klingen könnten. Aber wenn alte Worte nicht mehr verbinden, weil sie nicht mehr verstanden werden, weil sie (mich) nicht mehr berühren, dann ist es Zeit, auf die Suche nach neuer Sprache zu gehen. Um frei glauben zu können und zu werden, um noch einmal den Gedanken von Kübra Gümüşay aufzunehmen.

Glauben. Im Alltag spreche ich nicht darüber, habe es nicht gelernt, traue mich nicht, »man« macht das nicht, ich bin es nicht gewohnt, auch nicht als Pastor. Im Gemeindealltag wurde es von mir erwartet, an allen Ecken und Enden. Als KDA-Pastor, als Landessozialpfarrer? Viel seltener, eher in »offiziellen« Zusammenhängen. Aber wie auch immer, es geschieht und geschah eher, weil es von mir erwartet wurde oder weil ich meinte, dass es von mir erwartet wird.

Ich finde das fatal, weil diese Einstellung mit zu einer Verarmung meines Glaubenslebens geführt hat. Und ich glaube, es geht nicht nur mir so. Über Glauben zu reden ist an die Ränder des Lebens gewandert, zu Geburt und Tod und den damit verbundenen Erfahrungen und Gefühlen. Dort ist es keinesfalls fehl am Platz, aber es suggeriert: Glaube hat mit dem Alltag und mit Beruf und Wirtschaft nichts zu tun. Auch dies ist Teil der Geschichte der Separation.

Ich will nicht, dass es auseinanderfällt. Und ich spüre den Riss, die Trennung auch in mir. Ist das, worum es hier geht, so etwas wie Umkehr im biblischen Sinn? Reue, herausreißen und herausgerissen werden aus dem alten Denkrahmen? Es tut weh, führt zu Trauer, zu Klage. Und zugleich ahne und spüre ich, nur wenn ich diesen Riss offen, diesen Schmerz wachhalte, erst und nur dann werde ich für mich wieder sprachfähig. Ich taste nach Sprache, spüre hin, wende Worte, teste Sätze, suche Glauben in Worte zu fassen im Angesicht der Herausforderungen, die diesen Riss in meinem Weltbild hervorrufen und meinen Glauben anfragen, Klimakrise, Transformation und noch mehr.

Das ist ein heikles, riskantes Stochern und Tasten. Woran orientiere ich mich? An dem, was ich gelernt habe als Kind, als Jugendlicher, im Theologiestudium, in der Kirchengemeinde? Oder an all den vergangenen und gegenwärtigen Dialogen?

Ich spüre, die Häresie ist mir nicht fremd, sie lockt mich, verführt mich. Dogmatische Richtigkeit ist schon wichtig, aber spirituell leer. Sie ist unverzichtbar als Gedankengeländer. Wie aber sieht die Treppe zwischen dem Geländer aus mit ihren Stufen? Über die Stufen gehe ich doch. Aber die Frage bleibt und muss beantwortet werden, wo genau das Geländer anfängt und die Treppe aufhört. Was ist noch »christlicher Glaube« und was nicht? Und ist das, was nicht mehr christlicher Glaube ist, »falscher« Glaube?

Ich erinnere mich an eine Vorlesung bei Wilfried Härle, meinem Lehrer in Systematischer Theologie. Er beschrieb die Eckdaten von Luthers Rechtfertigungslehre und erzählte in diesem Zusammenhang, dass es in Japan eine Religionsgemeinschaft gibt (leider habe ich vergessen, wie sie heißt), deren Lehre exakt den Glauben beschreibt, der Martin Luthers Verständnis von Rechtfertigung der Sünder*innen allein aus dem Glauben entspricht, nur eben ohne jeden Bezug zur christlichen Tradition. »Was bedeutet das«, fragte Wilfried Härle, »ist dieser Glaube ›falsch‹, wenn er Menschen die gleiche befreiende Erfahrung vermittelt, wie sie sich in unserem Glauben ausspricht?«

Diese Frage zieht sich durch die Theologie- und Kirchengeschichte seit ihren Anfängen genauso hindurch wie die Fragen, inwieweit die hebräische bzw. griechische Kultur und Philosophie mit dem jüdisch bzw. christlichen Glauben zusammenhängen und ob es in der Begegnung mit anderen Kulturen und Religionen hier Brücken gibt. Was ist z. B. mit all den Erfahrungen, die indigene Völker in Amerika machen? Mich hat der Film »Aluna« über die Kogi in Südamerika fasziniert.[84] Die Kogi sind zutiefst beunruhigt, wenn sie betrachten, was wir westlich geprägten Menschen mit der Welt anstellen. Sie sind besorgt, dass wir diese Verstrickungen nicht wahrnehmen und so kein Verständnis dafür haben, welche Kräfte wir in der Welt entfesseln. Oder was ist mit den Ahnen, die für afrikanische Menschen selbstverständlich sind, sie sind einfach da, und die biblischen Texte werden auf diesem Hintergrund gehört und interpretiert?[85]

Ich kann in diese Welten nur bedingt einsteigen, weil sie nicht meine Welten sind. Aber diese Beobachtungen und Fragen sind für mich ein Korrektiv, das mich grundsätzlich vorsichtig sein lässt. Es könnte ja sein, dass auch ich mit dem christlichen Weltbild imperialistisch und kolonialistisch vorgehe, immer noch. Was wäre, wenn sich das auflöst, zunächst in meinen Gedanken, in meinem Herzen, in meiner Welt? Ich erinnere mich an die Unterscheidung zwischen Benannten und Unbenannten von Kübra Gümüşay. Hier angewendet, ist das Unbenannte das, was mir vertraut und selbstverständlich ist als Mann, der von der christlichen Religion und Kultur in der Ausprägung der reformatorischen Kirchen geprägt ist. Da, wo ich benenne, taucht das Andere, das mir Fremde auf. So weit, so gut – doch wie und wo benenne ich das in mir Unbenannte, damit es nicht unterschwellig wirkt? Kübra Gümüşay spricht von den Mauern, die es für sie zu beschreiben gilt. Eine Mauer hat wie eine Grenze zwei Seiten. Ich merke, es drängt mich immer wieder, Grenzen zu überschreiten und Sachverhalte auch von der anderen Seite zu betrachten, so als ob …

Grenzen ausloten kann ich prinzipiell auf zwei Weisen: Ich kann mich vorsichtig herantasten, um sie nicht zu überschreiten, ich sehe die Grenze zwar, bleibe aber auf meiner Seite. Oder ich gehe davon aus, dass ich eine Grenze erst dann bestimmen kann, wenn ich sie überschritten habe, nur in der Rückschau kann ich sagen, wo sie liegt. Das ist alles keinesfalls beliebig, sondern hochgradig bedeutsam und gefährlich, und welche Annäherung hier und heute angemessen ist und welche nicht, lässt sich kaum im Vorhinein sagen.

Mein Glaube ist geprägt von einem ständigen Hin und Her, von Suchen und Tasten, von der Frage: Gibt es noch mehr und anderes? Natürlich spüre ich die Gefahr, dass ich mich dabei verlieren kann. Das Diktum von Dietrich Bonhoeffer: »Wir müssen es auch riskieren, anfechtbare Dinge zu sagen, wenn dadurch nur lebenswichtige Fragen aufgerührt werden«[86] begleitet und ermutigt mich hier seit Langem.

Ich möchte eine Idee beschreiben, einen sprachlichen Vorschlag machen, der mich in meiner Suche nach Spiritualität angesichts des empfundenen Risses angeregt hat, meinen Glauben neu in Worte zu fassen in der Hoffnung, dass ich so nicht nur für mich eine Brücke finde, sondern diese vielleicht auch für andere begehbar und verstehbar wird. Es ist ein sprachlich schwebender Vorschlag, eher poetisch als rational reflektierend, obwohl er auf ein Gedankenexperiment hinausläuft, nämlich zu fragen: *Was wäre denn, wenn das*, was Jesus über das Reich Gottes erzählt, *wahr wäre?* Wie wäre das, einfach zu glauben, *als ob* es diese Ursprungsmacht gibt, die Menschen als »Gott« bezeichnen? Dieses im ersten Moment vielleicht seltsam klingende Gedankenexperiment führt mich genau dahin, wo ich hin will: das Unbenannte und so Vertraute zu hinterfragen, zu benennen.

Glaube ist in unserer Sprache vieldeutig, und das ist vielleicht in diesem Fall von Vorteil, weil so die Wortbedeutungen ineinanderfließen und sich verbinden. Von Glauben war schon vielfach die Rede, bei Charles Eisenstein und Kübra Gümüşay, bei Sarah Spiekermann und Jens Beckert, bei Silja Graupe und Joanna Macy. Glaube hat viel mit dem Zielhorizont meiner Erwartungen zu tun. Ich glaube, dass es gleich regnen wird, und nehme daher einen Schirm mit. Ich glaube, dass das neue iPhone eine bessere Kamera hat, und kaufe es. Ich glaube, dass es Eindruck macht, wenn viele Menschen zu einer Demo gehen, und gehe daher mit. Jens Beckert hat das im Blick auf die Rolle der funktionalen Zukunftserwartungen in der Ökonomie so beschrieben: Die Menschen verhalten sich so, *als ob ...* Menschen setzen bewusst oder unbewusst auf dieses Als-ob. Als ich das las, schoss mir durch den Kopf: Heißt Glauben vielleicht nicht mehr, nicht weniger als davon ausgehen, *als ob* das Leben einen Sinn hat? Als ob sich so etwas wie Gemeinsinn zeigt? Als ob die Zukunft offensteht? Als ob alles mit allem verbunden ist? Als ob diese Welt ein lebendiger Organismus ist? Als ob die Welt und ich verletzlich sind und nicht perfekt? Als ob alles fließend und immer in Bewegung ist und nicht starr und fest? Als ob Sicherheit nur eine Illusion ist, Vertrauen dagegen Realität? Als ob alles miteinander verbunden ist und nicht getrennt? Als ob die Welt von Schmerz und Schönheit geprägt sind und nicht durch Masken und Gefühlslosigkeit? Als ob aus den biblischen und christlichen Traditionen etwas herüberweht? Als ob es Gott gibt?

Glauben *als ob.* Glauben, als ob sich jemand zeigt. Glauben, als ob jemand lauscht und spricht. Glauben wäre dann zuallererst eine Art Entscheidung, mich zu fragen, was wäre denn, wenn das wahr ist? Das ist Spiritualität im Alltag. Noch keine christliche Religion, das ist dann der nächste Schritt, diesen alltäglichen, allgegenwärtigen Glauben in Beziehung zu setzen zu den biblischen Traditionen, zu den vielfältigen Verstehens- und Sprachversuchen in zweitausend Jahren Christenheit. Auch hier verbindet sich Unverbundenes, immer wieder und immer wieder neu. Ich finde die Fäden, spinne sie zu Garn und webe sie in Muster ein. Die Fäden: die Geschwister und die Erinnerungsspuren. Das Garn: neue Geschichten, neue, tastende, suchende Sprache. Erkundendes Sprechen, dialogisches Zuhören, auch hier. Im Dialog mit mir und mit anderen über meinen, unseren Glauben geschieht Neues, so werde ich, glaubend werde ich.

Für mich ist das ein Gesprächsangebot: erkundendes Sprechen über die Frage, was wäre, wenn, und das in Geschichten verpackt, denn wie auch Julia Fritzsche schreibt:

»Erzählungen ermöglichen uns, ›Was wäre, wenn?‹ zur Leitfrage zu machen.«[87]

So weit bewege ich mich noch einigermaßen im Rahmen vertrauter Sprache und Denkmuster. Ich gehe noch einen Schritt weiter und verbinde diesen ersten Gedanken mit einem zweiten. Was wäre, wenn ich sage: Ich gehe einfach davon aus, als ob alles lebt. Alles, auch die unbelebte Natur. Charles Eisenstein hat in seinen Überlegungen zur Spiritualität davon gesprochen, dass alles lebt, fühlt und lauscht. Es entspricht zwar nicht meinem Empfinden und Verständnis. Ich zweiteile zwischen belebter und unbelebter Natur. Die belebte Mitwelt ist wichtiger und wertvoller, und innerhalb derer wird auch noch einmal unterschieden, menschliches Leben gilt als wertvoller als tierisches oder pflanzliches Leben. Der Gedanke, alles lebt, auch der Fluss, der Stein, der Berg, das Licht, ist angeregt von dem Leitmotiv des lebendigen Organismus, in dem alles mit allem verbunden ist. Das Postulat: Alles lebt, alles fühlt, verändert meine Wahrnehmung.

Anfangs klang das in meinen Ohren ungewöhnlich und völlig verrückt, davon auszugehen, *als ob* die Türklinke, das Regal, der Bordstein, die Wolke über mir lebendig und fühlende Wesen sind. Man mag das ein mythisches oder magisches Weltbild nennen, Romantik oder Mystik oder auch Esoterik. Aber ist das wirklich so fremd? Für Kinder sowieso nicht, für Kinder lebt einfach alles. Sprache verbindet, in dem *was wäre, wenn* oder in dem *als ob* bringt sie mir Dinge, Sachen, Menschen nahe. Das Ungewohnte löst etwas in mir aus, durchbricht den Panzer des separierenden Denkens und Empfindens, ich fange an zu fühlen, zu hören, zu schmecken, zu riechen, zu tasten …

Was wäre also, wenn ich davon ausgehe, als ob alle Dinge lebendig sind, fühlende Wesen, schön und verletzlich, darauf aus, in Verbundenheit mit anderen zu existieren, zu wirken? Was nehme ich wahr, wenn ich so hinschaue und höre? Ich sehe die Schönheit, fühle Freude und Dankbarkeit, auch und gerade da, wo ich Teile dieser Welt für mich nutze und gebrauche, Luft, Wasser, Nahrung. Ich fühle den Schmerz und die Trauer, die durch Trennung, Abwertung, Missachtung, Übersehen entstehen.

Für mich öffnet sich hier eine Brücke, Spiritualität stärker in meinen Alltag zu integrieren. Hinschauen, hinhören, schmecken, riechen, tasten, jedes einzelne »Ding« so behandeln, jedes meiner Geschwister, wie Franz von Assisi in seinem Sonnengesang dichtete: Bruder Sonne, Schwester Mond, Bruder Wind, Schwester Wasser, Bruder Feuer, Schwester und Mutter Erde, Schwester Tod. Franz spricht in seinem Schöpferlob nicht von Mond, Wind und Erde »an sich«, sondern er betont die Beziehung, diese Dinge sind mir verbunden, verwandt, Bruder und Schwester.

Diese Gedanken sind der christlichen Frömmigkeitstradition wohlvertraut, viele Lieder im Gesangbuch singen davon, ich erinnere an die Passage aus dem Gespräch mit Georg Lämmlin über »Geh aus mein Herz« (»... ich singe mit, wenn *alles* singt ...«) und die Resonanztheorie von Hartmut Rosa, der Ähnliches beschreibt. Dennoch: Wir haben es weitgehend verlernt, diese Sichtweise auf die kulturell geschaffenen Dinge zu erweitern. Wie wäre das, über die »Dinge« der natürlichen Mitwelt hinaus jedes »Ding«, das von uns geformte und geschaffene genauso wie das aus der Mitwelt entlehnte, als lebendige Wesen anzusehen, als Geschwister? Bruder ICE, Schwester Laptop, Bruder Kühlschrank, Schwester Gore-Tex-Jacke? Lächerlich? Banal? Oder einfach nur ungewohnt? Angelehnt an den Sonnengesang, klingt das dann vielleicht so:

Gelobt seist du, mein Gott, für Bruder Bahn,
wunderbar ist er, bringt mich zu meinen Lieben und an ferne Orte.

Gelobt seist du, mein Gott, für Schwester Internet,
welche Quelle der Inspiration, des Wissens, der Begegnung,
welch ein Ort für Texte und Bilder und Filme und Musik!

Gelobt seist du, mein Gott, für Bruder Ball,
niemanden lässt er ruhen, zaubert Lächeln in Gesichter.
Hin und her, her und hin wogen die Spiele mit ihm und auch wir.

Gelobt seist du, mein Herr, für Schwester Café,
welch wunderbarer Ort zu sitzen, zu denken, zu sprechen, zu schreiben,
Kaffee zu trinken und ein Stück Kuchen zu essen.
Meine Seele freut sich und tankt auf.

Gelobt seist du, mein Gott, für Bruder Brille,
er lässt mich Treppen scharf sehen und genau hinschauen,
wunderbar geschliffen, ermöglichen seine Gläser
auch im Alter zu lesen und zu schreiben,
welch Wunderwerk menschlicher Erfindungskraft!

Gelobt seist du, mein Gott, für Schwester Dusche,
ob heiß, ob kalt,
verschafft sie mir das Gefühl, im Reinen mit mir zu sein,
ein Wohlgenuss nach Anstrengung oder einer ruhigen Nacht.

Ähnlich und doch ganz anders klingt es, wenn ich mir selbst als Mensch
mit meinen Sinnen und Befähigungen als Geschöpf gegenübertrete und
Gott für diese meine Geschwister lobe:

Gelobt seist du, mein Gott, für Schwester Sprache,
für Mund und Augen und Gesten, alles Werkzeuge, mich auszudrücken.
Wunderschön ist sie,
verbindet mich mit meinen Mitmenschen und mit dir,
trägt mich fort an ferne Orte und bringt mich wieder zurück zu mir.

Gelobt seist du, mein Gott, für Bruder Musik,
für Gesang und Instrumente, für Stimmbänder und Ohren.
Durch sie befähigst du deine Geschöpfe, einander anzurühren
und dir zur Ehre zu singen,
sodass mein Herz vor Freude springt.

Gelobt seist du, mein Gott, für Schwester Tanz,
für Beine und Arme, für Rhythmus und Bewegung.
Losgelöst schwebe ich durch den Raum, allein oder mit anderen,
drücke mit meinem ganzen Körper aus, was in mir ist, auch dein Lob.

Gelobt seist du, mein Gott, für Bruder Tastsinn,
wunderbar hast du meine Hände gemacht und meine Haut,
Ort der Begegnung zwischen innen und außen,

geschaffen, um Freude zu geben und Freude zu empfangen
in der Berührung zweier Menschen.
Und wie schön, wenn dein Wind über mich streicht
und deine Sonne mich küsst.

Gelobt seist du, mein Gott, für Schwester Geschmack,
für Zunge, Gaumen und Nase, die mir Wohlgenuss bereiten.
Wunderbar die Fähigkeit, dankbar zu nehmen
aus den Gaben deiner Schöpfung, was ich brauche,
und es zu köstlichen Speisen zubereiten zu können.

Ich kann mich für dieses Gedanken- und Glaubensexperiment entscheiden.
Ich kann mich hineinbegeben in dieses Als-ob. Ich kann mich für diese
Sichtweise einnehmen: Die Welt ist ein lebendiger Organismus, und ich
bin ein Teil davon, ein Holon, wie Joanna Macy sagt, ein vollkommenes
Wesen, eingebunden in Systeme, die mich mit anderen Wesen verbinden.
Ich kann mich hier einfühlen, eindenken, nach Worten ringen und nach
Bildern suchen, Geschichten erzählen. Von mir und von meinen Geschwis-
tern, Bruder Frosch und Schwester Laufschuhe.

Das hat viel mit einer schwebenden, flimmernden, tanzenden, flirtenden,
poetischen Sprache zu tun. In ihr zeigt sich das Neue zwischen den Zeilen.
Jesus hat diese Sprache beherrscht, mit Paradoxien, mit Streitgesprächen,
Bildpredigten, Gleichnissen. Er suchte zu erschüttern und zu verwirren, zu
heilen und aufzurichten. Mit einer Sprache, die in Bewegung bringt. Mit
menschlicher Sprache, durch die etwas ausgelöst wird. Karl Barth formulierte einst paradox, nicht rational zu fassen:

»Wir sollen als Theologen von Gott reden. Wir sind aber Menschen und
können als solche nicht von Gott reden. Wir sollen Beides, unser Sollen
und unser Nicht-können wissen und eben damit Gott die Ehre geben.«[88]

Oder, wie es Ludwig Wittgenstein im »Tractatus logico-philosophicus«
formuliert hat:

»Es gibt allerdings Unaussprechliches. Dies zeigt sich, es ist das Mystische.« (6.522) Und das Mystische kennzeichnet er kurz zuvor so: »Nicht
wie die Welt ist, ist das Mystische, sondern dass sie ist.« (6.44)[89]

Glauben, als ob das wahr wäre. Ich gehe davon aus. Ich bin mir sicher, habe aber keine Beweise. Ich halte daran fest, trotz allem. Diese Sätze beziehe ich auf das neue Paradigma des lebendigen Organismus, dass alles fühlt und lebt und verbunden ist. Diese Welt ist eine verletzliche und schöne Schöpfung, Schöpfung in Beziehung zu einem Urgrund, einer Macht, Gott, etwas, der oder die sich zeigt. Jesus hat darauf gesetzt, und ich will es auch.

Glauben, als ob das wahr wäre, dass Gott als Urgrund existiert, das ist mehr als Glaube an Dinge und Sicherheit. Einfach ist das Vorhaben nicht, so zu glauben, die Antagonist*innen und »Mächtigen« haben andere Interessen und Macht, und sie erzählen ihre Geschichten, verführerisch oder Furcht einflößend. Und doch lassen sich Fäden finden, in Garne spinnen und diese in Muster hineinweben, in der Hoffnung, als ob daraus Neues entsteht. Hoffnung kommt aus diesem Glauben und spannt über der Welt die Frage aus: Was wäre, wenn das wahr ist? Mehr geht nicht, der Rest ist Geschenk, Glauben im existenziellen Sinn kann ich nicht machen, ein Gedankenexperiment ist noch kein Glaube in diesem Sinn. Aber vielleicht bereitet dieses Experiment der Ursprungsmacht den Weg, dass sie sich mir erschließt im Ringen um Worte und Sprache und sagt:

»Ich bin, der ich bin, und ich will, dass du bist in der Welt, die ich will.«

Sünde und Schöpfung

Bei der Arbeit an diesem Buch ist mir mehr als einmal zum richtigen Zeitpunkt die richtige Person, das richtige Buch über den Weg gelaufen. Ende Mai näherte sich das Manuskript seiner Fertigstellung, und ich wusste, ich muss mich noch mit drei untereinander zusammenhängenden Fragen beschäftigen:

> ➤ Wie kann ich den Begriff Schöpfung so beschreiben, dass er nicht naturalistisch fehlverstanden wird?
> ➤ Wie kann das Bild vom verletzlichen Menschen in einer verletzlichen Schöpfung in der Gegenwart angemessen zur Sprache gebracht werden?

> Wie kann der unverzichtbare, aber marginalisierte, moralisierte und ins Lächerliche gezogene Begriff Sünde so gefasst werden kann, dass er in der heutigen Zeit verständlich wird und ein wesentlicher Aspekt des christlichen Glaubens zur Geltung kommen kann?

Da begegnet mir das gerade erschienene Buch: »Sünde. Die Entdeckung der Menschlichkeit« von Ingolf Dalferth. In einem Zoom-Call mit Kolleg*innen zum Thema »Theologie in der Corona-Krise« erzähle ich davon, dass mich die Frage bewegt, wie wir als Christ*innen, als Theolog*innen in dieser Zeit die Rede von der Sünde so wiederbeleben können, dass sie hilft, in unserer Gegenwart den Blick auf die Wirklichkeit zu erhellen. Ich beschreibe mein Unbehagen darüber, dass der Begriff Sünde so moralisiert und verblasst ist. Da erzählt eine Kollegin, dass Ingolf Dalferth in einem Buch über Sünde von der Trivialisierung derselben in der heutigen Zeit geschrieben hat. Ich besorge mir das Buch und finde es ertragreich, weil einerseits akribisch die Entwicklungen und Verwicklungen des Sündenbegriffs durch die Kirchen- und Theologiegeschichte bis in die Gegenwart nachgezeichnet werden, so befreit andererseits Sünde neu beschrieben wird. Nach Ingolf Dalferth qualifiziert Sünde unser ganzes Dasein, ob mir das als Mensch bewusst ist oder nicht, ob ich es akzeptiere oder nicht. Sünde bestimmt als Existenzmodus menschliches Leben grundlegend:
»Menschen existieren vor Gott entweder in der Weise des Unglaubens (also als Sünder) oder in der Weise des Glaubens (also als Sünder, die ihre Sünde durchschaut haben und von ihr befreit sind). Beides sind mögliche Existenzmodi eines jeden Menschen, und es sind die beiden einzigen, die es im Blick auf Gottes Gegenwart gibt. Im Blick auf Gott gibt es keine neutrale Position: jeder lebt als Sünder oder nicht als Sünder, und nicht als Sünder lebt keiner, der nicht zuvor Sünder war.«[90]
Erkenntnis und Überwindung der Sünde sind nur durch den Glauben möglich. Wenn von Sünde die Rede ist, ist immer zugleich von Gott die Rede. Wird Gott ignoriert, kann theologisch nicht von Sünde gesprochen werden. Anders formuliert: Von Sünde kann ich erst dann reden, wenn mir bewusst ist, dass sie mir bereits vergeben ist:

»Sünde ist das, was Gott vergibt. Das heißt: Es gibt Sünde. Aber wir wissen nicht, was die Sünde ist, ehe wir nicht auf das achten, was Gott vergibt. Gottes Sündenvergebung definiert die Sünde, indem er ihre Wirklichkeit beendet und eine andere Wirklichkeit an ihre Stelle setzt.«[91]

Damit eröffnet die Erkenntnis von Sünde das Verständnis von Schöpfung. Auch von Schöpfung kann nur von Gott her gesprochen werden. Schöpfung heißt: Ich finde mich immer schon vor, die Welt ist eine von Gott gewollte und geschaffene Welt. Damit wird erkennbar, dass das kreative Zentrum des menschlichen Lebens nicht Aktivität ist, sondern Passivität. Von Gott geschaffen zu werden bedeutet, rein passiv zu sein. Ingolf Dalferth nennt dies Tiefenpassivität:

»Sünde ist die Blindheit gegenüber der Tiefenpassivität unseres Daseins, das wir nicht uns selbst, sondern Gott verdanken. (...) Diese Sünde zu überwinden, indem man sie aufdeckt und als Blindheit entlarvt, ist der Anfang der Entdeckung der Menschlichkeit.«[92]

Schwierige Gedanken, weil ungewohnt. Ingolf Dalferth kreist, manchmal fast poetisch, immer wieder um diesen Sachverhalt, schärft ihn ein. Er ist fremd, dieser Blick auf mich und mein Leben. Er scheint wenig mit meiner Lebenswirklichkeit zu tun zu haben – und schon gar nicht dem zu entsprechen, was so landläufig an Sündentradition vorhanden ist und unbewusst mein Denken, Fühlen und Handeln mit beeinflusst. Aber wenn ich mich auf den Gedankengang einlasse, wird er nach und nach plausibler. Gerade wenn im Verlauf der Lektüre die ganzen Transformationen und Verdrehungen des Sündenbegriffes dekonstruiert werden und die Menschlichkeit des Menschen zutage tritt:

»Mit der Sünde rückt die Wurzel der Unmenschlichkeit der Menschen in den Blick, mit der Überwindung der Sünde der Anfang der Aufdeckung ihrer Menschlichkeit. Alle Menschen sind Sünder. Alle leben so, als gäbe es Gott nicht. Kaum einen stört das. Aber alle sind in die Folgen dieser universalen Gottesblindheit verstrickt. Die immer wieder aufbrechenden Schrecken der Unmenschlichkeit treiben die Menschheit zur Suche nach der Menschlichkeit. Doch ohne auf Gottes Gegenwart zu achten, drehen wir uns im Kreis und kommen nicht von der Stelle. Wir fliehen vor der Unmenschlichkeit, ohne wirklich zu entkommen, und wir suchen nach der Menschlichkeit, ohne ihr tatsächlich näher zu kommen. (...) Es ist an der

Zeit, sich der Einsicht zu stellen, dass eine Welt, in der Menschen sich nicht an Gott orientieren, nicht weniger unmenschlich und keinen Deut menschlicher ist.«[93]

Als Mensch komme ich meiner Menschlichkeit erst dann auf die Spur, wenn ich die Gefahr der Unmenschlichkeit nicht nur moralisch beschreibe, sondern existenziell begreife. Das Christentum hat daher nach Ingolf Dalferth kein negatives, sondern ein positives Menschenbild. Sünde zielt nicht darauf, deutlich zu machen, was ich als Mensch alles *nicht* kann, sondern mich im Gegenteil an das zu erinnern, wozu Gott mich befähigt: zur Ehrlichkeit mir selbst gegenüber als Gottesgeschöpf und zu einem Leben in der Orientierung an Gott in der Gemeinschaft mit den anderen Geschöpfen.

Das ist eine positive oder, besser: realistische Sicht. Der Mensch braucht sich nicht größer, aber auch nicht kleiner zu machen, als er ist. Menschen werden nicht als Mängelwesen verstanden, sondern als Adressaten der göttlichen Liebe, die uns zu mehr macht als alles, wozu wir uns selbst machen könnten. Es ist von diesem Verständnis her nicht möglich, ein menschliches Leben zu führen, ohne sensibel für die negativen Abgründe zu sein. Sünde erlaubt, diese Abgründe zur Sprache zu bringen aus einem Verständnis meiner Existenz heraus, das mich nicht in die Verzweiflung stürzt. Das ist die wunderbare und befreiende Pointe: Erkenne ich mich als Sünder*in, lebe ich bereits im Glauben. Gottvertrauen ist deshalb die Grundhaltung eines menschlichen Lebens, nicht Moral.

Wenn alles Tun und Lassen von uns Menschen Sünde ist, weil wir in diesem Existenzmodus leben, dann lassen sich nicht mehr einzelne Handlungen als Sünden bezeichnen. Das ist für die Kritik der weitverbreiteten Einstellung, bei Sünde ginge es immer wieder um irgendwie besonders schlechte, unmoralische oder böse Handlungen von entscheidender Bedeutung. Wenn Sünde auf einzelne Taten bezogen wird, muss grundsätzlich unterschieden werden zwischen Taten, die Sünde sind, und Taten, die keine Sünde sind. Dann aber wird Sünde zu einem innerweltlichen Unterscheidungsbegriff.

Dieses Verständnis von Sünde erlaubt einen aufklärenden, erhellenden Blick auf die Gegenwart, die auch durch vielfältige Verformungen des Sündenbegriffs so geworden ist, wie sie ist. Zum anderen steht die Antwort auf die Frage aus, wie Moral, gut und böse, von hier aus beschrieben und eingeordnet werden kann. Ingolf Dalferth skizziert die Situation in der Gegenwart so:

»Dass die meisten Sünder keine Übeltäter im moralischen Sinn sind, ist die Achillesferse dieser klassischen Sicht. Sie unterstellt ein schlechtes Gewissen, wo nichts dergleichen zu finden ist. Und sie muss die Sünder zunächst auf ihr Sündersein stoßen, ehe sich darüber reden lässt, wie sie von ihrer Sünde befreit werden können. Das Verfahren verfängt nicht mehr, wenn sich Menschen nicht mehr als Sünder ansprechen lassen, weil sie das nicht interessiert oder sie sich daraus nichts mehr machen. Der Sündendiskurs wird dann zum Konventikelgespräch ohne Ausstrahlung auf die Gesellschaft. Ebendas ist die Situation, in der sich die Sündendebatte zu Beginn des 21. Jahrhunderts befindet.«[94]

Anders gesagt: Man kann heute Sünder*in sein, aber keinerlei Bedürfnis nach Erlösung verspüren, weil mir das Leben alles gibt, was ich mir wünsche und ich mich glücklich fühle. Umgekehrt kann ich im Unglück stecken, obwohl ich mich aus dem Glauben heraus an Gottes Gegenwart orientiere. In der Gegenwart ist Sünde vollständig trivialisiert:

»Die bedeutungsloseste Kleinigkeit wird Sünde genannt und damit im Umkehrschluss Sünde zur bedeutungslosesten Sache erklärt.«[95]

Das ist fatal, weil so der Weg unendlich weit zu sein scheint, die letztlich befreiende Tatsache der Sünde in unserer Gegenwart so zur Sprache zu bringen, dass sie Orientierung gibt in einer Welt, die durch vielfältigste Herausforderungen nach Orientierung schreit. Ich stehe als Christ hier vor einer schier unlösbaren Aufgabe, es lohnt aber, sich ihr zu stellen. Denn dieser realistische und letztlich positive Blick auf uns als Menschen erlaubt es mir, die falschen Alternativen und wertenden Unterscheidungen zu identifizieren. Die Tiefenpassivität erlaubt, die Welt als einen lebendigen Organismus zu betrachten, in dem alles mit allem verbunden ist. Gott verbindet durch das Geschenk des Glaubens, was unverbunden ist: sich selbst mit mir als Geschöpf bzw. uns als Geschöpfen, was wiederum mir und uns die Perspektive eröffnet, in der Welt darauf hinzuwirken, dass die Dinge nicht auseinanderfallen, sondern verbunden werden, auf Augenhöhe, nicht durch Machthierarchien. Und das erlaubt dann schließlich auch, von gutem und schlechtem Leben zu sprechen. Moral hat ihren Ort im Verhalten der Menschen zu ihrer Mitwelt und Umwelt, in den Beziehungen zu anderen Menschen und zu anderen Lebewesen. Menschlich zu leben heißt, mitmenschlich zu leben, und das heißt, von einer Vor-Gabe her zu leben. Vor jeder Beziehung im Leben teilen wir eine Bezogenheit in unserer Existenz, ohne die es kein Miteinander und kein Gegeneinander im Leben geben könnte. Von hier aus lässt sich nun auch von Schöpfung anders reden:

»Werden das Dasein und das Geschöpfsein des Menschen nicht von diesem neu machenden Schöpferwirken Gott sehr verstanden, lässt es sich kaum vermeiden, die Sünde zu moralisieren und die Schöpfung zu naturalisieren. Schöpfung wird dann mit der Natur gleichgesetzt und in dem gesehen, was man mit den Mitteln der empirischen Wissenschaften erforschen kann. Und Sünde wird mit moralischem Fehlverhalten gleichgesetzt und in dem gesehen, was den Prinzipien der Sittlichkeit und des moralisch guten Lebens widerspricht. Beides ist theologisch abwegig, auch wenn es sich dabei um weitverbreitete Einstellungen und Sichtweisen handelt. Nicht die Natur, sondern auch die Kultur ist Schöpfung, und nicht nur moralisch Böses, sondern auch moralisch gutes Handeln kann Sünde sein.«[96]

Die Argumentation von Ingolf Dalferth regt mich an und führt mich weiter. Ein Aspekt kommt mir allerdings zu kurz: der Faktor Angst. Angst steht für mich aber im Zentrum der Frage, wie der Umschlag von Glauben und Vertrauen zu Misstrauen und Sünde erfolgt. Mein theologischer Lehrer Wilfried Härle formuliert als These:

»Nicht die Angst als solche ist Sünde oder Ausdruck der Sünde, sondern der Umgang des Menschen mit der kreatürlichen Angst, durch den aus der kreatürlichen Angst dämonische Angst wird.«[97]

Etwas später erläutert er diese These:

»Kreatürliche Angst ist das Gefühl der existentiellen Bedrohung, das (...) ausgelöst wird durch das Gewahrwerden der Möglichkeit des Scheiterns. Aber diese kreatürliche Angst kann (...) zum Einfallstor für eine ganz andere Angst werden: eine Angst, die aus dem Misstrauen gegen Gott resultiert, also selber schon Ausdruck von Unglauben und damit von Sünde ist. Indem die kreatürliche Angst vom Misstrauen gegen Gott infiziert und vergiftet wird, wird sie zu einer dämonischen Angst, die vom Menschen Besitz ergreift und die er nicht annehmen und gelassen ertragen kann. (…) Dämonisch ist diese Angst nicht nur, weil in ihr Gott als Dämon oder Teufel erscheint, sondern weil sie eine Angst ist, die nicht zum kreatürlichen Sein des Menschen gehört. Sie ist ein Gift, das fast unbemerkt in ihn eindringt, das Zentrum seiner Person vergiftet und dem er darum, wenn es in ihn eingedrungen ist, wehrlos ausgeliefert ist.«[98]

Der Umschlag von der kreatürlichen in die dämonische Angst gibt eine mystisch und poetisch klingende Antwort auf die Frage, warum wir Menschen Sünder*innen werden und geworden sind. Für mich ist das ein hilfreicher Gedanke, weil er erlaubt, die Grundemotion mit zur Sprache zu bringen. Glaube und Vertrauen in die Ursprungsmacht sind die Hoffnungsgeschichte, dämonische Angst und Sünde erzählen eine Gegen-Geschichte. Die Aufgabe, heute angemessen und anschaulich von Sünde, von Schöpfung, von Gott zu sprechen, bleibt trotzdem schwer, denn, wie Ingolf Dalferth schreibt:

»Es ist kein Einwand gegen ein gottzentriertes Sündenverständnis, wenn eine säkulare Welt es nicht ohne Weiteres versteht, sondern es ist im Gegenteil ein Einwand gegen die säkulare Wirklichkeitswahrnehmung, wenn sie nicht versteht, was Sünde ist.«[99]

Wie bringe ich das in der Gegenwart zur Sprache? Wie kann ich in einer Spiritualität einer verletzlichen Schöpfung diesen Unterschied in den Existenzweisen beschreiben? Vermutlich nur so, dass ich damit beginne, von mir zu erzählen, von meinem Glauben. Davon, wie ich Christ geworden bin und immer wieder werde, und all das in der Haltung des Dialogs, im Modus des zuhörenden und erkundenden Sprechens. Das eröffnet Perspektiven. Ich kann mich biblischen Texten zuwenden und beschreiben, was sie in mir auslösen. Ich kann Worte und Wege finden, von meiner Spiritualität zu sprechen, diese meine Spiritualität zuallererst für mich selbst auszudrücken und dann zu hoffen, dass die gefundenen Worte auch andere inspirieren, anregen, ermutigen. Die Leitlinie lautet dabei: Wenn Sünde und Glauben Existenzweisen meines Seins und nicht Teil der erfahrbaren Welt sind, dann, aber auch nur dann kann mir die ganze Welt zum Resonanzboden werden. So wird die wertende Zweiteilung der Welt überwunden. Der lebendige Organismus, alles, was lauscht und lebt, kann mir prinzipiell Dialogpartner werden, Bruder und Schwester, welch verbindende Perspektive!

So kann es auch gelingen, den Schöpfungsbegriff von seinen naturalistischen, romantisierenden oder ontologisierenden (Henning Wrogemann) Fehldeutungen zu befreien. So kann dann auch von Moral die Rede sein, von gut und böse. Ich kann die Abgründe benennen, Leid, Gier, Hass, Macht, ohne Sünde mit Moral zu verwechseln und so den Kampf für eine gute Welt nicht mit einem kosmischen Drama zu verwechseln, mit einem ewigen Kampf göttlicher und dämonischer Kräfte, denn dieser Kampf ist längst entschieden, dafür steht symbolisch das Geschehen an Karfreitag und Ostersonntag, wo Gott zu Jesu Worten und Handeln Ja sagt.

Die Große Erzählung erzählt von Umkehr, von Erkenntnis, von Tragik, von Hoffnung, von Gefahren. Sie erinnert in ihrer christlichen Lesart daran, dass es das ganz normale menschliche Verhalten war, das Jesus ans Kreuz gebracht hat. Sie erzählt, dass Jesus eine Gegen-Geschichte erzählte und dieser die Vision vom Reich Gottes als Geschichte zugrunde liegt. Paradoxerweise erzählen Karfreitag und Ostersonntag eine Geschichte als Gegen-Geschichte, um so der Erzählung Gottes den Weg zu bahnen, die mir sagt: »Ich bin eigentlich ein ganz anderer Mensch.« Und mit einem Mal sieht die Welt anders aus, es fällt mir wie Schuppen von den Augen.

Sozialgeschichtliche Auslegungsversuche

Seit der Jugendarbeit in der Herkunftsgemeinde treibt mich um, wie sich biblische Texte mit meiner, unserer heutigen Welt so in Beziehung setzen lassen, dass sie Gegenwart aufschließen und Zukunft öffnen. Heute frage ich mich, wie ich im Kontext der sozial-ökonomischen Transformation biblische Texte auslegen kann. Und welche und wie wähle ich die Texte aus? Oder umgekehrt: Welche Texte wählen mich aus? Bei meiner Suche stieß ich auf die sozialgeschichtliche Auslegung, wie sie pointiert von Luise Schottroff vertreten wurde.

Für Luise Schottroff ist es wesentlich, Dualismen zu erkennen und zu überwinden, die in der Auslegungspraxis der Kirche seit ihren Anfängen präsent sind und die sich, verändert und abgewandelt, bis in die Gegenwart durchziehen. So beschreibt sie den anthropologischen Dualismus, der in der Tradition der griechischen Philosophie zwischen Geist und Körper,

Natur und Mensch unterscheidet und zugleich wertet. An dieser Stelle ist das Konzept anschlussfähig an manches, was ich bereits beschrieben habe: den Androzentrismus, die Geschichte der Separation, die Abwertung der Natur gegenüber dem Menschen.

In der christlichen Auslegungsgeschichte haben sich noch weitere wirkmächtige Dualismen entwickelt: das Gegenüber von Kirche und jüdischem Volk schon in biblischer Zeit, die Gegenüberstellung von Kirche und Welt bzw. Gesellschaft bis in unsere Gegenwart. Paradoxerweise, so Luise Schottroff, gehen diese Dualismen immer wieder Hand in Hand mit stetiger Annäherung der Kirche an Macht und die Mächtigen, so verschmilzt sie teilweise bis zur Unkenntlichkeit mit der jeweiligen Gesellschaft. Um dies legitimieren zu können, hat die Auslegungsgeschichte früh begonnen, harte Fakten gesellschaftlicher Umstände metaphorisch zu deuten. Luise Schottroff bringt es so auf den Punkt: Die Metaphorisierung von Wörtern mit Realitätsgehalt entbindet von der Notwendigkeit, soziale und politische Konsequenzen zu ziehen.

Sozialgeschichtliche Auslegung zielt dagegen darauf, die Erzählungen der Gleichnisse Jesu in ihrem Bezug zur Lebenswelt ernst zu nehmen und zentrale Inhalte, welche durch die Metaphorisierung entradikalisiert wurden, nichtmetaphorisch zu deuten. Es gilt, die ganze Schärfe der gesellschaftlichen Kritik wahrzunehmen und anzuerkennen, die bei Jesus nicht nur in den Gleichnissen, sondern auch in anderen Texten und Begegnungen durchscheint.

»Theologische Sprache, die sich in generalisierenden Sätzen über ›den Menschen‹ vor Gott äußert, ist unfähig, zwischen Täterschaft, Opfern und Mittäterschaft zu unterscheiden. (…) Über Sünde, Schuld und Leiden kann jedoch theologisch verantwortlich heute nur noch geredet werden, wenn damit eine Analyse der gesellschaftlichen Gewaltverhältnisse verbunden ist. An die Stelle der generalisierenden theologischen Sprache tritt so eine kontextualisierte Theologie ohne Anspruch auf Allgemeingültigkeit und Überzeitlichkeit.«[100]

Sozialgeschichtliche Auslegung muss für Luise Schottroff alle Gebiete erfassen, in denen Herrschaftsverhältnisse das Leben von Menschen bestimmen und zerstören: Ökonomie, Geschlechterbeziehung, Kolonialisierung, Naturzerstörung, Versklavung von Menschen, Rassismus, Sexualität.

In meinen Worten formuliert: Der sozialgeschichtliche Blick hilft, vom Leitbild des lebendigen Organismus her die Spaltungen und Zerstörungen wahrzunehmen. Die »gerechte Welt Gottes« (so übersetzt Luise Schottroff den Begriff »Reich Gottes«) kann in Resonanz gebracht werden mit den Versuchen, »das Neue« als Utopie zu beschreiben.

Ein weiterer Aspekt wird in vielen anderen Auslegungskonzepten für Luise Schottroff nicht hinreichend berücksichtigt. Sie ist der Auffassung, dass die Gleichnisse grundsätzlich auf Dialog angelegt sind, Jesus erwartet eine Antwort. Diese ist nur selten in den Texten selbst enthalten, kann und muss daher mitgedacht und in der Auslegung entsprechend zur Sprache gebracht werden.

All das lässt sich verdeutlichen an den beiden Gleichnissen (Matthäus 25 und Lukas 19) von den Sklaven, denen ihr Besitzer eine große Menge Geld, »Talente«, anvertraut und auf Reisen geht. Zwei verdoppeln das Geld, einer vergräbt es. Lange wurde hier schon allein durch das in der deutschen Sprache mehrdeutige Wort Talent die Auslegung nach innen verlegt, das Gleichnis galt als Beispielerzählung, die eigenen Talente nicht zu verschwenden, sondern einzusetzen. Mehr oder minder bewusst wurde der Sklavenbesitzer immer wieder mit Gott identifiziert, der dritte Sklave wird zum Versager, der aus seinen »Gaben« nichts macht. Dazu Luise Schottroff:

»Die Schärfe der Kritik an einer zerstörerischen Zins- und Geldwirtschaft, die dieser Sklave äußert, gilt als ›frech‹, denn die Geschichte, die das Gleichnis erzählt, wird als Kritik an Geld- und Zinswirtschaft nicht ernst genommen. Es sind ja nur Metaphern.«[101]

Der dritte Sklave ist aber derjenige, der sich gegen ein ungerechtes, ausbeuterisches System auflehnt.

Ein zweites Beispiel. Sozialgeschichtlich betrachtet, wird das Gleichnis vom vierfachen Ackerfeld (Markus) zu einer Sehschule, die zum Lob der Schöpfung und des Schöpfers anleiten will, das Gleichnis ist dagegen kein metaphorisches Lehrstück, wie der Mensch (das Ackerfeld) das Wort Gottes (die Samen) hören und aufnehmen soll bzw. kann.

Die Ergebnisse meines Denk- und Suchprozesses im Blick auf die biblische Tradition würden ein eigenes Buch füllen. Hier will ich mich darauf beschränken, die beiden genannten Gleichnisse vom vierfachen Ackerfeld und vom Sklaven, der nicht mehr mitspielt, für mich neu auszulegen. Vor die Auslegungen stelle ich jeweils eine Übertragung des biblischen Textes, keine Übersetzung.

Mich an der Schönheit nicht sattsehen (Markus 4)
Wieder begann Jesus, am See zu lehren. Um ihn versammelte sich eine große Volksmenge. Daher stieg er in ein Boot, setzte sich und sprach vom See aus. Das Volk blieb am Seeufer auf dem Land. Er lehrte sie in Gleichnissen:

Hört zu! Bauersleute gingen hinaus, um zu säen. Beim Säen fiel einiges auf den Weg. Da kamen die Vögel und pickten es auf. Anderes fiel auf felsigen Boden mit dünner Erdschicht. Es ging zwar sofort auf, doch als die Sonne aufging, verbrannte es. Weil es keine tiefen Wurzeln treiben konnte, vertrocknete es. Anderes fiel zwischen dornige Pflanzen. Die wuchsen und erstickten es, so trug es keine Frucht. Wieder andere Samenkörner fielen auf guten Boden. Sie gingen auf und wuchsen, trugen Frucht. Einige trugen dreißig Körner, andere sechzig, manche sogar hundert.

Und Jesus fügte hinzu: Die Ohren haben zu hören, sollen genau hinhören!

Ich gehe durch den Wald.
Grün, so weit mein Auge reicht.
Blätter rascheln im Wind.
Vögel singen.
Ich bleibe stehen, schaue mich um.
Seit einiger Zeit sehe ich mehr.
David Haskell hat mir die Augen geöffnet.
Das verborgene Leben im Wald.
Ein Jahr lang hat er immer wieder einen Ort besucht.
Hingeschaut und zugehört.
Zu Hause nachgelesen.
Und seine Beobachtungen aufgeschrieben.
Ich habe viel von ihm gelernt über Moose und Würmer.
Und über das Leberblümchen.
Alles ist mit allem verbunden.

Nebeneinander, miteinander, ineinander, gegeneinander.
Kampf und Kooperation.
Zwischen Pflanzen und Pflanzen.
Tieren und Tieren.
Pflanzen und Tieren.
Kreislauf des Lebens.

Ich sehe und höre, rieche, schmecke, taste.
Fühle mich mehr und mehr eingebunden.
In Zeitläufe, Abhängigkeiten, Austausch und Gefährdungen.
Da ist dieses kleine Virus, das mich und die ganze Welt in Atem hält.
Unübersehbar, obwohl unsichtbar.
Tausendfach gehört dies zum Lauf der Natur.
Teil einer verletzlichen Schöpfung.
Werden und vergehen.
Kämpfen und kooperieren.
Und ich bin mittendrin.

Unglaublich viel Samen verstreut die Natur.
In der Hoffnung, sie findet gute Erde und bringt hundertfach Frucht.
Aber es gibt auch Gestrüpp und Konkurrenz oder einfach nur Pech.
Schaue ich genau hin, sehe ich das im Wald.
Auf dem Acker, in der Stadt.
Das öffnet mein Herz.
Für das Schöne, für den Schmerz.
Ich empfinde mich verbunden.
Albert Schweitzer formuliert so:
Ich bin Leben, das Leben will, inmitten von Leben, das leben will.

Einer spielt nicht mehr mit (Matthäus 25)
Jesus erzählt:
 Vergleicht die gerechte Welt Gottes mit der Geschichte von einem Mann, der vor dem Aufbruch zu einer Reise seine Sklaven ruft und ihnen sein Vermögen zur Verwaltung übergibt. Dem einen gibt er fünf Talente, dem

nächsten zwei, dem Dritten ein Talent, jedem nach seiner Tüchtigkeit. Dann reist er ab.

Sofort geht der mit den fünf Talenten daran, mit dem Geld Geschäfte zu machen, und erwirtschaftet weitere fünf dazu. Auch der mit den zwei Talenten verdoppelt das ihm anvertraute Geld. Der Dritte dagegen gräbt ein Loch in die Erde und versteckt das Geld seines Besitzers.

Nach langer Zeit kommt der Besitzer dieser drei Sklaven zurück und rechnet mit ihnen ab. Der mit den fünf Talenten tritt hinzu und bringt fünf weitere mit den Worten:»Herr, du hast mir fünf Talente übergeben, hier sind weitere fünf, die ich erwirtschaftet habe.« Sein Besitzer sagt zu ihm: »Richtig gemacht, du guter und treuer Sklave. Du warst im Kleinen zuverlässig, ich beauftrage dich nun mit einer großen Aufgabe. Du bist eine Freude für deinen Besitzer.« Der mit den zwei Talenten tritt hinzu mit den Worten:»Hier sind die weiteren zwei, die ich erwirtschaftet habe.« Sein Besitzer sprach zu ihm:»Richtig gemacht, du guter und treuer Sklave. Du warst im Kleinen zuverlässig, ich beauftrage dich nun mit einer großen Aufgabe. Du bist eine Freude für deinen Besitzer.« Dann tritt der mit dem einen Talent hinzu und sagt:»Herr, ich weiß, dass du ein harter Mensch bist. Du erntest, wo du nicht gesät hast, und sammelst ein, was du nicht ausgeteilt hast. Ich bin aus Furcht vor dir hingegangen und habe dein Talent in der Erde versteckt. Hier hast du dein Geld zurück.« Der Besitzer antwortete ihm:»Du böser und fauler Sklave, du wusstest also, dass ich ernte, wo ich nicht gesät habe, und einsammle, was ich nicht ausgeteilt habe? Du hättest mein Geld zur Bank bringen sollen. Dann könnte ich jetzt mein Eigentum mit Zinsen zurückbekommen. Nehmt ihm das Talent weg, und gebt es dem mit den zehn Talenten. Denen, die schon etwas haben, wird noch mehr gegeben, bis zum Überfluss. Denen, die nichts haben, wird das Wenige, das sie haben, auch noch genommen. Werft diesen nutzlosen Sklaven in den finstersten Kerker. Dort wird er schreien und vor Todesangst mit den Zähnen knirschen.

Erschreckende Dimensionen.
Ein Talent, ein großer Barren Silber.
Seinerzeit so um die siebzehn Jahreseinkommen einer armen Familie.
Fünf Talente entsprechen also etwa 85 Jahreseinkommen.

Für eine Familie an der Armutsgrenze heute etwa zwei Millionen Euro.
Hier geht es nicht um kleine Beträge.
Drei Sklaven bekommen sehr viel Geld.
Warum auch immer, ihr Besitzer vertraut ihnen viel an.
Selbst der Dritte bekommt noch fast eine halbe Million.
Weit mehr Geld, als ich je auf dem Konto hatte.
Es geht um Riesensummen.
Um Finanzwirtschaft vielleicht.
Oder um illegale Geschäfte.
Immerhin wird die Rendite verdoppelt, kein leichtes Unterfangen.
Und es geht um menschliche Abhängigkeit.

Das ist bis heute so.
Geld gebiert Geld.
Geld wird angelegt und verzinst.
Geld wird als Aktien an den Börsen um die Welt geschoben.
Hier geht um riesige Summen.
Wo kommen solche gigantischen Gewinnspannen her?
Mit Erwerbsarbeit lässt sich das schwerlich erwirtschaften.
Eher durch Immobilienspekulationen.
Oder durch Heuschreckenmethoden.
Oder Landgrabbing.
Oder durch illegale Praktiken.
Im Menschen- und Drogenhandel.
Durch Betrug oder gnadenlose Ausbeutung.

Die Kehrseite:
Hungerlöhne werden gezahlt, Umweltschutzauflagen umgangen.
Menschen enteignet, verschuldet, versklavt, abhängig gemacht.
Es wird betrogen und erpresst.
Es hat sich wenig geändert in den zweitausend Jahren.
Schon damals entführte Jesus in die Welt der Superreichen.
Aus zeitgenössischen Beschreibungen wissen wir:
Folter war seinerzeit an der Tagesordnung, um Schulden einzutreiben.
Ob die drei Sklaven selbst einst in diese Falle getappt sind?

Zwei von drei spielen das Spiel mit.
Akzeptieren die Vorgaben ihres Herrn.
Wohlwissend, dass sie dazu betrügen, erpressen, einschüchtern müssen.
Und vielleicht auch foltern.
Ihr Besitzer macht Opfer zu Mittätern.

Einer macht das nicht mit.
Er sagt seinem Besitzer ins Gesicht:
Du stiehlst, betrügst, beutest aus und erntest, wo du nicht gesät hast.
Er hat seinem Herrn nichts entzogen, keinen einzigen Denar.
Sein Besitzer wertet sein Verhalten aber als Affront ohnegleichen.
Ein Sklave wagt, dem Herrn den Spiegel vorzuhalten.
Dieser streitet das Urteil mit keinem Wort ab.
Aber wirft ihn ins Gefängnis.
Bestraft ihn.
Fürs Vergraben oder fürs Widersprechen?

Mir wird mulmig, je länger ich der Geschichte nachspüre.
Wie ist das jetzt mit der gerechten Welt Gottes, von der Jesus spricht?
Vollzieht sie sich inmitten der ungerechten Welt?
Wo bin ich Opfer, wo Täter, wo Mittäter?
Ich kann mich nicht herausreden und sagen:
Ich lebe in einer Demokratie, hier gibt es all das nicht.
Doch, gibt es.
Nur die Verstrickungen und Abhängigkeiten sind andere.
Massive Konzentration von Vermögen in den Händen weniger.
Versklavung durch Schulden, die mich zwingen, im System zu bleiben.
Strukturelle Ausbeutung.
Von Lieferketten, Kinderarbeit und so weiter ganz zu schweigen.
Ich kann es drehen, wie ich will:
Ich finde mich im ersten Sklaven wieder, ob ich will oder nicht.

Einer spielt nicht mehr mit.
In ihm leuchtet die Utopie eines anderen Lebens auf.
Gerechtigkeit, Gemeinschaftstreue, Solidarität.

Indem er ausspricht, was ist.

Weil er an eine andere Welt glaubt.

Jesus stellt ihn mir vor Augen und erwartet eine Antwort von mir:

Und du?

Pragmatisch, nüchtern, protestantisch

Ich bin evangelischer Christ, Theologe und Pastor. Davon bin ich in meinen Grundüberzeugungen geprägt, von daher sage ich gerne in Gesprächen: Ich bin ein nüchtern-pragmatischer Protestant. Wenn ich hier das Konzept einer Spiritualität einer verletzlichen Schöpfung skizziere, dann geschieht dies durch die evangelische Brille auf meiner Nase. Ich bin davon überzeugt, dass eine Spiritualität einer verletzlichen Schöpfung grundsätzlich auch von anderen Konfessionen und Religionen geteilt werden kann. Ich liebe den Dialog, liebe es zu hören, wie andere Menschen denken, fühlen und glauben. Dennoch muss ich für mich und andere auch sagen, wo ich stehe. Im Blick auf Glauben und Sünde habe ich das bereits dargestellt, nun geht es um die Frage, wie Sozialethik und Glaube miteinander verbunden sind.

Martin Luther schreibt in einer seiner bekanntesten Streitschriften »Von der Freiheit eines Christenmenschen«:

»Ei, so will ich solchem Vater, der mich mit seinen überschwänglichen Gütern so überschüttet hat, wiederum frei, fröhlich und umsonst tun, was ihm wohlgefällt, und meinem Nächsten gegenüber auch ein Christ werden. Sieh, so fließt aus dem Glauben die Liebe und die Lust zu Gott und aus der Liebe ein freies, williges, fröhliches Leben, dem Nächsten umsonst zu dienen.«[102]

Das ist die Grundfigur in Martin Luthers Glauben: Verstrickt in sündhafte Strukturen, werde ich durch Gott begnadigt und durch den geschenkten Glauben frei von der Sorge um mein Seelenheil und frei, mich dem oder der Nächsten zuzuwenden, unter den Bedingungen dieser Welt. Doch was heißt das für ihn konkret in den vielfältigen Bezügen dieser so widersprüchlichen Welt? Welche Kriterien leitet er dafür aus seinem Glauben ab? Hier ist die Schrift »Von Kaufhandel und Wucher« für mich ein schönes

Beispiel, weil sie im Bereich der Ökonomie angesiedelt ist. Martin Luther schreibt:

»Es sollte nicht so heißen: ich kann meine Ware so teuer hergeben als ich mag oder will, sondern so: ich kann meine Ware so teuer hergeben, als ich soll oder als recht und billig ist. Denn dein Verkaufen soll nicht ein Werk sein, das deiner Macht und Willkür ohne alles Gesetz und Maß freisteht, als wärest du ein Gott, der an niemanden gebunden wäre. Sondern weil dieses dein Verkaufen ein Werk ist, das du deinem Nächsten gegenüber tust, so soll es durch Gesetz und Gewissen eingeschränkt sein, dass du es ohne Schaden und Nachteil für deinen Nächsten tust. Du sollst viel mehr darauf acht haben, dass du ihm keinen Schaden tust, als darauf, dass du einen Gewinn machst. Ja, wo sind solche Kaufleute?«[103]

Das Verkaufen ist ein Werk, ein Dienst am Nächsten, das durch Gesetz und Gewissen eingeschränkt ist. Dabei hat Martin Luther den einzelnen Kaufmann vor Augen, der Christ sein will und von seinem Gewissen Gebrauch machen möchte. Allerdings ist der Reformator realistisch:

»Christen sind seltene Leute auf Erden (…). Darum ist in der Welt ein strenges und hartes Regiment nötig, das die Bösen zwingt und nötigt, dass sie nicht nehmen und rauben und zurückgeben, was sie borgen.«[104]

Aufgabe der Obrigkeit ist es, sich für das Gute einzusetzen und dem Bösen zu wehren, zur Not durch gesetzliche Regelungen, um die Freiheit des Einzelnen zu achten, zu respektieren und zu fördern. Martin Luther argumentiert also sowohl individual- als auch sozialethisch. Zwischen die Kategorien eines alle bindenden öffentlichen Gesetzes und einer an der christlichen Liebe orientierten evangelischen Haltung der Einzelnen tritt bei ihm nun noch eine mittlere Kategorie, die des vernünftigen, üblichen Maßes. Auf die Bestimmung eines gerechten Preises für Handelsgüter angewendet, heißt das für ihn:

➢ Am besten wäre es, wenn die Preise öffentlich festgelegt würden. Dazu sollte die Obrigkeit verständige, redliche Leute einsetzen, Maß und Grenze der Preise festzulegen, damit Kaufleute einen angemessenen Unterhalt haben.

➢ Gibt es keine solche Ordnung, dann sollte der Kaufmann das fordern, was auf dem »allgemeinen« Markt gegeben und genommen wird bzw. wie es den landesüblichen Preisen entspricht. Marktwirtschaft in der Form, wie wir sie heute kennen, lag seinerzeit noch in weiter Ferne. Dennoch steht hier bereits der Gedanke dahinter, dass Angebot und Nachfrage auf einem »allgemeinen« (freien) Markt zu vernünftigen Preisen führen.

➢ Wenn es weder eine gesetzlich bindende Regelung noch eine allgemein akzeptierte Norm für die Preisbildung gibt, dann muss der Kaufmann selbst einen Preis festsetzen. Dabei soll er einen für sich und seine Familie angemessenen Unterhalt genauso berechnen wie die Kosten, die ihm entstehen. Der Kaufmann kann auch seine Arbeit und seinen Zeitaufwand in die Preise einrechnen und darf seiner Mühe und seinem Risiko einen entsprechend höheren Lohn erzielen.[105]

Evangelisch ist es also für Martin Luther, danach zu trachten, das rechte Maß zu treffen. Nichts liegt ihm dagegen ferner, als eine Diktatur des Evangeliums aufzurichten. Seine Ratschläge zielen im Wesentlichen auf den einzelnen Menschen, der christlich sein oder werden will. Evangelisch ist es aber zugleich, sich den gesetzlichen Normen zu unterstellen, ja diese im Sinne einer Gemeinwohlorientierung zu fordern und zu fördern. Solche Regeln sind von der Obrigkeit entsprechend zu erlassen, das ist ihre Aufgabe.

Als Christ evangelischer Prägung ist die Orientierung an einem gerechten Maß eine zentrale, aus meinem Glauben folgende Grundhaltung. Das rechte Maß ist aber nicht ein für alle Mal zu bestimmen, sondern in Auseinandersetzung stets neu zu bestimmen. Schaue ich mich in Deutschland um, finde ich in allen Parteien, bei der LINKEN über SPD und Grüne bis zu FDP und CDU/CSU, Frauen und Männer, die sich dezidiert als evangelische Christ*innen verstehen. In einer Zeit, in der Obrigkeit nicht mehr Kaiser, König oder Fürst bedeutet, sondern Demokratie, obliegt es den Christ*innen, sich in den Streit um das rechte Maß hineinzubegeben. Nach Martin Luther können die Einzelnen dabei durchaus zu unterschiedlichen Einschätzungen kommen, es gilt in unserer Zeit, diesen Streit dann demokratisch auszutragen, auch in der Kirche selbst, wenn es um die Positionierung in politischen bzw. gesellschaftlichen Fragen geht. Glaube und Handeln haben eine individuelle und eine soziale Seite, beides darf nicht auseinanderfallen, auch das ein verbindendes Kennzeichen der Debatten im Jahr 2020, bei allen Unterschieden im Blick auf »das rechte Maß«.

Aber es gibt nach Martin Luther auch Grenzen. Es gibt ein Zuwenig und ein Zuviel. Auch diese Grenzen sind aus der Grundhaltung heraus zu beschreiben und zu benennen. Die Streitfrage ist dann am Ende immer, inwieweit ein begründeter Widerspruch gegen staatliche, d. h. demokratisch legitimierte Vorschriften über den Protest hinaus zum Widerstand führen könnte. Insofern ist die Debatte um Fridays for Future hier ein Beispiel. Schüler*innen mit evangelischem Hintergrund können für sich in Anspruch nehmen, dass ihnen ihr Gewissen rät, hier Gesetze zu brechen, um so auf ein höheres Ziel hinzuweisen, aus christlicher Verantwortung heraus. Umgekehrt kann aber genauso argumentiert werden, hier zeigte sich eben die »Freiheit eines Christenmenschen«. Der Protestantismus ist nüchtern und pragmatisch, sehr bunt und vielfältig, und vor allem: diskussionsorientiert. Mit allen Vor- und Nachteilen.

Dies kann an dem Vorwurf verdeutlicht werden, der Protestantismus sei in besonderer Weise zeitgeistanfällig. Traugott Jähnichen hat dies im Blick auf die Parallelität von kirchen- und gesellschaftsreformerischen Entwicklungen im 20. Jahrhundert untersucht und kommt zu dem Ergebnis, dass diese These eine gewisse Plausibilität aufweist. Dies beschreibt er z. B. im Blick auf die Zeit seit 1990 am Trend einer Ökonomisierung kirchlicher Strukturentwicklung, zugespitzt an dem von einigen beförderten Leitbild der »Kirche als Unternehmen«.[106]

Nun ist es sicher notwendig, sich in der evangelischen Kirche immer selbstkritisch mit dieser Tendenz auseinanderzusetzen. Grundsätzlich empfinde ich den Vorwurf, die evangelische Kirche sei zeitgeistanfällig, allerdings eher als Ausweis der Offenheit für Entwicklungen in der jeweiligen Zeit und einer damit verbundenen Nähe zu den Ängsten, Sorgen, Hoffnungen von Menschen. Das Gegenbild wäre eine sich abschottende Kirche, weit entfernt von den Diskursen der jeweiligen Gegenwart. Die Bereitschaft, sich mit dem jeweiligen Zeitgeist zu befassen, ihn kritisch zu reflektieren und die eigene Sprache immer wieder so anzupassen, dass sie sowohl die Fragen aufnimmt als auch aus der eigenen Hoffnung heraus utopische Bilder und Erzählungen entwirft, die Menschen zum Handeln anstiften und Orientierung und Trost bieten, das ist aus meiner Sicht die

Stärke einer pragmatisch-nüchternen Grundhaltung im Protestantismus. Hier sehe ich auch die Möglichkeit, dass durch die Nähe zu den jeweiligen gesellschaftlichen Kontexten der metaphorischen Lesart biblischer Texte entgegengewirkt werden kann, wie sie die sozialgeschichtliche Auslegung fordert. Zugleich wird durch den sozialgeschichtlichen Blickwinkel auch die kritische Erinnerung daran wachgehalten, dass Kirche immer wieder in der Gefahr stand, zu nah bei »den Mächtigen« zu stehen und den Blick von unten zu vernachlässigen.

All dies entspricht der von mir beschriebenen, erfahrenen, angestrebten dialogischen Grundhaltung: erkundendes Zuhören und Sprechen, das einschließt, dass ich weiß, wo ich heute stehe, den Kontext und die Herausforderung kenne. Das Ziel ist eine Spiritualität einer verletzlichen Schöpfung, orientiert am Leitbild des lebendigen Organismus, entfaltet in Erzählungen, in denen sich meine Biografie und die biblische Tradition so verbinden, dass sie die Utopie eines guten Lebens für alle befördern. All das ist dann, ganz im Sinne des sinnstiftenden Erkennens (Silja Graupe), in realen politischen Situationen zu gestalten. Die Debatte um die Schulstreiks von Fridays for Future zeigt genau die Schwelle, auf der sich auch Martin Luther bewegt: Wie lange ist es innerhalb des demokratischen Systems richtig, für Positionen und Veränderungen zu kämpfen, wann ist die Grenze aus guten Gründen zu überschreiten und Widerspruch angesagt im Sinne des dritten Sklaven aus Matthäus 25? Wo geht es darum, die Treppe zu gestalten, wo darum, das Geländer zu bestimmen? Auch in der Reformationszeit war diese Frage umstritten. Thomas Müntzer beantwortete sie anders als Martin Luther. Aus der Beobachtung der massiven Armut der Bevölkerung und der offensichtlichen Vergeblichkeit seiner Predigt zog er die Konsequenz, dass die Menschen erst dann das Evangelium hören und danach leben können, wenn die Grundbedürfnisse gedeckt sind. In seiner Kritik an Ausbeutung, Unterdrückung und Armut steht er Martin Luther in nichts nach. Am Ende aber wählt er den Weg des Widerstands bis hin zur Gewalt mit der Absicht, die Grundbedürfnisse der Menschen zu sichern, damit sie anschließend für das Evangelium offen sein können. Auch wenn ich den Aufruf zur Gewalt ablehne, Thomas Müntzer bleibt ein Stachel in meiner protestantisch-pragmatischen Einstellung, dieser Stachel korrespondiert mit der Entscheidung des dritten Sklaven, eines Tages nicht mehr mitzuspielen. Die Frage, wo die Grenze zu ziehen ist, hält letztlich auch das demokratische System am Leben und ist daher unverzichtbar. Ab 2022 jähren sich die Bauernkriege zum fünfhundertsten Mal, Anlass und Gelegenheit, sich mit Thomas Müntzer intensiver zu beschäftigen und die Rolle von Christ*innen und Kirche im demokratischen System zu reflektieren und zu präzisieren. Fridays for Future und die Herausforderungen der sozial-ökonomischen Transformation angesichts der Klimakrise werden diese Frage offenhalten und sie immer wieder stellen, so wie die junge Aktivistin Silvester 2019 im Asisi-Panorama in Hannover.

Landschaften wahrnehmen und gestalten

Ich mache einen weiten Sprung. Ich habe davon geschrieben, dass die Permakultur anleitet, genau auf die Mitwelt zu schauen. Was genau soll beobachtet werden? Die Landschaft, in der ich mich gerade bewege, die äußere wie die innere Landschaft. Ich möchte mich in diesem Abschnitt mit dem Motiv der Landschaft befassen, um meinen Blick für die Aufgabe zu schärfen, das Bild des lebendigen Organismus fruchtbar zu machen. Denn Landschaften sind wahrnehmbar und gestaltbar, während das Motiv des lebendigen Organismus eher ein anleitender, anregender Vergleich ist.

Eine Landschaft kann ich wahrnehmen. Mit Augen, Ohren, Geruchssinn. Eine Landschaft ist Teil eines größeren Ganzen. Ihre Grenze findet sie in meiner Wahrnehmungsfähigkeit. Meine Sehfähigkeit endet an der Erdkrümmung, auch Gehör und Geruchssinn hängen von meinen Fähigkeiten der Sinneswahrnehmung ab. Und ich kann innere Landschaftsbilder ebenfalls mit meinen Sinnen imaginieren, mir ausmalen. Kommunikationstheoretisch und pädagogisch ist lange bekannt, dass Menschen umso leichter lernen, umso mehr Sinne beteiligt sind. Für Thomas Kirchhof[107] ist eine Landschaft mit einer Melodie vergleichbar, beide existieren nur als mentale Vorstellung. Denn nur in unserer Vorstellung bilden die Einzelphänomene wie Töne bzw. Wald, Bach, Wiese eine sinnhafte Ganzheit. Die Ganzheit resultiert aus unserer ästhetischen Wahrnehmung.

Vermutlich wird im ersten Moment der städtische Raum eher nicht mit dem Motiv der Landschaft assoziiert. Aber auch Städte sind Landschaften, geformt und geschaffen von uns Menschen, doch sie taugen nicht als Gegenbild zur unberührten Natur, denn so etwas wie »unberührte« Natur oder Landschaft gibt es praktisch nicht mehr auf unserem Planeten, die Spuren menschlicher Gestaltungskraft sind nahezu überall spürbar, im Guten wie im Schlechten.

Die Wahrnehmung einer Landschaft zielt auf Orientierung: Wie wird das Wetter? Wie wirkt sich die Tages- oder Jahreszeit in der Landschaft aus? Welche Konturen hat sie, welche Artefakte erkenne ich? Wo endet nach meinem Gefühl die Landschaft, die ich betrachte? Woran mache ich die Grenze fest? Welche Gefühle lösen Linien, Pflanzen, Wasser, Licht und Schatten, Krach oder Stille, Wohlgerüche oder Gestank aus? Das kann auch sehr widersprüchlich sein. Eine Landschaft ist ein Ensemble unterschiedlichster Eindrücke, es ist wichtig, sich dies bewusst zu machen. Denn hier wird schnell romantisiert, unterschieden zwischen schön und hässlich, vielfältig bunt und eintönig öde. Das ist nicht verkehrt, dahinter verbergen sich Wertungen, und es ist gut und wichtig, diese wahrzunehmen, allerdings ist »gut« nicht immer gleichzusetzen mit »schön« und umgekehrt.

Eine Landschaft ist immer ein bestimmter Raum. Ein Lebensraum, ein Freiraum – oder auch ein Gefängnis. Landschaften haben Grenzen, Berge, der Horizont des Meeres und damit die Erdkrümmung. Das Gleiche gilt, wenn ich das Motiv der Landschaft auf soziale Bezüge anwende oder mich selbst und meine Biografie als Landschaft verstehe, entsprechend betrachte und als Gestaltungsraum begreife. Und, noch recht neu, all das gilt auch für die faszinierenden virtuellen Landschaften, die in Filmen und Spielen ausgebreitet, erlebbar und mitgestaltbar werden.

Welche Landschaft sehe ich, höre ich, rieche ich, wenn ich aus den Fenstern meiner Wohnung schaue? Lange Jahre haben wir in einem Pfarrhaus gewohnt, das praktisch in einem Park mit quakenden Fröschen im Teich und angrenzendem Friedhof lag. Die Straße war fünfzig Meter vom Haus entfernt, im Sommer war sie durch die hohen Laubbäume nicht zu sehen. In Osnabrück haben wir in einem Mehrfamilienhaus gewohnt, der Ausblick aus meinem Schlafzimmerfenster im ersten Stock war die gegenüberliegende Häuserzeile. Heute leben wir mitten in Hannover auf dem Klagesmarkt, während ich diese Zeilen schreibe, blicke ich jetzt im Sommer auf eine grüne Wand, weil wir im dritten Stock wohnen und auf die Bäume des ehemaligen St.-Nikolai-Friedhofs schauen. Eine Aussicht wie im Wald, mitten in der Stadt, keine zehn Minuten vom Hauptbahnhof entfernt. Dazu noch eine verkehrsberuhigte Straße, auf der kaum motorisierte Fahrzeuge unterwegs sind. Dennoch, ich höre die Stadt, den Verkehr und nachts die Feiernden, die lautstark über den Fahrradboulevard zwischen Stadtmitte und Nordstadt ziehen. Was macht das mit mir, was haben meine früheren Landschaften mit mir gemacht?

Eine Landschaft ist nichts, was ich allein gestalten kann. Ich kann meinen Standort, meinen Wohn- oder Urlaubsort wählen und habe damit Einfluss auf die Landschaft, in der ich mich bewege und die ich wahrnehme, kann daher meine Wahrnehmung mit steuern. Mir ist dabei sehr wohl bewusst, dass ich damit absolut privilegiert bin: Frauen, Männer und Kinder in den Flüchtlingscamps in Syrien und auf Lesbos oder in den sogenannten Ankerzentren haben diese Wahl z. B. nicht. Ihnen wird eine Landschaft aufgezwungen.

Wenn ich die Gedanken von Charles Eisenstein aufnehme, kann ich fragen: Was will mir meine Landschaft sagen, wenn ich sie als lebendig ansehe? Wie trete ich in Beziehung zu den Bäumen, zum Wasser, zum Boden? Mir wird schnell die Differenz bewusst: Beton und Stein, eine im Vergleich zu meinen Erinnerungen insektenleere Welt. Vogelgezwitscher am frühen Morgen, ja, Gott sei Dank. Aber unsere Welt wird immer leerer, schreibt Charles Eisenstein,[108] und damit werde ich, werden wir einsamer. Leerer werdende Landschaften bedeuten weniger Resonanz, das Artensterben führt uns das vor Augen, zum Beispiel in der weitverbreiteten Erfahrung, dass im Sommer viel weniger Insekten auf meiner Windschutzscheibe zerplatzen als früher. Und diese Leere bleibt auch dann, wenn ich versuche, auch die unbelebte Mitwelt als lebendige Wesen, als Geschwister anzusehen. Und weiter: Auch die schönste virtuell gestaltete Landschaft steht immer unter dem Vorbehalt, nicht mehr und nicht weniger als einer gesiebten Realität zu entsprechen, obwohl die Tüftler*innen hier schon sehr weit gekommen sind und unsere Wahrnehmung immer perfekter täuschen. Wohin das in den nächsten Jahren noch führen wird, bleibt abzuwarten.

Mit der Wahrnehmung der Landschaft schaffe ich nach und nach eine Landkarte, die Beobachtung entspringt dem Kartieren. Landkarten können unterschiedlichen Zwecken dienen, die einen beschreiben Höhenlinien, andere Straßen, Dritte Wanderwege im Wald usw. Das gilt für die Wahrnehmung äußerer Landschaften ebenso wie für meine inneren Landschaften. Auch hier kann ich unter unterschiedlichen Fragestellungen und mithilfe verschiedenster Methoden kartieren, immer mit dem Ziel, mich in meiner Landschaft, meinem Leben gut zurechtzufinden.

Landschaften neigen dazu, mich zum Erzählen anzuregen, sie zu beschreiben, mich darin zu verorten. Ich webe meine Biografie hinein, jeder Mensch hat Bilder von Landschaften vor Augen, die mit dem eigenen Leben verbunden sind. Manche kehren immer wieder einmal zurück in ihren Heimatort, um ihr Geburtshaus zu sehen, noch einmal in der Umgebung zu stehen, die sie als Kind geprägt hat. Und für viele ist es schmerzlich, dies nicht mehr zu können. Weil Grenzen dies verhindern oder Kriege, ich das Geld für eine Reise nicht habe, meine Gesundheit es nicht mehr zulässt – oder schlicht das Geburtshaus nicht mehr existiert. Das geht tief. Vor einigen Tagen erzählte mir eine Frau, wie schockiert sie gewesen sei, als sie nach langen Jahren wieder einmal in ihren Heimatort kam und zu ihrem Entsetzen eine riesige Kastanie vor ihrem Elternhaus nicht mehr stand. Sie musste gefällt werden aus Sicherheitsgründen, veränderte aber die ganze Landschaft, die äußere wie die innere …

Das Motiv der Landschaft passt für mich gut zur Großen Erzählung, die sich zusammensetzt aus vielen einzelnen Geschichten und Narrativen. Sie ist wie ein Strang, der aus einer Vielzahl einzelner Garne geflochten wird. Ich kann sie beobachten, wahrnehmen und mitgestalten durch Erzählungen. Biblische Erzählungen können so in die Landschaft der Großen Erzählung eingewoben werden. Es gibt eine zeit- und kontextgebundene Affinität von biblischen Texten zur jeweiligen Großen Erzählung einer Zeit. Biblische Erzählungen verändern somit die Große Erzählung, erweitern sie, korrigieren, inspirieren. Umgekehrt gilt: Die Große Erzählung lässt biblische Motive in einem neuen Licht aufstrahlen. Sprache regt zum Handeln an, verändert und macht so sichtbar und deutlich, dass Landschaften immer gestaltet werden können und müssen. Die Große Erzählung wird permanent erzählt, verändert, entwickelt. Es gibt eine große Linie, eine Leitidee, viele

Leitbilder, die sich zu einem Gesamtbild zusammensetzen, das aber niemand vollständig überschauen oder gar erfassen kann. Von außen betrachtet, aus dem Abstand, ist die Große Erzählung ein wunderschöner bunter Strang. Die schillernde Farbpracht macht ihre Stärke aus, ihren Reiz, ihre Anziehungskraft. Die Große Erzählung ist wie eine schöne Landschaft.

Sicherheit, Risiko und Vertrauen in der Klima-Corona-Krise

Den Begriff Klima-Corona-Krise habe ich zuerst im Rahmen eines Interviews mit Hans Joachim Schellnhuber wahrgenommen. Er antwortete schon Anfang März auf die Frage nach Gemeinsamkeiten beider Krisen:

»Die Parallelen sind frappierend: Das Virus macht genauso wie CO_2 nicht an den nationalen Grenzen halt – wir haben ein Menschheitsproblem. Es gibt eindeutige wissenschaftliche Erkenntnisse, die man wie beim Klima nicht dauerhaft wegschwindeln kann. Und wir haben bei der Pandemie einen Verzögerungseffekt, nämlich durch Inkubationszeiten und Symptomlosigkeit mancher Infizierter – ähnlich wie beim Klima, wo zum Beispiel die großen Eisschilde derzeit möglicherweise schon ins irreversible Schmelzen geraten, ohne dass man das direkt beobachten kann. Die Lehre daraus: Richtiges Timing ist alles. Man muss handeln, bevor die Sache eskaliert, nicht erst, wenn man schon mitten im Schlamassel steckt.«[109]

Hans Joachim Schellnhuber stellt die Parallele der zeitverzögerten Auswirkung ins Zentrum und schlägt auf dieser Linie einen Klima-Corona-Vertrag vor, der das Verhältnis der Generationen zueinander in den Fokus nimmt. Denn unter Corona wird von den jüngeren Teilen der Bevölkerung Solidarität mit den Älteren eingefordert, die stärker durch das Virus gefährdet scheinen. Umgekehrt sollten die Älteren bei der Klimakrise Solidarität mit den Jüngeren üben, denn diese werden die Folgen der Klimakrise in ihrem Leben viel stärker spüren. Die Solidarität muss wechselseitig sein.

»Man könnte es plakativ so ausdrücken: Wer achtlos das Virus weitergibt, gefährdet das Leben meiner Großeltern. Wer achtlos CO_2 freisetzt, gefährdet das Leben meiner Enkel.«[110]

Konsequenterweise wirbt er daher für den Green Deal, weil ein »Einfach-weiter-wie-vorher« die Klimakrisenfolgen nur noch beschleunigt.

So vorbereitet, traf mich allerdings einige Tage später mit voller Wucht ein Text von Sonia Shah. Sie stellt in der Märzausgabe von »Le Monde diplomatique« die Frage: Woher kommt das Coronavirus? Ihre Antwort: »Durch die Zerstörung der Lebensräume droht zahlreichen Arten die Ausrottung (…). Den überlebenden Arten bleibt nichts anderes übrig, als sich in die reduzierten Lebensräume zurückzuziehen, die ihnen die menschlichen Siedlungen übrig lassen. Dadurch erhöht sich die Wahrscheinlichkeit, dass sie in engen Kontakt mit Menschen kommen, und so können Mikroben, von denen sie besiedelt sind, in unsere Körper gelangen, wo sie sich möglicherweise in tödliche Krankheitserreger verwandeln. Ebola ist ein gutes Beispiel dafür. Als Ursprung des Virus wurden verschiedene Fledermausarten identifiziert. Eine 2017 durchgeführte Untersuchung hat gezeigt, dass Ausbrüche des Virus häufiger in solchen Gebieten Zentral- und Westafrikas vorkamen, in denen kurz zuvor Wälder in großem Stil gerodet worden waren. Wenn man die Bäume der Fledermäuse fällt, zwingt man sie, auf Bäume in unseren Gärten und auf unseren Farmen auszuweichen.«[111]

Der weitere Weg ist leicht vorstellbar, irgendwann springt das Virus auf einen Menschen über, oder genauer, immer wieder kommen Menschen in solchen gemeinsamen Lebensräumen dann in Kontakt mit dem Virus, und die Wahrscheinlichkeit steigt, dass es sich an den Menschen als Wirt anpasst. Der Rest erklärt sich von selbst. Sonia Shah bringt in ihrem Artikel etliche Beispiele, wo solch ein Zusammenhang eine Erklärung für das Auftreten und die Ausbreitung eines Virus in den letzten Jahrzehnten darstellt. Sie zieht den Schluss, dass die zunehmende Zerstörung »natürlicher« Lebensräume durch menschliche »Bewirtschaftung« von Flächen die Gefahr von ähnlichen Pandemien unterstützt und fördert. Benötigt wird daher der Schutz der Lebensräume von Wildtieren, um den Abstand von Tieren, Viren und Mensch zu vergrößern.

Als ich den Artikel zu Ende gelesen hatte, war mir richtig schlecht. Mittlerweile ist der Gedanke vielfach aufgegriffen und differenziert diskutiert worden. Im März war das noch anders, daher traf mich die Erkenntnis wie ein Keulenschlag, denn mir wurde klar: Die reflexartigen Versuche, unsere Wirtschaft nach Ende der strengen Ausgangsbeschränkungen wieder in Gang zu bringen, könnten geradezu weitere Pandemien mit vielleicht noch gefährlicheren Viren erst möglich machen. Dann nämlich, wenn sich die-jenigen Stimmen durchsetzen, die zur Sicherung von Arbeitsplätzen und wirtschaftlichem Wohlstand eine Absenkung oder Verschiebung von ge-setzlichen Vorgaben zur Einhaltung des 1,5-Grad-Ziels im Blick auf die Erderwärmung fordern. Was ist wichtiger, Arbeit und Einkommen oder Klimaschutz? Mittlerweile, im Sommer 2020, wird das kontrovers disku-tiert. Wie kann die Wirtschaft wieder in Gang kommen? Sollten Klimazie-le und Sonntagschutz nicht gelockert werden? Immerhin, die Klimakrise spielt in den politischen Diskursen eine Rolle, und hier und da werden Entscheidungen mit dem direkten Bezug darauf getroffen. Und täusche ich mich, oder ist der Widerstand geringer als früher? Oder sind die Vertre-ter*innen des alten Paradigmas nur stiller und zurückhaltender? Anders gefragt: Hat Corona dazu geführt, dass wir in atemberaubendem Tempo die Phasen I bis III gemäß dem Modell von Kwame Anthony Appiah durchquert haben, stehen wir bereits in Phase IV (Handeln) im Übergang zu V (Schämen), wie oben bereits vermutet?[112] Und gleichzeitig sind die Muster und Gewohnheiten, welche die kurzfristige Denkweise, unser kurzfristiges Empfinden bedienen, immer noch höchst lebendig, verständ-licherweise: Denn was habe ich von der Zukunft, wenn ich heute keine Arbeit, nichts zu essen habe? Verständliche Reaktionen, doch wenn Sonja Shah und andere recht haben mit ihrer Analyse, dann graben wir uns so schnell unser eigenes Grab. Der Weg in die Zukunft kann nicht mit den Lösungsansätzen der Vergangenheit gegangen werden, es gilt, um es mit einem Schlagwort von Fridays for Future zu sagen: Face the Climate Emergence!

Hinter diesen konkreten und pragmatischen politischen Erwägungen zeigt sich für mich noch eine andere Frage, die ebenfalls heiß diskutiert wird: Wie auf ein Virus reagieren, auf eine Bedrohung? Sind die Folgen des Lockdowns die Sache wert? Oder sind die Beschränkungen angstge-steuerte Überreaktionen, verständlich zwar, doch mit fatalen Folgen? Die menschliche Kultur hat Mittel wie Impfstoffe hervorgebracht, aber um welchen Preis? Wie gehen wir als Gesellschaft künftig mit Risiken um? Ich spüre, das sind riskante Fragen, sie rühren an gewohnte Grenzziehun-gen, bei denen schon allein die Annäherung Angst bis Panik auslöst, auch in mir.

Charles Eisenstein hat dazu unter der Überschrift »Die Krönung« ein längeres Essay zur Corona-Krise veröffentlicht. Sicherheit, schreibt er, kommt aus einem Wertesystem, das dem Überleben oberste Priorität einräumt und andere Werte wie Freude, Abenteuer, Spiel oder die Herausforderung und Erweiterung von Grenzen hintanstellt. Er verweist darauf, dass beispielsweise viele indigene Gesellschaften ihren Kindern Risiken erlauben und ihnen Verantwortung übertragen, die den meisten »modernen« Menschen verrückt erscheinen. Sie tun dies aus der Überzeugung, dass dies notwendig ist, um Selbstständigkeit und einen gesunden Menschenverstand zu entwickeln. Auf diesem Hintergrund stellt er die Frage:

»Wollen wir uns, um das Risiko einer weiteren Pandemie zu senken, dafür entscheiden, für immer in einer Gesellschaft ohne Umarmung und Händeschütteln zu leben? Wollen wir uns dafür entscheiden, in einer Gesellschaft zu leben, in der wir uns nicht mehr in größerer Zahl versammeln? Soll das Konzert, das Sportereignis und das Festival der Vergangenheit angehören? Sollen Kinder nicht mehr mit anderen Kindern spielen? Soll aller menschlicher Kontakt durch Computer und Gesichtsmasken vermittelt werden? Kein Tanzunterricht, kein Fußballtraining, keine Konferenzen und keine Kirchenbesuche mehr? Soll die Reduzierung der Todesfälle der Maßstab sein, an dem der Fortschritt gemessen wird? Heißt menschliche Fortentwicklung Getrenntheit? Ist das die Zukunft?«[113]

Als ich das las, fiel mir ein Gedanke aus dem »Dschungelbuch der Führung« von Ruth Seliger ein. Führung, sagt sie, ist prinzipiell unmöglich und muss doch geschehen:

»Führungskräfte führen keine Maschinen, sondern Menschen und Organisationen. Beides sind lebende Systeme, die ein paar Eigenschaften aufweisen, die Führung fast unmöglich machen: Sie sind eigensinnig, reagieren unerwartet, folgen ausschließlich ihrer eigenen Logik. Lebende Systeme haben die Eigenschaft, sich selbst zu führen und sich von außen kaum steuern zu lassen.«[114]

Bei dem zuletzt genannten Gedanken der Steuerung würde ich »Joanna Macy, Holonen?« an den Rand schreiben, aber ich stimme Ruth Seliger zu: Führung hat zwei Aspekte, die in Balance zu halten sind, verbinden und entscheiden. Beide sind für das Überleben von Organisationen ausschlaggebend, daher ist Führung notwendig, auch wenn sie nicht möglich ist. Es gilt, Entscheidungen zu treffen, dies geschieht aber immer unter ungewissen Bedingungen. Führung ist daher immer mit Risiko verbunden, Führung bedeutet Ausbalancieren und Entscheiden, der Platz der Führungspersönlichkeiten ist stets der Platz zwischen den Stühlen.

Ich habe mich gefragt: Gilt das, was Ruth Seliger im Blick auf Führung beschreibt, nicht für das Leben insgesamt? Überspitzt formuliert: Müssen wir unser Leben »führen«, obwohl das nicht möglich ist? Ist Leben nicht von grundlegender Unsicherheit geprägt, und alle Versuche, Sicherheit zu gewinnen, entspringen nur der Selbsttäuschung, sinnd Teil der Geschichte der Separation? Ich stehe Tag für Tag vor der Aufgabe, zwischen meinem Drang nach Sicherheit und der prinzipiellen Verletzlichkeit meines bzw. unseres Lebens zu balancieren. Zeigt sich dies vielleicht jetzt, in dieser so umfassenden Krise, stärker als in anderen Zeiten?

In Krisen wie der Klima-Corona-Krise wird sichtbar, was im Untergrund einer oberflächlichen Normalität verborgen bleibt. Nicht nur der Gemeinsinn, auch das Vertrauen. Darauf hat jüngst der Journalist Marcus Jauer in einem Beitrag für die »Zeit« hingewiesen. Seine Ausführungen lese ich wie einen Kommentar zum Text von Charles Eisenstein, wenn er schreibt:

»Seitdem ein Virus innerhalb von nur drei Monaten die Welt außer Kraft gesetzt hat, sind wir in einem Maß auf Vertrauen angewiesen, wie wir das nicht kannten. (…) Das Ungewisse ist von den Rändern unserer Aufmerksamkeit in ihr Zentrum gerückt. Wo eben noch nichts unsicher sein durfte, scheint jetzt auf einmal fast alles unsicher zu sein. (…) Die Krise löst den Vertrauensverlust aus, der Vertrauensverlust bestärkt die Krise. Ein Teufelskreis entsteht, aus dem sich nur mit neuem Vertrauen wieder ausbrechen lässt. Doch nur weil es dringend gebraucht wird, stellt das Vertrauen sich nicht automatisch ein.«[115]

Marcus Jauer sagt weiter, alle wollen Vertrauen haben, aber niemand will vertrauen. Denn wir haben unser Leben, unseren Alltag, unsere Zivilisation nicht auf etwas so Unzuverlässiges wie Vertrauen gebaut, sondern auf Sicherheit und Berechenbarkeit. Daraus folgt, dass eine Gesellschaft, die in dem Anspruch lebt, alles im Griff zu haben, ständig mit der Angst konfrontiert ist, es könne etwas schiefgehen, weil sie genau damit nicht umgehen kann. Allmacht und Ohnmacht liegen in solch einer Gesellschaft nah beieinander.

Das Vertrauen, dass wir unsere Welt kontrollieren können, ist ins Wanken geraten. Der Klimawandel erschüttert das Vertrauen in den Kapitalismus. Corona erschüttert das Vertrauen, gegen jede Herausforderung ein Gegenmittel zu besitzen oder entwickeln zu können. Fake News erschüttern das Vertrauen darauf, dass es überhaupt so etwas wie Wahrheit gibt, auf die wir uns einigen können. Terror erschüttert das Vertrauen in die Sicherheit und so weiter und so fort. Für Marcus Jauer ist der Mensch, der meint, keinen Gott, kein höheres Wesen zu brauchen, weil er sein Schicksal immer in den eigenen Händen hält, genau damit überfordert. Denn er hat außer sich selbst niemanden, auf den er sich beziehen kann. Und so resümiert Marcus Jauer:

»Gottvertrauen mag in unserer modernen Welt wie die unwahrscheinlichste Form des Vertrauens aussehen, weil es sich auf etwas bezieht, das sich naturwissenschaftlich nicht beweisen lässt. Jemand, der auf Gott vertraut, wird in seinem Leben dennoch die Gegenwart von etwas spüren, das ihn hält und trägt und dadurch für ihn wirklich wird. (…) Im Alltag unserer sorgenfreien Welt hilft es vielen Menschen, sich an etwas wenden zu können, das größer ist als sie selbst. Vertrauen bedeutet, dass wir uns in andere Hände begeben. Es bedeutet, dass wir nicht alles kontrollieren und beherrschen wollen, selbst wenn wir die Möglichkeit dazu haben. Es bedeutet, den anderen, der Welt, dem Leben die Freiheit einzuräumen, uns so zu begegnen, wie sie es wollen, in der Erwartung, dass sie es gut meinen, aber ohne den Versuch, das sicherzustellen. Um dieses Vertrauen jedoch zuzulassen, müssen wir uns entscheiden. Entscheiden heißt nicht, zu wissen, bevor man handelt. Es heißt, zu handeln, bevor man weiß.«

Gottvertrauen im Sinne, wie es Marcus Jauer beschreibt, entspricht sowohl dem von mir beschriebenen Glauben, der durch die Beschreibung von Sünde im Anschluss an Ingolf Dalferth präzisiert wurde. Vertrauen ist nur möglich, wenn Glaube als Existenzmodus verstanden wird, der bereits die Sünde als gegenläufigen Existenzmodus mit beschreibt. Ich erinnere noch einmal an die provozierende These von Ingolf Dalferth:

»Es ist kein Einwand gegen ein gottzentriertes Sündenverständnis, wenn eine säkulare Welt es nicht ohne Weiteres versteht, sondern es ist im Gegenteil ein Einwand gegen die säkulare Wirklichkeitswahrnehmung, wenn sie nicht versteht, was Sünde ist.«[116]

Auf diesem Hintergrund kann das von Marcus Jauer beschriebene, erhoffte, geforderte Gottvertrauen zum Eintrittstor der Menschlichkeit werden, da dieses Vertrauen dem Existenzmodus Glauben entspricht und zugleich die Sünde mit im Blick ist, die dämonische Angst, die hier im Untergrund wirkt und für die es in einer säkularen Wirklichkeitswahrnehmung letztlich keine rationale Erklärung gibt. So verstanden, lädt diese Perspektive ein, die aktuell wieder diskutierten Fragen von Sicherheit und Risiko im Umgang mit dem Corona-Virus unter den beiden Existenzmodi zur Sprache zu bringen. Genauso wie ich im Gedankenexperiment davon ausgehen kann, als ob es Glauben »gibt«, kann ich auch die Wahrnehmung meiner Wirklichkeit durchspielen unter der Maßgabe, als ob es Sünde »gibt«. Die Leitfrage lautet dann: Was wäre denn, wenn es nicht nur Gottesglauben »gibt«, sondern auch Sünde?

Vertrauen auf der einen Seite, der Wunsch nach Sicherheit auf der anderen Seite. Beides vollzieht sich innerhalb des lebendigen Organismus, dessen Teil wir sind. Vertrauen und Angst, beides wesentliche Emotionen, die ihren Ort haben und im Sinn des rechten Maßes immer neu ausgerichtet werden müssen. Nicht jede Angst ist dämonisch, und es gibt auch naives Vertrauen. Das rechte Maß zu finden ist für mich ein anderer Begriff für Risikoabschätzung. Die spirituelle Grundhaltung oder auch schon das Gedankenexperiment, was wäre denn, wenn alles miteinander verbunden ist, mir Bruder oder Schwester ist und dabei Geschwisterlichkeit nicht romantisch überhöht wird, auch unter Geschwistern gibt es Konkurrenz und Konflikte, ermöglicht mir ein stetiges Abwägen von Risiken und entsprechendem Verhalten. Ich möchte es auf die Spitze treiben, merke aber, es fällt mir schwer, diesen Gedanken zu denken, die damit verbundenen Gefühle in mir zuzulassen und zu schreiben: Auch das Corona-Virus ist mir eine Schwester, auch mit ihr bin ich geschwisterlich verbunden. Das schließt ein, dass ich mich und andere schützen muss wie in anderen Lebenslagen auch. Als Mensch habe ich Grenzen und muss diese respektieren, ein Gedanke, der in der Klimakrise mehr und mehr ins Bewusstsein rückt. Dies korrespondiert mit dem oben bereits erwähnten Bild des Lebens als einer Treppe, die mich durch ein Geländer vor dem Absturz sichert. Es gibt zu hohe und zu niedrige Temperaturen, es gibt Giftstoffe und vieles andere mehr, dies gilt es für mich zu respektieren. Aber zugleich

lebe ich in einer Welt, in einer Landschaft, in der alles miteinander verbunden und verwoben ist. Und ich stehe immer vor der Frage, mit welchem Blick ich meine Landschaft betrachte: Ist sie mir »vertraut«, oder
macht sie mir Angst? Wie kartiere ich sie so, dass Vertrauen und Sicherheit
in einem guten, lebensförderlichen Verhältnis stehen? Unter Leben verstehe ich mehr als die rein körperlichen Bedürfnisse, dazu gehört auch Teil-
habe an Gemeinschaft und den »schönen« Dingen des Lebens, Musik,
Kunst usw. Wie viele Abstriche an Sicherheit muss ich machen, um in der
Corona-Zeit auch dies leben zu können, wie ist das Verhältnis von Nähe
und Distanz zu bestimmen? Der Gedanke, dabei auch das Corona-Virus
als Schwester zu betrachten, verändert meinen Blick und führt mich heraus
aus der Angst. Es ist und bleibt aber eine Schwester, zu der ich auf Distanz
bleiben werde und muss, weil sie mein Leben gefährdet, aber sie ist auch
Teil des lebendigen Organismus, den ich als Christ als Schöpfung bezeich-
ne, und Schöpfung meint an dieser Stelle: Gott als Ursprungsmacht will,
dass dieser verwobene lebendige Organismus existiert.

Randzonen und Zielräume

Eigentlich hatte ich vor, im Frühjahr Sina Adrian Vollmer vor Ort in Frei-
burg zu treffen. Er war einer der Anleiter*innen der Permakulturfortbil-
dung, an der meine Kollegin Ricarda Rabe im Spätsommer 2019 in Italien
teilgenommen hatte. Als ich mit Ricarda über einige der Ideen und Fragen
sprach, die mich im Zusammenhang mit der Permakultur beschäftigen,
meinte sie, dann sollte ich unbedingt einmal mit Sina sprechen. Irgendwann im Mai haben wir uns den Umständen entsprechend auf Zoom verabredet.

Eingangs beschreibe ich ihm mein Unbehagen, dass David Holmgren
aus meiner Sicht die Stadt viel zu negativ sieht. Und erzähle, dass Ricarda,
die für »Kirche im ländlichen Raum« unterwegs ist, und mich die Frage
bewegt, ob von der Permakultur her Impulse für das Verhältnis von Stadt
und Land zu gewinnen seien. Gerade Kirche, unsere These, könnte hier als
Mittler und Moderator zwischen den beiden Lebensformen ins Spiel

kommen, denn wir haben in Deutschland eine flächendeckende Infrastruktur, um die uns manch andere beneiden.

Sina Adrian Vollmer erzählt zunächst von seinem Werdegang. Er studierte Geografie und Ethnologie mit dem Wunsch und dem Ziel, in der Entwicklungshilfe zu arbeiten. Globale Zusammenhänge faszinierten ihn, schon im Studium gab es längere Auslandsaufenthalte in Asien, in Indien, Malaysia, den Philippinen. Dort haben ihn vor allem die Megastädte und die Armut der Menschen dort beschäftigt. Allerdings ernüchterten ihn die Einseitigkeit und das Machtgefälle in der Entwicklungszusammenarbeit. Zugleich wurde die Frage in ihm wach: Wo sind eigentlich unsere europäischen Gesellschaften entwicklungsbedürftig?

Nach dem Studium suchte er Gleichgesinnte und fand sie in der Permakultur. Ganzheitlich, innovativ und auch frech kamen deren Vertreter*innen daher. Hier sah er das Potenzial, nicht nur Naturlandschaften zu gestalten, sondern die Prinzipien auch auf das soziale Leben in Gesellschaften anzuwenden. Heute ist Sina Adrian Vollmer einerseits mit Lehraufträgen an Hochschulen und der Permakultur-Akademie unterwegs, mit der anderen Hälfte seiner Zeit ist er in der Organisationsentwicklung von Unternehmen tätig, die bereits wissen, wie Transformation und Nachhaltigkeit buchstabiert werden.

Zu meiner Frage, wie Permakulturprinzipien in sozialen Zusammenhängen angewendet werden können, sagt er, das gehe dann, wenn wir den Fokus auf die Kommunikation legen. Soziale Systeme sind Kommunikationssysteme. Bis heute herrscht vielfach noch die Meinung vor, dass Gesellschaften und ihre Organisationen mechanistisch-linear gesteuert werden können. Das passt aber nicht zum Bild des lebendigen Organismus, an dem sich die Permakultur ausrichtet. Die Fehlentwicklungen, die mit dem mechanistischen Ansatz im Blick auf Nachhaltigkeit einhergehen, werden immer offensichtlicher. Die Permakultur geht davon aus, dass der lebendige Organismus uns Menschen Prinzipien auferlegt oder anbietet, nach denen letztendlich auch menschliches Leben funktioniert. Diese sind weniger greifbar, es gibt keine eindeutigen Parameter. Es geht eher darum zu verstehen, als zu konstruieren. Permakultur sucht daher zwischen Qualitätsdenken und Produktdenken zu unterscheiden. Unsere Bedürfnisse, sagt Sina Adrian Vollmer, manifestieren sich in unserer Vorstellungskraft oftmals als ein konkretes Bild oder als ein bestimmtes Produkt, aber viele Menschen sind sich dessen nicht gewahr, was die Qualität hinter dem Produkt ist. Das kann mit diesem Spruch verdeutlicht werden: »Viele Menschen denken, sie bräuchten eine Waschmaschine. Was sie eigentlich benötigen, ist lediglich saubere Wäsche.« Hier ist die Waschmaschine das Produkt und die saubere Wäsche die Qualität, die hinter dem Produkt steckt. Permakultur versucht bewusst, in Qualitäten zu denken statt in Produkten, denn das ermöglicht einerseits, tatsächliche Bedürfnisse hinter konkreten Zielvorstellungen zu verstehen. Andererseits erlaubt dies, ergebnisoffen und flexibel in den Gestaltungsprozess zu gehen, der einem bewussten Umgang mit Lebendigkeit und Komplexität entspricht. Deswegen sieht Sina Adrian Vollmer seine Rolle in der Organisationsberatung darin, Räume zu halten, Rahmen zu setzen, Filter und Membranen zu gestalten.

Der Gedanke mit den Membranen ist mir ganz neu, deswegen frage ich nach. Es geht darum, antwortet Sina Adrian Vollmer, den Rahmen einer Organisation so zu setzen, dass die Lebendigkeit dieser Organisation gewahrt bleibt und gefördert wird. Identität hat viel mit Sich-Abgrenzen zu tun, mit Entscheidungen, in denen Fragen ent-schieden werden. Wenn die Grenzen bestimmt sind, muss ich mir aber auch überlegen, was soll hineinkommen und was hinausgehen. Die Organisationen sind in sich ein lebendiger Organismus, und zugleich sind sie eingebunden in einen größeren lebendigen Organismus.

Ich nicke, das erinnert mich an die Gedanken von Joanna Macy über die Holonen. Das Bild von den Filtern oder Membranen erweitert oder, besser: präzisiert die Vorstellung des Holons und macht ihn anschaulicher. Allerdings vertiefen wir das nicht weiter, denn Sina Adrian Vollmer kommt nun direkt auf die Stadt-Land-Beziehung zu sprechen, in denen es ja auch Membranen gibt, im Übergang der Landschaften.

Er gibt mir recht, dass David Holmgren die Stadt zu einseitig und zu negativ sieht. Er vermutet, dass dieser sich zu stark an den australischen suburbanen Monokulturen orientiert. Die dort immer noch höchst autozentrierten Wohnvorstädte mit Eigenheim und Rasen, ohne Gewerbeflächen oder kulturelle Einrichtungen prägen wohl seinen Blick. Aber es geht auch anders, in Europa fließt viel mehr ineinander, auch wenn es hier natürlich monokulturell geprägte Stadtteile gibt. David Holmgren hat für Sina Adrian Vollmer zwar recht, wenn er die parasitäre Lebensweise der Stadt kritisch betrachtet. Ja, die Stadt kann die Versorgung zum Beispiel mit Lebensmitteln nicht auf ihrem Gebiet für all ihre Bewohner*innen gewährleisten. Aber der Komplexität von Städten wird dieser rein ökologische Blickwinkel nicht gerecht. Beide Sphären sind voneinander abhängig. Die Stärken der Stadt sind für Sina Adrian Vollmer ihre Innovationen. Überall dort, wo viele Menschen auf engem Raum zusammenkommen, geschieht etwas, da brodelt es, kulturell, künstlerisch, ökonomisch, sozial. Hochschulen, Theater und Krankenhäuser sind überwiegend in Städten zu Hause, davon profitiert auch das Land. Es geht also nicht um ein Entweder-oder, auch nicht um ein Besser-schlechter, sondern um ein Sowohl-als-auch, denn die Sphären sind miteinander verbunden.

Verbundenheit ist das Stichwort, an dem in unserem Gespräch Charles Eisenstein ins Spiel kommt. Sina Adrian Vollmer hat ihn mehrfach live erlebt, schätzt seine authentische Art und teilt auch dessen Hochschätzung von Spiritualität. Er selbst hat für sich einen Zugang dazu in Asien über die Achtsamkeitsmeditation gefunden und stimmt der These von Charles Eisenstein zu, dass Spiritualität bislang Unverbundenes verbindet, insofern findet er den Titel meines Buches passend und die Herausforderung gut beschreibend. Die zunehmende Diskussion um Transformation und Nachhaltigkeit macht auch die vielen Gräben sichtbar, die uns im Kopf, im Herzen und im Handeln permanent prägen und beeinflussen. Heutige Narrative kappen eher die Verbindungen im lebendigen Organismus, nach außen wie nach innen. Auch hier, so Sina Adrian Vollmer, können die Permakulturprinzipien richtungsweisend sein und den Weg beschreiben: Nach außen geht es darum hinzuschauen, die Muster unserer natürlichen Mitwelt zu beschreiben und zu achten, ohne in ein romantisierendes Naturverständnis zu verfallen. Es geht darum, die Verbundenheit mit der natürlichen Mitwelt wieder zu spüren. Das Gleiche gilt aber auch nach innen, hier geht es darum, mich selbst zu spüren, mich mit mir selbst zu verbinden. Auch nach innen denken wir vielfach immer noch eher mechanistisch statt organisch. Spiritualität kann hier ein Weg sein, Zugänge zu öffnen, Verbundenheit zu erzeugen und in der Folge Membranen zu entwickeln und zu pflegen, die einen Austausch zwischen innen und außen, mir und dir, Mensch und Mitwelt und so weiter gewährleisten.

Einige Tage später denke ich noch einmal über das Gespräch nach. Dabei steht mir das Permakulturprinzip »Nutze Randzonen und schätze das Marginale« vor Augen, und ich frage mich, ob hier Chancen und zugleich Herausforderungen für Kirche bestehen könnten. Immer noch und noch auf lange Zeit halten die beiden großen Kirchen in Deutschland eine flächendeckende Infrastruktur bis ins letzte Dorf vor, eine Infrastruktur, um die uns, wie schon gesagt, viele andere gesellschaftliche Akteure beneiden. Und die Botschaft, von der wir herkommen und leben und die wir bezeugen, hat viel mit den Rändern, den Grenzen, dem Blick von unten zu tun, das zeigt sich nicht zuletzt am Engagement von Diakonie und Caritas. Zum anderen wird Kirche an den Rändern des Lebens immer noch Kompetenz zugetraut. Taufe und Beerdigung, Kitas und Pflegeeinrichtungen, Jugendarbeit, Notfallseelsorge – alles Klassiker, die nach wie vor bei vielen einen guten Ruf haben.

Nun erlebt Kirche gerade, dass sie marginaler wird, allein zahlenmäßig. Damit rückt sie mehr und mehr an den Rand, sitzt nicht mehr automatisch oben auf allen Podien und ist nicht mehr zu allem und jedem Thema gefragt. Vom angesprochenen Permakulturprinzip her gesehen, ist das eine Chance, gezielt diese Situation am Rand, auf der Grenze zu nutzen und auszuspielen.

Auch Otto Scharmer ist der Meinung: »Das Neue kommt nicht aus den bestehenden Strukturen, sondern immer aus der Peripherie.«[117] Für ihn ist es wichtig zu betonen, dass Menschen erst im konkreten Handeln das Neue wirklich verstehen. Dazu braucht es die Bereitschaft, Prototypen zu bauen. Zugleich ist es entscheidend für Veränderungsprozesse, das ganze Umfeld mit einzubeziehen. In der Demeter-Landwirtschaft wird der ganze Hof als eine Art Individualität, als zusammenhängendes System, als Gemeinschaft aller Pflanzen, Tiere und Menschen, die dazugehören, betrachtet. Einen solchen Gemeinschaftscharakter zu kultivieren, so Otto Scharmer, treibt ihn seit Langem an, und er fragt sich, wo in unserer Gegenwart neue Gemeinschaftsfähigkeit herkommen kann. Für mich hat Kirche hier alle Voraussetzungen, solche Prozesse anzustoßen, zu unterstützen und sich selbst einzubringen. Die Aufgabe besteht darin, entsprechend die

Landschaften zu beobachten und wahrzunehmen, Landkarten zu entwickeln und zu zeichnen, Zielräume zu identifizieren und zu beschreiben und dann entsprechende Geschichten zu finden und zu erzählen.

Zielraum. Dieses Wort stand mir vor Augen, als ich über den Rahmen nachdachte, in dem sich die Zukunftskunst vollzieht. Dazu braucht es Ziele, die aber von meinem Empfinden her weniger als Zielhierarchie zu beschreiben sind, aus der heraus sich von Oberzielen weitere Ziele und Maßnahmen ableiten lassen. Es braucht eher einen Raum, einen Spielraum, innerhalb dessen sich konkrete Handlungsschritte ergeben können. Aus Ziel und Spielraum wurde in meinem Kopf der Zielraum.

Zielraum wird als Wort praktisch nur im Skisport verwendet. Der Zielraum ist der Bereich, in dem die Sportler*innen abstoppen, nachdem sie mit hoher Geschwindigkeit über die Ziellinie gerast sind. Ich verwende diesen Begriff hier ganz anders. Es ist nicht möglich, das Ziel eines transformativ gelungenen Lebens im Voraus präzise zu bestimmen und ein kaskadenmäßiges Programm zur Umsetzung zu entwickeln. Ganz im Gegenteil. Angelehnt an Otto Scharmers Theorie U, geht es vielmehr darum, sich zunächst möglichst vieler Aspekte bewusst zu werden und diese loszuwerden. Dann stehe ich sozusagen vor einer leeren Leinwand, nur die Richtung ist erkennbar, alles Weitere zeigt sich.[118] Nach Otto Scharmer gilt es, nun Prototypen zu entwickeln, von denen ich bereits weiß, dass sie nicht richtig im Sinne von perfekt passend sind. Es ist nur möglich, tastend und experimentierend voranzuschreiten und die gefundenen Prototypen zu erproben und zu überarbeiten. Diese Prototypen entstehen aber nicht in einem luftleeren, sondern in einem sich öffnenden Raum. Im Bild gesprochen, es gibt links und rechts Begrenzungen, Bojen, die so etwas wie No-go-Areas abstecken. Das Bild ähnelt dem Bild der Treppe mit Geländer, mit dem ich meine pragmatisch-nüchtern protestantische Grundhaltung beschrieben habe. Den sich so öffnenden Gestaltungsraum nenne ich Zielraum. Hier vollzieht sich die Zukunftskunst. Rechts und links davon geht es, symbolisch gesprochen, in den Abgrund. Zu dieser Offenheit, die dem entspricht, was ich oben am Anschluss an Marcus Jauer über Vertrauen und Sicherheitsbedürfnis geschrieben habe, passt auch der erwähnte Gedanke von Harald Welzer, heute sei die Zeit für ein Utopisches-bis-auf-Weiteres, für ein essayistisches oder hypothetisches Leben, in dem es gilt auszuprobieren, aufzubrechen und abzubrechen. In meinen Worten: Es geht darum, Zukunftskunstfertigkeit in einem durch eine Utopie der Nachhaltigkeit gekennzeichneten Zielraum zu entwickeln.

Zurück zur Kirche in der Krise. Die Permakultur sagt, im Problem ist die Lösung schon angelegt:

»Wenn wir das Potenzial erkennen, Probleme in Lösungen zu verwandeln, werden wir oftmals mit der Trägheit tiefsitzender Überzeugungen sowie mit Systemarchitektur und mit Machtstrukturen konfrontiert, die durch Innovation bedroht werden. (…) In der Natur wie auch im menschlichen Verhalten treiben bewährte Lösungen tiefe Wurzeln, während junge Innovationen leicht von widrigen Umständen hinweggespült werden. (…) Während langer Zeiträume relativer Stabilität sind die entscheidenden Kulturbewahrer weniger Individuen als vielmehr Institutionen. Diese bewahrende Vorsicht ist zweckmäßig, wenn sich die Umwelt nur langsam wandelt. (…) Wenn sich die Umweltbedingungen jedoch rasch wandeln, kann aus der ›Optimallösung‹ eine gestalterische Sackgasse werden, in der es kein Vor und kein Zurück gibt.«[119]

Wenn das Problem für Kirche ist, in der Krise an den Rand zu geraten, wäre das nach der Permakultur schon die Lösung. Da ist sie zu finden, am Rand. Auf der Grenze, dazwischen. Sich dort wiederzufinden und diesen Ort zu akzeptieren und wertzuschätzen, wäre die Lösung, und das gilt es zu reflektieren. Konzepte existieren auch bereits, an die angeknüpft werden kann, Sozialraumorientierung, Gemeinwesendiakonie, wir haben hier schon Erfahrungen und Prototypen, vielleicht auch den einen oder anderen Leuchtturm. Kirche hat eine Infrastruktur, die nach wie vor geniale Potenziale besitzt. Könnte Kirche hier wie Membranen wirken, als Transformatoren? Das Impulspapier »Geliehen ist der Stern, auf dem wir leben« beschreibt diese Aufgabe so:

»Für die Transformation zu einer zukunftsfähigen Entwicklung, die unsere gesamte Gesellschaft mitnimmt, wollen die Kirchen Mahner, Mittler und Motor sein. Auf viele entscheidende Zukunftsfragen suchen wir noch gemeinsam mit vielen anderen die richtigen und machbaren Antworten. Wie sieht gutes Leben aus? Welchen Wohlstand wollen wir? Wo ist Suffizienz eher als Wachstum das zukunftsweisende Ziel? Welches Wachstum bleibt wichtig?«[120]

Mittler, Mahner und Motor, so sieht das Impulspapier die Rolle der Kirche. Alle drei Rollen lassen sich von der Grenze, vom Rand her denken. Ich formuliere bewusst überspitzt und provozierend: Kirche, ihre Mitglieder, ihre Haupt- und Ehrenamtlichen können sich entscheiden, dem Lust am Untergang zu frönen und das traurige Lied des Schrumpfens und Relevanzverlusts zu singen, oder stattdessen auf die großen Möglichkeiten und Potenziale zu blicken, die evangelische und katholische Kirche in Deutschland auch in den nächsten Jahren und Jahrzehnten haben werden. Gerhard Wegner hat dazu eine These aufgestellt, die ich für plausibel halte:

»Die Verheißung lautet, dass Kirchengemeinden, die sich (…) für die Probleme in ihren sozialen Räumen und für die Menschen dort öffnen, mittel- und langfristig keine Ressourcenprobleme haben werden. Nichts ist in der deutschen Kirchenmitgliedschaft und aber auch darüber hinaus so plausibel wie das soziale Engagement von Kirche. Während das Religiöse oftmals umstritten ist und bisweilen abgelehnt wird, findet das soziale Engagement breiteste Anerkennung. Diese Sozialaktivitäten in der Kirche, auch ihr diakonisches Engagement, stellen die entscheidende Brücke zwischen Kirche im engeren Sinne und der Gesellschaft im weitesten Sinne dar.«[121]

Wenn jetzt in der durch Corona geprägten Zeit so viel gleichzeitig geschieht, öffnen sich die Fenster für die Gestaltung der Zielräume, dazu gehört dann auch die damit einhergehende Trauer über das, was nicht mehr sein wird. Aber auch hier ist Kirche gefragt und prinzipiell kompetent, denn Trauer und Klage, dazu haben wir heute und morgen viel Anlass und Gelegenheit. Kirche kann ihre Traditionen nutzen und entsprechende Formen entwickeln, und hier, im Bereich der Trauer, wird Kirche nicht nur auf dem Friedhof oder am Krankenbett immer noch viel zugetraut, nahezu bei jeder größeren Katastrophe gibt es Gottesdienste, die selbstverständlich im Fernsehen übertragen werden.

Daher nun einige Ideen, Beobachtungen, Anregungen zu den Stichworten Mittler, Mahner und Motor.

Kirche könnte sich als *Mittler* für einen neuen »Stadt-Land-Dialog« engagieren, in dem die Überheblichkeit der Stadt und die depressive Verstimmtheit des ländlichen Raums gleichermaßen als Gegengeschichten dekonstruiert werden und anschließend die jeweiligen Potenziale urbaner wie ländlicher Räume miteinander gehoben werden. Der Übergang von Stadt zum Land könnte so weniger als Grenze denn als Randzone wahrgenommen werden, welche die Permakultur als fruchtbare Orte beschreibt und benennt. Wie könnten die Membranen zwischen den Holonen »Stadt« und »Land« aussehen? Wie können das Miteinander und Ineinander bewusst gestaltet werden? Durch Orte der Begegnung, des Dialogs? Wo können sich gegenseitig Geschichten erzählt und gemeinsam nach neuen, verbindenden Narrativen gesucht werden?

Seitdem ich das bereits kurz erwähnte Buch von David Haskell[122] über seine Beobachtungen im Wald gelesen habe, beschäftigt mich die Frage, ob es nicht sinnvoll wäre, die Tradition der Politischen Nachtgebete aufzugreifen und angesichts der Herausforderungen in der Klimakrise zu Ökologischen Nachtgebeten einzuladen. Meine Kollegen im KDA Duisburg-Niederrhein haben viele Jahre lang Politische Nachtgebete veranstaltet, ihnen war eigen, dass betroffene Menschen aus dem eigenen lokalen oder regionalen Umfeld zu bestimmten Themen zu Wort kommen. Könnte diese Struktur aufgenommen werden? Die Permakultur und andere Konzepte sehen die Ansatzpunkte für Transformation im lokalen bzw. regionalen Umfeld. Solche Ökologischen Nachtgebete könnten eine Brücke darstellen, in denen Pionier*innen zu Wort kommen, aus Natur- und Umweltschutz, aus den Initiativen, von denen es zahlreiche gibt, angefangen von Transition Town über urbane Stadtteilgärten bis zum Repaircafé und anderen. Dabei, so meine Vorstellung, könnten Trauer und Klage gleichermaßen zu Wort kommen wie Geschichten der Hoffnung und der Ermutigung, beides verknüpft bzw. konfrontiert mit biblisch-christlichen Motiven. Oder, noch etwas mehr zugespitzt: Könnten in ihnen gefährdete, belastete verwundete Tiere, Pflanzen und Landstriche zu Wort kommen, möglichst mit lokalem Bezug, dann tut es am meisten weh? So könnte die »leere«, zusammenhanglose, entheiligte Welt, wie Charles Eisenstein sie nennt, zur Sprache gebracht werden in Trauer und Klage. Und vielleicht erwächst aus so wahrgenommenem, gefühltem und ausgehaltenem Schmerz dann Liebe. Hoffnung aus Schönheit. Taten aus Mitgefühl. Im Miteinander von Klage und Trauer über den Schmerz, verwoben mit Hoffnungsgeschichten, kann sich Kirche im Sinne eines erkundenden Sprechens als *Mahnerin* verstehen, ohne gleich die moralische Keule auszupacken. Georg Lämmlin hat in unserem Gespräch davon gesprochen, dass eine neue Erzählung auch neue institutionelle Gelegenheiten, neue Orte braucht, die in der heutigen Lebenswelt der Menschen verankert sind. Ökologische Nachtgebete könnten ein solcher Ort sein und werden.

Motor ist Kirche in meinen Augen bereits im Feld der Digitalisierung. Seit Jahren wird über die Rolle der digitalen Medien und Formate in der kirchlichen Verkündigung und Seelsorge gestritten, aber es sind eine Vielzahl von Initiativen entstanden, die sich jetzt gerade auch in der Corona-Pandemie bewähren. Ich fand die ersten Barcamps Kirche online spannend, die vor Jahren Pionierarbeit geleistet haben. Heute gibt es davon eine Vielzahl. Das ist nur ein Beispiel. Die #digitalekirche wächst dabei bereits aus der Randzone heraus in kirchliche Strukturen hinein, gleichzeitig bleibt sie immer auf der Grenze zwischen Kirche und Gesellschaft, das zeigen vielfältige Resonanzen von Menschen, die keiner Kirche angehören. #digitalekirche hat das Potenzial, vertraute und bewährte, aber zugleich sehr träge Gewohnheitsmuster aufzubrechen, sie stellt aus der praktischen Erfahrung heraus die Frage nach der Parochie neu, also der Rolle der Kirchengemeinde vor Ort. Die Corona-Pandemie traf die Kirchen in der Passionszeit und warf die Frage auf, wie kann das Osterfest ganz anders gefeiert werden, Ostern fällt ja nicht aus, nur weil Kirchengebäude geschlossen sind. Hier entwickelten sich kreativ neben analogen auch viele digitale Formen, angefangen beim aufgezeichneten und zum Download angebotenen Gottesdienst bis hin zu interaktiven Begegnungs- und Beteiligungsformen. Religiöse Kommunikation des Evangeliums hat durch die digitalen Wege Chancen, die sie nutzen kann, gleichzeitig gilt immer im Blick zu halten, dass solche Begegnung immer eine gesiebte Realität darstellt. Das ist kein Argument dagegen, sondern ein Anlass, genau hinzuschauen, abzuwägen und vor allem zu experimentieren, Prototypen zu entwickeln und zu testen. Das Narrativ, dass es sich bei Digitalisierung immer um eine gesiebte Realität handelt, hilft auch hier immer wieder, nach dem rechten Maß zu fragen, entsprechend abzuwägen und mutig zu entscheiden.

Kirche als Mittler, Mahner und Motor, das ist für mich eine ansprechende Trias im Zielraum des Utopischen-bis-auf-Weiteres. Verbunden mit einer entsprechenden Spiritualität, vermag sie Impulse zu geben in den Wirrungen dieser Tage, die gekennzeichnet sind von der notwendigen sozial-ökonomischen Transformation. Marcus Jauer hat von dem dafür notwendigen Gottvertrauen gesprochen, das für ihn notwendig ist, um sich all den Ängsten, Veränderungen und Sicherheitsbedürfnissen stellen zu können. Die Synode der Evangelischen Kirche im Rheinland hat bereits 2014 ein Grundsatzpapier verabschiedet, das auch Aspekte einer transformierenden Spiritualität benennt. Ich zitiere einige Sätze, es lohnt, den entsprechenden Abschnitt des Synodenpapiers insgesamt zu lesen:

»15. Ansatzpunkt transformierender Kraft in westeuropäischen Gesellschaften kann eine in der Spiritualität wurzelnde Werteverschiebung sein, die von den Kirchen ausgehen kann und die Transformation bzw. Umkehr dann nicht als Verlust, sondern als Konzentration und Gewinn erlebbar macht. (...) 20. Transformierende Spiritualität ist sensibel für Marginalisierung und Bevormundung. Sie tritt für eine vielfältige Sicht auf die Wirklichkeit ein und wendet sich gegen Diskriminierung und Ausschluss. (...) 26. Transformierende Spiritualität ermöglicht eine Haltung des ›Genüge Habens‹. Sie durchbricht damit den Perfektionierungsdruck in den westeuropäischen Gesellschaften und fordert gleichzeitig die Bereitschaft, anderen zu gönnen, was man für sich beansprucht. Sie führt zu einer Ethik des Genug: Es ist genug (da).«[123]

Caremutigung zu einer Neuen Kultur von Arbeit

Hauptsache, Arbeit. So lautete vor Jahren der Titel einer Ausstellung im Museum für deutsche Geschichte in Bonn. Genauer hätte sie heißen müssen: Hauptsache, *Erwerbs*arbeit. Diese Grundkonstante ist nach wie vor wesentlicher Pfeiler unserer Gesellschaft, aber er bröckelt. Die zunehmende bereits beschriebene Sinnorientierung in der Arbeit und die stetig wachsenden Klimakrisenfolgen nagen an dem noch vor wenigen Jahrzehnten wie in Stein gemeißelten Pfeiler unserer Kultur. Natürlich, niemand wird bestreiten, dass wir auf Arbeit angewiesen sind, um gemeinsam zu leben und zu überleben. Umfragen und Studien machen zugleich deutlich, dass wir Menschen arbeiten wollen, tätig sein wollen. Erwerbsarbeit spielt und wird weiter eine zentrale Rolle spielen, aber andere Tätigkeiten kommen vermehrt in den Blick, und es wird deutlicher nach den Wertigkeiten von

Arbeit gefragt, verstärkt auch durch die mit den Begriffen New Work bzw. Sinn und Purpose verbundenen Entwicklungen in der Arbeitsgesellschaft.

In der Corona-Pandemie ist die Frage nach der Wertigkeit sowohl von Erwerbsarbeit als auch anderen Tätigkeiten wieder schlagartig ins Licht der medialen Öffentlichkeit gerückt worden. Die sogenannten systemrelevanten Berufe, Pflegerinnen, Beschäftigte in Supermärkten, in der Daseinsvorsorge von Energie über Müllabfuhr und Logistik, gehören vielfach zu den schlecht bezahlten Berufen, und in vielen dieser Branchen arbeiten überdurchschnittlich viele Frauen. Das erzwungene Home-Office in Kombination mit dem Home-Schooling hat das noch verschärft. Verräterisch sind Artikel in Zeitungen, die davon sprechen, dass in diesen Zeiten Männer vermehrt »im Haushalt helfen«. Tätigkeiten in der Familie, im Ehrenamt zählen weniger als viele Erwerbstätigkeiten, und die Benachteiligungen von Frauen in der Erwerbsarbeitswelt sind Legion. Hinter dieser Tatsache steht unausgesprochen häufig der erwachsene Mann als Leitbild, an dem sich vieles in der Ökonomie ausrichtet, der vielfach beschworene Homo oeconomicus ist unbewusst in den Augen vieler männlich.

Ina Praetorius, eine der neun Frauen, die hinter dem »ABC des guten Leben« stehen, geht dagegen im Anschluss an Hannah Arendt von der Geburtlichkeit des Menschen aus, von seiner Bedürftigkeit.[124] Menschen sind abhängige Wesen, das wird vor allem am Anfang und am Ende überdeutlich sichtbar. Bevor ich auf der großen Bühne der Ökonomie aufschlagen kann, haben mir andere die Windeln gewechselt. Und mich Laufen gelehrt. Am Ende wird es eventuell wieder so sein: Nicht in Schlips und Anzug liege ich im Bett und muss gefüttert werden, während ich dumpf lallend vor mich hin brabbele.

All diese so selbstverständlichen und notwendigen Tätigkeiten gelten wenig in der Welt der Bankentürme und Hochglanzbroschüren, Pressekonferenzen und Talkshows. Da steht der vernünftige, erwachsene Mensch im Mittelpunkt. Der erwachsene Mann oder die erwachsene Frau, oft genug auch nur der Mann. Will ich die andere, die ursprünglichere Perspektive einnehmen und wahrnehmen, dann brauche ich dazu Caremutigung.

Caremutigung ist ein Wort, das ich vor ein paar Jahren erfunden habe. Ermutigung, die Care-Perspektive zu wählen und von dort aus auf die Welt zu schauen. Erwerbsarbeit ist keinesfalls unsinnig und überhaupt nicht überflüssig, aber gerade in Krisenzeiten zeigt sich, dass anderes mindestens genauso wichtig ist: Solidarität, spontanes Engagement. Caremutigen kann heißen: mich von der Care-Perspektive ermutigen lassen. Oder auch zur Care-Perspektive ermutigen. Care meint: Die fürsorglichen Handlungen stellen Grund all unseres Arbeitens und Wirtschaftens dar. Care meint: von der Sorge um Beziehungen und Bezogenheiten ausgehen, nicht vom starken und letztlich isolierten Individuum, das Schmied seines eigenen Glücks ist. Caremutigung geht von der Tiefenpassivität (Ingolf Dalferth) aus. Caremutigung kommt aus der Rückbesinnung auf den Ursprung unseres Lebens und auf die Grundbedürfnisse wie essen und trinken, schlafen, pinkeln, versorgt werden und versorgen. Die stetige Rückbesinnung darauf hilft mir, nach und nach eine caremutigende Haltung zu erlernen, die Tätigkeiten, die uns das Überleben sichern, genauso wie die Tätigkeiten, die unser Leben schön und reich machen, als prinzipiell gleichwertig anzusehen. Caremutigung wirkt hoffentlich ansteckend und caremutigt ohne großes Zutun andere.

Caremutigung versucht diese Blickwinkel ins Zentrum zu stellen. Ansätze, anders über Arbeit nachzudenken, gibt es bereits viele, Rutger Bregmann hat zuletzt Aufsehen erregt mit seiner gar nicht so neuen These, dass unsere Zeit reif ist für die 15-Stunden-Woche, und er meint damit fünfzehn Stunden Erwerbsarbeit.[125] Auch Frithjof Bergmann reflektiert Erwerbsarbeit unter der Frage, was denn eigentlich genau Arbeit ist. Politischer und feministischer ausgerichtet ist für mich die »Vier-in-einem-Perspektive« von Frigga Haug. Bei aller Ähnlichkeit mit »New Work, New Culture« nimmt sie die Care-Tätigkeiten mit in den Blick. Beide Konzepte gehen davon aus, dass Arbeit zentrale Bedeutung für den Menschen hat, Arbeit aber deutlich mehr darstellt als die Verengung auf Erwerbsarbeit. Beide sprechen von einer anzustrebenden Drittelung bzw. Viertelung der Arbeitszeit. Frithjof Bergmann spricht von Erwerbsarbeit, Hightech-Eigenproduktion (Produktion sinnvoller Güter durch moderne Technik) und Arbeit, die ich wirklich, wirklich will. Frigga Haug betrachtet Arbeit unter vier Perspektiven gleichzeitig und möchte so übersehene und vernachlässigte Arbeit wahrnehmen und wertschätzen. Diese vier Formen menschlicher Arbeit sollen idealtypisch in vier gleich große Viertel aufgeteilt werden:

> Zeit für Erwerbsarbeit (»Produktionsarbeit«),
> Zeit für Haus- und Familienarbeit (»Reproduktionsarbeit«),
> Zeit für die Entwicklung der in uns schlummernden Begabungen und
> Zeit für politische Arbeit, Teilnahme am Gemeinwesen.

Frigga Haug analysiert die gegenwärtige Arbeitswelt vom Standpunkt der Frauen aus. Die gegenwärtige Arbeitsteilung im Lohnkapitalismus geht für sie einher mit mehreren Schieflagen von Macht und Herrschaft: Männer sind nach wie vor Frauen gegenüber vielfach privilegiert, Kapitalbesitzer*innen gegenüber Lohnarbeiter*innen, Regierende gegenüber Regierten. Dies führt zu Auf- bzw. Abwertungen von Arbeitsformen. Für sie ist das ein Skandal, weil so viele Menschen, vor allem Frauen, ihr Leben nicht wirklich ausschöpfen können und ihre Potenziale verkümmern.

Frigga Haug macht dies am Beispiel der Hausfrau deutlich. In vielen Köpfen, das lässt sich auch jetzt wieder in der Corona-Krise erkennen, existiert nach wie vor die mentale Infrastruktur, dass Männer eher für die Erwerbsarbeit zuständig sind, Frauen für Haus- und Familienarbeit. Nun sind heute viel mehr Frauen erwerbstätig als früher. Die Lohnarbeiterinnen, folgert Frigga Haug, haben aber in der Regel keine Hausfrau zu ihrer persönlichen Bedienung zur Verfügung. Die Hausfrau arbeitet ohne Lohn, die Lohnarbeiterin ohne Hausfrau. Erstere ist abhängig, Letztere überfordert. Das ist eine Folge der genannten Schieflagen und führt zu Ungerechtigkeiten in der Arbeitsteilung und den damit verbundenen Zeitbudgets. So nehmen Männer nach wie vor weniger an der »Reproduktionsarbeit« im Haushalt teil. Dies bringt aber nicht nur zusätzliche Belastung für die Frauen, sondern ist zugleich ein Schaden für die Männer, denn, so Frigga Haug, die Reproduktionsarbeit ist doch die Tätigkeit, die uns menschlich macht.

Das Ziel liegt also darin, die Grenzen zwischen den heute getrennten Bereichen einzureißen, die Tätigkeitsbereiche zusammenzufügen und vor allem die inneren Haltungen zu ändern, die Bewertungen von Arbeit zu verändern. Nun weiß auch Frigga Haug um die Vereinfachung, die in dem anschaulichen Bild von der Vier-in-einem-Perspektive liegt:

»Das ist nicht dogmatisch zu verstehen, als ob man mit der Stechuhr in der Hand von Bereich zu Bereich gehen müsste, in keinem mehr genügend zu Hause. Vielmehr wird man, sobald man anfängt, die eigene Lebensführung unter diesen Dimensionen zu fassen, schnell bemerken, dass die Grenzen nicht fest sind, die Bereiche einander durchdringen und innerlich zusammenhängen. Die Aufteilung in vier mal vier Stunden ist so ein Modell, das eben wie ein Kompass, Strategien der Veränderung entscheidend orientieren kann.«[126]

Die Bereiche von Arbeit sind innerlich verbunden und durchdringen einander, Gleiches gilt für das Verhältnis zu den anderen Lebensbereichen, die keine Tätigkeiten darstellen wie Liebe und Ruhe, wobei die Abgrenzungen in der Wissenschaft höchst umstritten sind. Arbeit ist ein so umfassender Teil unseres Daseins, dass sie sich nicht definieren lässt.[127] Aus meiner Sicht ist die Zeit reif, eine neue Kultur anzustreben und entsprechende Narrative (weiter) zu entwickeln, die Arbeit anders wertet. Schon vor dem durch die Corona-Pandemie ausgelösten Lockdown und den damit erzwungenen Veränderungen lagen nicht nur die Frage und die Suche nach einer neuen Erzählung von Arbeit und Wirtschaft auf dem Tisch, sondern es gab auch bereits zahlreiche Hinweise. Nun ist noch nicht absehbar, welche von den Verhaltensweisen, die sich gerade ausbilden, am Ende zu neuen Gewohnheiten, zu einer »neuen Normalität« und damit zu Pfeilern einer »neuen Kultur« werden. Aber die Erkenntnis, die Einsicht, dass wir als Menschen und als Gesellschaft(en) Teil eines lebendigen Organismus sind, den wir über die Maßen belasten und ausbeuten, und selbst dabei zu Schaden kommen, hat sich spätestens seit Greta Thunberg weltweit verbreitet, in nicht einmal zwei Jahren – im Juli 2020 erinnerte Greta Thunberg an hundert Wochen Schulstreik und Fridays for Future. Da ist ein Muster aktiviert worden, das nun immer sichtbarer wird und Menschen motiviert, daran mitzuweben. Mehr und mehr Menschen erkennen mittlerweile die Zeichen des Klimawandels. Wer wollte, konnte sie schon lange sehen, aber jetzt erst schauen immer mehr genauer hin und sehen erschreckt, was um uns herum und in uns geschieht, das kleine Virus ist hier auch ein Sinnbild für innen und außen bzw. die unauflösliche Verflechtung – ich erinnere an die Phasen III bis V nach Kwame Anthony Appiah.

Viel ist in den aufgeregten Corona-Wochen im März und April von den sogenannten systemrelevanten Berufen die Rede gewesen. Pfleger*innen, Mitarbeiter*innen in Supermärkten werden gefeiert für ihren Einsatz in einer Krise, die unübersehbar, neu und daher mit einem unbekannten Risiko behaftet ist. In einer Zeit, in der wir kaum etwas über dieses Virus wissen, sitzen Menschen an den Kassen bei Aldi, Rewe und Co. Andere rackern sich ab, Tag für Tag. Mütter und Väter werden verdonnert zu Home-Schooling neben ihrem Home-Office. Helden des Alltags titelt irgendeine Zeitung, sie opfern sich auf, trotzen dem Risiko, erledigen die Arbeit, die erledigt werden muss, damit nicht alles zusammenbricht. Systemrelevant werden sie schnell genannt, wieder einmal. Pfleger*innen werden Prämien versprochen, der Streit um die Finanzierung lässt aber nicht lange auf sich warten. Corona macht leider wieder einmal deutlich, dass vielfach die Arbeiten, die unsere Grundbedürfnisse befriedigen, die sich mit Menschen befassen, die entweder noch nicht im erwerbsfähigen Alter sind oder nicht mehr und auf Unterstützung angewiesen sind, dass genau diese Tätigkeiten entweder viel schlechter bezahlt werden als andere Berufe – oder unentgeltlich geleistet werden. Care-Tätigkeiten, Sorge-Tätigkeiten. Hier tragen Menschen Sorge dafür, dass Leben möglich bleibt. Care-Tätigkeiten sind systemrelevant. Bullshit-Jobs dagegen nicht, und von ihnen gibt es unendlich viele gut entlohnte in unseren westlichen Gesellschaften, wie David Gräber beschrieben hat.[128] In dieser Zeit twittert die Augsburger Unternehmerin Sina Trinkwalder über Systemrelevanz:

»Irgendwie finde ich das Wort ›systemrelevant‹ befremdlich. Gemeinwohlstützend wäre schöner. Das trifft es auch besser.«

Das finde ich auch. Gemeinwohlstützende Tätigkeiten, dazu fällt mir eine Menge ein. Gemeinwohl ist sicher auch kein unumstrittener Begriff, und es bleibt zu diskutieren, was genau darunter verstanden wird. Die Ahnung breitet sich aus, dass die Geschichten, die uns der Kapitalismus in den letzten Jahrzehnten erzählt hat, immer brüchiger werden. Der Individualismus – Andreas Reckwitz spricht von Singularitäten[129] – hat vereinzelt, und die Sehnsucht nach und die Hoffnung auf Gemeinschaft treibt Menschen um. Viele Frauen und Männer weben längst an neuen Mustern mit. Schon vor Jahren hat der damalige EKD-Ratsvorsitzende Nikolaus Schneider die bereits im letzten Abschnitt angeklungene »Ethik des Genug« propagiert.[130] Bernd Ulrich sieht in seinem ehrlichen und selbstkritischen Buch »Alles wird anders« den Ausweg in einem heraufziehenden, anzustrebenden Zeitalter der Schonung:

»Das Zeitalter der Ökologie wäre dann das Zeitalter der Schonung – von Mensch und Natur: weniger materielle Kompensation für Arbeit, die uns Lebenszeit raubt, weniger Rache an der Natur für Schmerzen, die wir einander antun.«[131]

Sarah Spiekermann spricht von der Kunst des Weglassens.[132] Ganz ähnlich formulieren Bernd Sommer und Harald Welzer, wenn sie vom »Einüben des Weglassens« sprechen, das sich für sie in vier Teilaspekten entfalten lässt: innehalten, aufhören, zurückgehen und ankommen. Entscheidend ist für sie eine Kultur des ersten Schritts, eine Kultur des Schon-mal-Anfangens[133] und hier sehe ich eine Verbindung zum spontanen Erkennen, das Silja Graupe beschrieben hat. Uwe Schneidewind fordert eine »Kultur des Genug« und entfaltet diese in den vier »E«: Entrümpelung, Entschleunigung, Entflechtung und Entkommerzialisierung.[134]

Denken, fühlen und handeln wir in diesem Sinn caremutig, lassen uns von der Bedürftigkeit und Verwobenheit mit allem Seienden leiten, in all der Widersprüchlichkeit, die der christliche Glaube zwischen Sünde und Schöpfung zu beschreiben weiß, dann haben wir teil an dem, was Charles Eisenstein eine »Geschichte von Fürsorge, Schönheit und Liebe« nennt. Die Umweltbewegung sollte für ihn nicht von der Geschichte der Weltzerstörung aus argumentieren, damit nicht ungewollt deren Argumente gestärkt werden, sondern:

»Sie muss von einer anderen Geschichte ausgehen, sie vorleben und verbreiten: einer Geschichte von Fürsorge, Schönheit und Liebe. Das heißt nicht, dass wir die Folgen der Umweltzerstörung für den Menschen ignorieren sollten (…), aber wir sollten solche Argumente nicht in den Vordergrund rücken. (…) Es hat nicht funktioniert. Vielleicht sollten wir es noch mal mit der Sprache der Liebe versuchen.«[135]

Caremutigung heißt daher für mich, ausgehend von realistischen Betrachtungen auf die Welt, die Blickwinkel im Blick auf Arbeit, tätiges Leben und Wirtschaften umzukehren und von einer liebevoller Perspektive der Bedürftigkeit und der Eingebundenheit auszugehen. Bedürftigkeit ist der Normalzustand, und doch sind die Wertigkeiten in unserer gesellschaftlichen Kultur hier verzogen, das zeigt sich an so einem simplen Beispiel wie der Forderung nach einer »Bedürftigkeitsprüfung«, bevor ich staatliche Unterstützungsleistungen in Anspruch nehmen kann. Dahinter zeigt sich die Kultur, dass ich in der Leistungsgesellschaft nicht bedürftig bin oder sein sollte. Was für ein Denkfehler.

New Work 2020: In-vitro-Fleisch

Auf der Grünen Woche im Januar 2020 sitzt auf einem Podium vor 2000 Fachleuten aus der Landwirtschaft Nick Lin-Hi, Professor für Wirtschaft und Ethik in Vechta. Die Veranstaltung ist spannend besetzt, neben Verbandsvertreter*innen kommen auch kritische Personen zu Wort. Alle haben einen engen Bezug zur Landwirtschaft oder kommen »vom Hof«. Das ist geschickt gemacht, denn was von dort oben zu hören ist, klingt in den Ohren herkömmlicher Landwirtschaft vielfach unangenehm und schrill. Am provozierendsten von allen spricht Nick Lin-Hi. Einige Wochen später habe ich das Vergnügen, mit ihm noch einmal in einem kleineren Kreis in Cloppenburg zu diskutieren, es war auf meiner letzten Dienstreise vor dem Lockdown.

Nick Lin-Hi hat einen drastischen Blick auf unsere Zukunft. Und er provoziert gerne. Eine seiner Thesen lautet: In vierzig Jahren werden wir mit unseren Enkeln zusammensitzen und ihnen von 2020 erzählen. Die werden völlig entsetzt fragen: Habt ihr wirklich damals noch Fleisch von echten Tieren gegessen? Nick Lin-Hi ist der festen Überzeugung, dass wir schon in wenigen Jahren Fleisch aus der In-vitro-Produktion haben werden, das so aussieht wie Fleisch, so schmeckt wie Fleisch, nachhaltiger herzustellen ist und noch billiger ist als heutiges Fleisch. Die technische Entwicklung ist so weit, es bleibt nur die Frage, ob es sich am Markt durchsetzt, sprich: ob wir Konsument*innen es kaufen werden. Ein Vorbote ist für ihn Beyond Meat, der Anbieter veganer Burger aus den USA. Hierdurch fließen gerade Milliarden von Dollar in die Entwicklung von alternativen Nahrungsmitteln. Das gab es in dieser Form noch nie. [136]

In-vitro-Fleisch … Klingt zunächst irgendwie gruselig – doch wer einmal in einem hochindustriellen Betrieb heutiger Fleisch- und Geflügelin-

dustrie war, isst häufig anschließend kein Schnitzel mehr aus dem Super-
markt, von den Arbeitsbedingungen der Mitarbeitenden dort ganz zu
schweigen.

Nick Lin-Hi ist der Auffassung, dass wir uns aus vielerlei Gründen dafür
einsetzen müssen. Wenn wir weiterhin so leben und konsumieren wollen
wie bisher, müssen wir einerseits drastische technologische Sprünge voll-
bringen, um die Klimaziele nicht zu verfehlen. Seine Berechnungen zeigen,
dass bei einer Weltbevölkerung von zehn Milliarden Menschen 2060 85 %
der noch erlaubten CO_2-Emissionen bei der Milch- und Fleischerzeugung
anfallen. Da ist dann noch keine Mobilität oder Wohnen oder Kühlung für
Serverparks usw. enthalten. Effizienz ist hier keine Lösung, nur radikale
Neuansätze helfen.

Weiter hält er den heutigen Umgang mit Tieren für ethisch höchst frag-
würdig, das Urteil des Bundesverwaltungsgerichts zum Schreddern männ-
licher Küken zeigt seiner Meinung nach in eine Richtung, die weit über
den Anlass hinausgeht. Das Urteil erlaubt das Schreddern noch so lange,
wie keine wirtschaftlich akzeptablen anderen Maßnahmen existieren. Was
ist, wenn es technisch möglich ist, Fleisch und Milchprodukte künstlich
herzustellen zu einem Preis, der unter dem heutigen Niveau liegt? Ist es
dann nicht nur ethisch, sondern auch juristisch von diesem Urteil her gebo-
ten, auf das Schlachten von Tieren zu verzichten?

Nick Lin-Hi stellt viele solcher Fragen. Das ist einerseits spannend, löst
aber auch massive Widerstände aus. Was ist mit den Arbeitsplätzen in der
Landwirtschaft? Als Volkswirt sieht er das entspannt. Schumpeters Diktum
vom Konzept der schöpferischen Zerstörung trifft auch hier zu. Im Einzel-
fall kommt es natürlich zu Härten, aber genau dieser Prozess hat unseren
unglaublichen Wohlstand befördert. Die Landwirte müssen radikal umdenken. Wir haben noch ein Zeitfenster, in dem die Branche am Wandel
mitwirken kann. Aber die industrielle Landwirtschaft wird schrumpfen,
davon ist er überzeugt. Wachstum wird es dort nicht mehr geben. Wer
kann, sollte die natürliche Produktion in den Mittelpunkt stellen und das
Ganze mit Nachhaltigkeit, Transparenz, und vielleicht auch mit Tourismus
verbinden. Pointiert gesagt: Menschen wollen die glückliche Kuh auf der
Weide sehen oder das glückliche Schwein.

Es bleibt Unbehagen bei mir zurück. Natürlich stellt sich auch mir die Frage, ob die heutigen Produktionsbedingungen in der Fleischindustrie unmenschlich und im Blick auf die Tiere unwürdig sind. Haben wir uns an bestimmte Formen der Landwirtschaft so sehr gewöhnt, dass sie uns schon als »natürlich« erscheinen? Wird nicht schon lange davon gesprochen, dass der heutige Umgang mit Tieren in der Landwirtschaft nicht schöpfungsgemäß ist? Über Verhaltensänderung ist wenig zu erreichen, meint Nick Lin-Hi, der sei Konsument ein Bremser. Er muss bewegt werden, über Anreize das zu kaufen, was ethisch korrekter ist.

Anreize sind das eine, Geschmack und Gewohnheiten das andere. Von den Veränderungen von Gewohnheiten war schon häufig die Rede. Es braucht Narrative und entsprechende Erzählungen, die überzeugend sind. Das Unbehagen über viele Aspekte der Produktion von Lebensmitteln steigt, aber, um es platt zu sagen, irgendetwas müssen wir essen, und es muss bezahlbar sein. In den Wochen, in denen der Corona-Ausbruch bei Tönnies medial in aller Munde war und in der die Politik nach Jahren endlich den Mut fasste, schärfere Bedingungen zu erlassen, wurde hier und da auch gefragt, wie denn Menschen, die von Hartz IV leben, sich teure Bio-Lebensmittel kaufen sollen. Die notwendige Transformation von Arbeit und Wirtschaft im Zeichen der Nachhaltigkeit muss auch sozialökonomisch gestaltet werden, sonst werden viele Spaltungen in der Gesellschaft verschärft, vom Leitbild eines lebendigen Organismus her eine inakzeptable Entwicklung.

Aber Narrative allein werden nicht reichen, gerade beim Geschmack sind Menschen nur schwer zu Veränderungen zu bewegen. Doch was wäre, wenn Nick Lin-Hi recht hat, und In-vitro-Fleisch schmeckt tatsächlich besser als Fleisch von lebenden Tieren? Ich weiß nicht, wie das ausgeht, aber vielleicht ist es am Ende doch nicht so schwer, Menschen zu überzeugen? Was ist, wenn wir es gut finden, dass Elektroautos unsere Städte leiser machen? Und es geht doch, die Debatte um Home-Office vor, während und nach dem Lockdown zeigt an, dass sich mitunter Vorurteile auch schnell in Luft auflösen können. Wir brauchen solche Vordenker*innen wie Nick Lin-Hi, die Szenarien entwickeln und erzählen, um uns im Kopf beweglich zu machen.

Sein Beispiel vom In-vitro-Fleisch macht mir deutlich, dass wir auf der einen Seite mit radikalen Veränderungen in unserem Leben rechnen müssen. Wertschöpfungsketten werden sich vollständig verändern, verwandeln, verschwinden. Das ist unausweichlich und auch nicht neu, die verschiedenen Stufen der technologischen Entwicklungen der letzten zweihundert Jahre hat immer wieder ganze Branchen, ja Industrien verschwinden lassen. Ohne dass die Welt untergegangen ist, aber mit viel Schmerz, Trauer, oft auch Gewalt verbunden. Heute erleben wir eventuell eine neue Stufe der schöpferisch-zerstörerischen Kraft, die dem Kapitalismus innewohnt. Mit den Stichworten »Digitalisierung« und »Globalisierung« wird deutlich: Veränderungen betreffen den ganzen Planeten, und mit dem weiter voranschreitenden Tempo der Digitalisierung krempeln Menschen ihr Leben in einer Mischung aus Freiwilligkeit und Gezwungenwerden immer schneller um. Es ist kein Ende dieses Prozesses absehbar, Quantencomputer stehen schon vor der Tür. Gleichzeitig werden die globalen Grenzen und die weltweite Verbundenheit immer offensichtlicher, das Corona-Virus macht das wie ein Kontrastmittel sichtbar. Lösungswege sind durchaus erkennbar, das In-vitro-Fleisch ist ja nur einer dieser faszinierenden Ansätze, die manch eine, manch einen von einer Green Economy träumen lässt, die neben Technologie auch wieder stärker auf lokale und regionale Produktion setzt, die in einer Kreislaufwirtschaft letztlich außerordentlich ressourcenschonend wirtschaften kann.[137] Und sie haben recht, dieses Ziel ist erreichbar – wenn die zweite Seite mit bedacht wird.

Denn dazu braucht es einen Kultur- und Gewohnheitswandel. Weniger Konsum, weniger fliegen, mehr gemeinwohlstützende Arbeit, die Utopie ist auch hier schnell skizziert, entsprechende Bücher sind längst geschrieben. Der nahezu weltweite Lockdown bietet die Chance zu einem Menschheitsexperiment: Was wäre denn, wenn …? Wenn wir weniger reisen? Wenn wir Pflegerinnen anders bezahlen? Wenn wir unser Bildungssystem umkrempeln? Wir machen gerade erzwungenermaßen Erfahrungen, die uns eine Ahnung, ein Gefühl vermitteln könnten, wie Menschen anders arbeiten, wirtschaften und leben können. Vielleicht auch wollen. Sie finden den Gedanken an In-vitro-Fleisch eklig? Manch andere, anderer konnte sich bis März 2020 auch nicht vorstellen, dass Home-Office und Zoom-Konferenzen tatsächlich möglich sind, dass Spaziergänge Spaß machen können und auf Fußball und die Flugreise verzichtet werden kann, ohne dass die Welt untergeht.

Ich träume den alten Traum weiter, den Frithjof Bergmann schon träumte und andere mit und nach ihm, Frigga Haug, Rutger Bregmann: Wir können auch mit einem Drittel unserer heutigen Erwerbsarbeit alle gut leben, es gibt genug zu tun, die Arbeit geht uns nicht aus, weder die bezahlte noch die unbezahlte. Nur noch zehn Stunden Erwerbsarbeit? Wirklich eine Horrorvorstellung? Bei manchen Tarifabschlüssen der letzten Jahre vereinbarten Gewerkschaften eine Wahlmöglichkeit: entweder mehr Geld oder mehr freie Tage. In manchen Unternehmen war die Wahl der freien Tage und der Verzicht auf einen Teil der Lohn- und Gehaltserhöhung so stark nachgefragt, dass die Arbeitsorganisation Probleme bekam. Aber das geht nicht nur über den einseitigen Verzicht der Erwerbstätigen, es braucht auch einen tief greifenden kulturellen – und aus meiner Sicht auch: spirituellen – Wandel.

Ich möchte auf diesen Wegen weiter voranschreiten. Die technologischen Möglichkeiten sind zu nutzen, ihre Forschung muss finanziert werden, auch von uns als Gesellschaft. Weniger Konsum, dahin scheint der Weg zu gehen. Und so schlimm wird es nicht sein, wenn selbst die Modeindustrie in der erzwungenen Atempause durch das Corona-Virus auf einmal Zeit zum Nachdenken hat und zu der Einsicht kommt: Wer braucht wirklich Jahr für Jahr vier, acht, zwölf neue Kollektionen?

Die Veränderungen werden nur hier und da disruptiv verlaufen. Solche Abbrüche in Branchen wird es geben, keine Frage. Aber aufs Ganze gesehen, kann diese Zeit genutzt werden, um über Gewohnheiten nachzudenken, Utopien zu formulieren, die Geschichten und Szenarien zu beschreiben. Utopien eines guten Lebens für alle, wirklich für alle. Nicht nur für diejenigen, die jetzt von den Corona-Krisen-Veränderungen betroffen sind und deren Leben erzwungenermaßen anders aussieht. Daneben gibt es nicht wenige, für die sich nichts oder nur wenig geändert hat, außer einen Mundschutz zu tragen. Und global gesehen: Wie groß ist noch mal die Prozentzahl der Menschen, die je in einem Flugzeug gesessen haben? Einklang mit der Umwelt, ja, aber wenn ich anfange, alles als lebendigen Organismus zu verstehen, und mit einer Spiritualität einer verletzlichen Schöpfung auf das Große und Ganze schaue, einer Schöpfung, in der alles mit allem verbunden ist. dann beziehen die Wege des Umdenkens auch die Lebensbedingungen in anderen Landschaften auf unserem Erdball ein.

New Work 2020. Der schon schnelle Wandel scheint sich noch einmal rasant zu beschleunigen. Dinge, die noch vor Kurzem undenkbar schienen, werden nicht nur denkbar, sondern umgesetzt. Durch Einsicht, aber auch dadurch, dass sich Märkte verschieben, weil sich Einsichten und Gewohnheiten ändern. Wir leben in einer aufregenden und Angst machenden Zeit gleichermaßen, Faszination angesichts vieler neuer Entwicklungen und Sorge um den Verlust von Sicherheit gebenden Gewohnheiten liegen eng beieinander, ich spüre beides auch in mir. Aber bewegt und getragen von dem Grundgefühl des Glaubens träume ich von einer Utopie, in der das Zeitalter der Separation und des Androzentrismus zu Ende geht. Und das Maschinendenken ebenso wie der Glaube an die Mathematisierung als Heilsweg. Ich träume von der Hochzeit zwischen Technologie und gemeinwohlstützenden Tätigkeiten. Ich träume von einer Spiritualität, die zusammenhält und zusammenführt und ganz selbstverständlicher Begleiter in meinem Alltag ist.

Im Zielraum dieser Utopie werde ich im nächsten Abschnitt beispielhaft ein narratives Szenario beschreiben, meinen Traum von einem kirchlich mitgeprägten Coworking-Space mitten in Hannover.

New Work 2027: Ein Tag im Kreuzundquer

15. Juni 2027, 8.45 Uhr. Jana Schneider betritt durch das Atrium das Coworking-Space Kreuzundquer und fährt mit der Rolltreppe in die zweite Etage. Sie sucht sich einen freien Platz, sagt hier und da Hallo. Fast jeden Dienstag ist sie hier. Sie kennt die meisten Gesichter, es sind diejenigen, die an diesem Wochentag hier arbeiten. In Verwaltungen ist vieles klar geregelt, auch die Zeiten im Coworking. Viele öffentliche und kirchliche Verwaltungen in Hannover ermöglichen Mitarbeiter*innen, einen Tag in der Woche im Kreuzundquer zu arbeiten, Verwaltungsmitarbeitende sind eine Zielgruppe in diesem Coworking-Space, und es hat sich eingebürgert, dass sie sich eben dienstags oder donnerstags hier treffen.

Das Kreuzundquer liegt in der Stadtmitte der niedersächsischen Landeshauptstadt. Verschiedene Menschen vor allem aus dem kirchlichen Bereich
hatten mehr oder weniger unabhängig voneinander um das Jahr 2020 herum, noch vor Beginn der Corona-Pandemie, die Idee eines Coworking-
Space, von Kirche und anderen Einrichtungen getragen. Das war die Zeit,
in der Agiles Arbeiten allmählich zu einem Buzzword wie New Work
aufstieg und sich der Verein »Agile Verwaltung« fragte, was diese Entwicklungen mit Verwaltungen zu tun haben. Frank Weinberg, Pastor im
Kirchlichen Dienst in der Arbeitswelt, beobachtete diese Entwicklungen
und sprach darüber auch mit vielen kirchlichen Verwaltungsleuten. Eines
Tages stellte er in solch einer Runde die Frage: »Wenn Sie einen Tag in der
Woche in einem öffentlichen Coworking-Space arbeiten könnten, würden
Sie das begrüßen?« Zu seiner Überraschung bejahten dies eine ganze Reihe der Anwesenden: »So kommen wir in Kontakt mit anderen Verwaltungen.« »Ein anderer Ort bringt auf andere Gedanken.« »Vielleicht kann ich
da auch ungestörter arbeiten als im Büro, wo doch dauernd jemand vorbei-
schaut.« Das war eine Art Ankeridee, die Frank Weinberg anschließend in
die losen Gespräche einbrachte und die auch bei anderen auf Resonanz
stieß.

Jana holt sich einen Kaffee und loggt sich an einer Station in die Cloud
ihrer Verwaltung ein. Mobile Endgeräte gibt es kaum noch. Nachdem im
Zuge der Corona-Konjunkturprogramme endlich auch Deutschland flä-
chendeckend eine verlässliche Netzversorgung erhalten hatte, waren immer weniger Menschen bereit, einen eigenen Laptop mit sich herumzu-
schleppen. Die zunehmende Verschmelzung von Sprachsteuerung mit
Bildschirmen macht praktisch jeden Bildschirm zu Hause, im Hotelzim-
mer oder im Büro zu einem potenziellen Arbeitsort. Im Kreuzundquer gibt
es beides: Stationen, die wie Telefonzellen aussehen, in denen telefoniert
werden oder an Texten, Präsentationen per Sprachbefehl gearbeitet werden
kann und andererseits tastatur- bzw. gestengesteuerte Bildschirmarbeits-
plätze in offenen Räumen. Für Jana unterscheidet sich das Arbeiten hier im
Coworking-Space kaum vom Büro oder vom Home-Office, da haben die
Erfahrungen in der Corona-Krise vieles verändert, was vorher undenkbar
schien. Jana liebt es nach wie vor, im Büro zu sitzen, sie freut sich auf die
Kolleg*innen, den Plausch beim Kaffee oder in der Kantine. Genauso

freut sie sich aber jeden Dienstag auf die ganz anderen Menschen, denen sie hier begegnet, und ist ihrem Arbeitgeber von Herzen dankbar, dass er sich hier in diesem Coworking-Space engagiert und ihr diesen Arbeitstag in der Woche ermöglicht.

Das Kreuzundquer wurde 2024 ganz bewusst als Genossenschaft gegründet. Zum einen sollte gezielt an die christlichen Wurzeln der Genossenschaftsidee von Friedrich Wilhelm Raiffeisen angeknüpft werden, Menschen unterstützen sich gegenseitig, je im Rahmen ihrer Möglichkeiten. Zum anderen wollten die Ideengeber von vornherein eine auf Kooperation und Kollaboration angelegte Rechtsform wählen. Verantwortlichkeiten, Geschäftsführung und andere organisatorische Aufgaben sollten nicht an in der Struktur fest verankerte Funktionen vergeben werden, die dann mit Personen zu besetzen wären. Das Kreuzundquer ähnelt in der Struktur eher einem lebendigen Organismus, es gibt verschiedene Kreise und Gruppen, die Aufgaben übernehmen. Innerhalb der Gruppen gibt es schon klare Verantwortlichkeiten, die auch an Personen delegiert werden können, aber immer auf Zeit und unentgeltlich. Lediglich für bestimmte juristische Dinge wie Zeichnungsfähigkeit bei Banken oder das formale Abschließen von (Arbeits-)Verträgen sind Frauen oder Männer fest in der Trägerstruktur eingetragen. Keine und keiner aber verdient dabei etwas, und sie haben keine besonderen Entscheidungsvollmachten. Alle nehmen diese Aufgabe im Rahmen ihrer beruflichen Tätigkeit in ihren Einrichtungen wahr, die Teil der Genossenschaft sind. Eine Reihe von öffentlichen Verwaltungen aus Stadt und Region Hannover, Ministerien und kirchlichen Trägern waren bereit, eine Einlage zur Verfügung zu stellen, eine Anschubfinanzierung kam von zwei großen Stiftungen. Die Verwerfungen in den Innenstädten kamen dem Projekt entgegen. Nicht nur der Einzelhandel verlor an Attraktivität, auch Büros konnten sich in den teuren Lagen immer weniger halten, zumal viele Mitarbeiter*innen sozusagen hybrid arbeiten wollten, im Home-Office einerseits, im Büro andererseits. Allein aus Kostengründen nahm die Zahl der festen Büroräume immer mehr ab, warum sollte eine Mitarbeiterin einen eigenen Raum haben, wenn sie nur zwei Tage in der Woche dort vor Ort arbeitet? Diese Veränderungen gab auch Coworking-Spaces einen enormen Aufschub. Das Kreuzundquer steht hier im Zentrum mehrerer Schnittstellen. Zum einen ermöglicht es Menschen, nicht nur zu Hause und im Büro zu arbeiten, sondern auch noch an einem dritten Ort. Das schätzen Menschen wie Jana, die es hier einmal in der Woche genießt, Frauen und Männern zu begegnen, die auch in Verwaltungen arbeiten, aber nicht in der eigenen.

Zehn Uhr, Jana begibt sich in die erste Etage und betritt einen Raum, der wie viele multifunktional genutzt werden kann. Ein- bis zweimal im Monat finden hier halbstündige Sessions statt, in denen Fragen besprochen werden, die verwaltungsübergreifend von Interesse sind. Eine der Erkenntnisse des Vereins »Agile Verwaltung« war, dass es solche Austauschmöglichkeiten unter Verwaltungsmitarbeiter*innen selten gibt. Dies ist aber bedauerlich, weil viele Fragen ähnlich sind und die Einrichtungen voneinander profitieren können. Das Kreuzundquer hat solche Orte von Anfang an angeregt und den Genoss*innen empfohlen, ihren Mitarbeitenden die Teilnahme im Rahmen ihrer Arbeitszeit zu ermöglichen. Davon machen mittlerweile recht viele Gebrauch. Die Sessions werden ähnlich wie bei Barcamps ausgeschrieben, es besteht dann die Möglichkeit, über eine Abfrage Interesse zu signalisieren. Die Vorschläge mit den meisten Rückmeldungen werden durchgeführt, in der Regel in Eigenregie, d. h., eine oder ein Mitarbeiter*in bereitet das Thema vor und stellt sich der Diskussion. Heute stellt eine Frau aus dem Umweltministerium Ideen vor, wie verwaltungsseitig mit einem neuen Gesetz umgegangen werden könnte, das ab 2030 alle öffentlichen und unternehmerisch genutzten Gebäude im Zuge der Klimakrise verpflichtet, klimaneutral betrieben zu werden oder eine Ausgleichszahlung zu leisten. Da ist viel Unruhe, nicht nur inhaltlich und finanziell, sondern auch im Blick auf die Frage, wie die Bürokratie dieses Gesetz möglichst ressourcenschonend umsetzen kann.

Diese Frage wird im Kreuzundquer im Blick auf das eigene Gebäude entspannt betrachtet, da es bereits klimaneutral betrieben wird. Nachdem die ersten Fäden gefunden wurden, richteten mehrere Einrichtungen eine Projektgruppe ein, die die Idee weiterentwickeln und zu Garn spinnen sollte. Ein spannender Gesprächspartner wurde die Genossenschaft Coworkland, die Coworking-Spaces im ländlichen Raum fördert. Hier wurden aus den Erfahrungen zunächst die Unterschiede zu städtischen Coworking-Spaces benannt. Menschen suchen auf dem Land zuallererst Gemeinschaft, es sind hybride, vielfältige Orte, das unterscheidet sie von

Coworking-Spaces in der Stadt, die in aller Regel zielgruppenspezifischer aufgestellt sind, allein durch die Tatsache, dass es in größeren Städten längst eine Vielzahl solcher moderner Arbeitsorte gibt. Mit der Idee, von der Zielgruppe der Verwaltungsmitarbeiter*innen auszugehen, stellte sich die Planungsgruppe nach den Gesprächen mit Coworkland zwei Fragen: Lässt sich so ein hybrider, vielfältiger, kooperativer Ort auch mitten in Hannover gründen? Und wie kommt Kirche in diesem Setting zu stehen?

Die Gruppe begab sich auf Reisen. Blau10 in Zürich, Mirabell5 in Salzburg, Tabakfabrik in Linz, so lauteten die Stationen. Die faszinierende Größe der Tabakfabrik ließ die Gruppe formulieren: Lasst uns so groß wie möglich denken und dafür Geldgeber suchen. In Linz war es die Stadt selbst, welche die Tabakfabrik kaufte und sich zum Ziel setzte, dort folgende Fragen zu bearbeiten:

»Welche sozialen, kulturellen und ökonomischen Aufgaben werden der Staat und die Stadt im 21. Jahrhundert wahrnehmen? Wohin entwickelt sich unsere Demokratie, und wie sehen die demokratischen Werkzeuge der Zukunft aus? Wie fügt sich die Zivilgesellschaft in das Konstrukt des Staates ein? Wie definiert sich ein modernes Verständnis des öffentlichen Raums? Wie sieht die Arbeits- und Wirtschaftswelt der Zukunft aus? Wie kann man ökologisch, ökonomisch und sozial nachhaltig Wohlstand produzieren? Welche kulturellen Formen werden ihren Hegemonieanspruch durchsetzen? Welche der neuen Ideen und Konzepte sind für Smart Cities wie Linz praktikabel? Welche Formen des Zusammenlebens und des Zusammenarbeitens braucht es im 21. Jahrhundert? Und welche Rolle kommt dabei der kommunalen Verwaltung zu, welche Aufgaben hat sie in Zukunft zu erfüllen?«[138]

All diese Fragen gelten auch für Hannover, aber Kirche und Diakonie werden von der Tabakfabrik nicht ausdrücklich genannt, obwohl auch diakonische Einrichtungen in der Tabakfabrik angesiedelt sind. Die Gespräche in Zürich und Salzburg brachten hier weiter, zusammenfassend formulierte die Reisegruppe in internen und kontroversen Diskussionen eine Zwischenbilanz, die in etwa dem entspricht, was Thomas Schaufelberger in einem Aufsatz über das blau10 einmal geschrieben hatte:

»Herausforderungen gibt es viele – in der Welt, auch in der Kirche. Lösungen können nicht mehr in der Studierstube alleine ausgebrütet werden, sondern erfordern ein interdisziplinäres Zusammenspiel verschiedener Perspektiven. (…) Zahllose biblische Referenztexte bringen die Hoffnung auf den Punkt: Vielleicht ist es möglich, ein besseres Leben für Menschen zu ermöglichen. Vielleicht ist es möglich, gemeinsam Lösungen zu finden für Aufbruch und Erneuerung.«[139]

Aber das reichte noch nicht aus, denn es blieb die Frage, wie es gelingen könnte, kirchliche Träger zu überzeugen, sich an einem großen Coworking-Space mitten in Hannover zu beteiligen, gedanklich, personell und vor allem auch finanziell. Bei ihren Recherchen stieß die Gruppe auf Daryn DeZengotita, die sich in den USA seit Jahren mit diesen Fragen beschäftigt. Sie beschreibt messerscharf in einem Aufsatz die Ängste, auf der Seite der Kirche, aber auch auf der Seite junger Menschen, die vielfach diejenigen sind, die Coworking-Spaces bevölkern:

»Young folks who are interested in coworking are leery of churches. They think of church as a place where there's judgement, and not everyone's welcome, and they're not really sure how they feel about the spiritual world anyway. I always say, ›Coworking is afraid of church and church is afraid of everything.‹ Churches are afraid of the risks, and insurance, and taxes, and on and on. We have good answers to these questions, but they tend to stop where the fear starts. They're in such a fear-based, austerity mentality because they're dying.«[140]

Coworking hat Angst vor der Kirche, und Kirche hat Angst vor allem. Eine harte These, sie wurde in der Planungsgruppe intensiv reflektiert. Am Ende stand der Antrag, ein Projektsteuerungsbüro zu beauftragen, eine Bedarfs- und Potenzialanalyse auf der Basis einer ersten groben Skizze zu entwickeln. Die Gruppe war selbst überrascht, dass verschiedene kirchliche und öffentliche Träger relativ schnell die Summe zur Verfügung stellten. Ein Büro wurde beauftragt, parallel begann die Suche nach Geldgebern, überzeugt werden konnten, wie schon gesagt, zwei große Stiftungen, die bereit waren, richtig viel Geld zu investieren, und zwar auch unter der Maßgabe, hier einen Ort zu schaffen, in dem zugleich das Ziel einer klimaneutralen Bewirtschaftung umgesetzt wird. Hellsichtig wurde argumentiert, irgendetwas wird da kommen müssen und kommen, wenn wir jetzt schon viel Geld in die Hand nehmen, dann berücksichtigen wir das gleich mit.

Und dann ging es verhältnismäßig schnell, eine Genossenschaft wurde gegründet, die geschickt die zunehmenden Leerstände nutzte und einen Vertrag über die Anmietung eines größeren Komplexes in bester Lage abschließen konnte, nah gelegen zum Hauptbahnhof, zugleich mit Fahrrad und öffentlichem Nahverkehr gut erreichbar. In diesen Räumen hat die Genossenschaft eine ganze Angebotspalette platziert. Neben dem Coworking-Space gibt es viele kleinere und größere Räume, die fest vermietet sind. An Start-ups, an Solo-Selbständige und kleinere Unternehmen. Diese ermöglichen eine feste Mieteinnahme. Zugleich gibt es frei buchbare Sitzungs- und Veranstaltungsräume, in denen vom Einzelcoaching bis zum mittleren Event vieles möglich ist. Die Mieter*innen der festen Büros und die zahlenden Kund*innen des Coworking-Space haben hier ebenso wie die Verwaltungen und Einrichtungen, die Genoss*innen im Kreuzundquer sind, die Möglichkeit, sich einzubuchen. Und dann gibt es auch noch Kooperationen mit Einrichtungen wie Nexter, der Gründungsberatung der Hochschule, dem Digitalen Büro der Landeshauptstadt und der Wirtschaftsförderung der Region Hannover, die sich eine ganze Etage in dem Komplex teilen und entweder gleich ihren Hauptstandort hierhin verlegt haben oder Teile ihrer Büros umgesiedelt haben. Der evangelische Stadtkirchenverband mietete ebenfalls eine Passage und siedelte die Büros des Stadtsuperintendenten, der Superintendent*innen der Kirchenkreise in Hannover und einiger weiterer Dienststellen hier an und nutzt die Infrastruktur. In der Folge nehmen viele kirchliche Gruppen und Gremien das Kreuzundquer mittlerweile als Sitzungsort wahr. Auch die katholische Kirche ist Genossin geworden und hat hier einige Büros gemietet. Ähnlich wie bei den Mitarbeitenden der verschiedenen Verwaltungen fragen kirchliche und diakonische hauptamtlich Beschäftigte und auch Gemeindepastor*innen vermehrt an, ob sie einen Tag in der Woche hier arbeiten dürfen. Man genießt den Service, das angenehme Ambiente, interessante Frauen und Männer und die stets aktuelle technische Ausstattung der Räume und Arbeitsplätze. Die beiden Stiftungen hatten gesagt: »Wenn wir uns hier engagieren, dann machen wir das richtig. Gespart wird nicht. Sonst wird das kein Erfolg.« Von daher sind die Räume sehr unterschiedlich gestaltet, man hat sich nicht auf einen Stil festgelegt, sondern nüchtern-kühl wechselt sich mit warm-verspielt ab, es gibt Räume ganz klassisch mit Tischen und Stühlen, andere sehen wie ein Wohnzimmer mit Kamin oder wie eine Kneipe aus. Und die Technik wird aktuell gehalten, es ist immer noch Geld im Topf, und die Einnahmen entwickeln sich prächtig, das vielfältige und anfangs mutige Konzept trägt mittlerweile auch finanziell Früchte. Groß denken, Räume öffnen und anbieten, aber dabei nicht völlig offen sein, diese Linie hat Erfolg. Das Kreuzundquer ist kein öffentliches Gebäude, niemand kommt ohne Ausweis hinein, sei es als Mitarbeiter*in oder als Gast. Das gilt auch für das angeschlossene Café und Restaurant im Erdgeschoss. Dies wurde lange und heftig diskutiert, aber am Ende entschloss man sich zu der geschlossenen Variante. Es gibt genügend andere Cafés in der Umgebung, und Gäste sind ja willkommen.

Elf Uhr. Jana seufzt; das, was jetzt kommt, macht ihr nicht so wirklich Spaß. Seit einiger Zeit experimentiert ihre Verwaltung nun auch mit virtuellen Meetings über eine Datenbrille, die noch einmal ganz anders als eine Videokonferenz suggeriert, mit anderen zusammen in einem Raum zu sitzen und zu arbeiten. Jana geht in eine der Telefonzellen, setzt die Brille auf und wählt sich ein. Auch wenn sie das immer noch sehr ungewohnt findet, sie muss zugeben, das sieht ziemlich realistisch aus. Die Technik gaukelt ihr vor, dass sie sich nun in einem Sitzungsraum in ihrem Hauptgebäude befindet, am Tisch sitzt und die Kolleg*innen so sieht, als wenn sie »echt« zusammensitzen würden. Ihre Chefin begrüßt alle, und dann besprechen sie einen heiklen und nicht einfachen Fall. Normalerweise finden solche Gespräche immer noch vor Ort statt, weil die Video- oder Telefonkonferenz eine doch ganz andere Form der Kommunikation darstellt, ich sehe die Kolleg*innen auf dem Bildschirm und mich auch. Hier nun habe ich das Gefühl, wir bewegen uns miteinander in einem Raum, die digitalen Abbildungen der Kolleg*innen, wenn sie sich bewegen oder sprechen, sind täuschend echt. Natürlich, Gestik und Mimik sind digital vermittelt, bevor ich dieses System nutzen kann, muss ich ein längeres Training mit der Software über mich ergehen lassen, mein Gesicht, meine Bewegungen werden gescannt, während ich unterschiedliche Aufgaben bewältigen muss, einen Text vorlesen, mich entspannt unterhalten, hin und hergehen, lachen oder mal wütend auf den Tisch hauen. Daraus errechnet das Programm ein Profil, das es dann einsetzt, wenn ich mit der Datenbrille im Meeting sitze. In Echtzeit passt es mein digitales Abbild meiner

Körperhaltung, meiner Gestik, meinem Tonfall an. Natürlich, das ist nicht echt, immer noch gesiebte Realität, wie Jana mal in einem Buch gelesen hat. Aber die Software ist so gut, dass Jana oft während eines Meetings schlicht schon mal vergisst, dass die Kolleg*in nicht wirklich neben ihr sitzt. Für Erheiterung sorgen dann so Fragen wie: »Kannst du mir bitte mal den Kaffee rüberreichen?«

Nach einer Dreiviertelstunde ist Jana froh, dass das Krisengespräch gut verlaufen ist, und sie kann die Datenbrille wieder absetzen. Sie geht zurück in den großen Bürobereich, schaut eine Weile aus dem Fenster und denkt darüber nach, ob solche virtuellen Konferenzräume irgendwann Büros und Coworking-Spaces überflüssig machen, oder nicht mehr finanzierbar sein werden. Noch ist diese Software sehr teuer, ihre Verwaltung nimmt hier an einem Testprojekt des Herstellers teil und bekommt daher einen Vorzugspreis. Doch wenn es klappt, dann werden in den Finanzabteilungen und in den Vorstandetagen mit Sicherheit die Bleistifte gespitzt, und es wird gerechnet …

Aber eigentlich ist sich Jana sicher, das Kreuzundquer wird bleiben. Unter anderem wegen der einen oder anderen Besonderheit. »Kommst du mit in die Denk-Pause und dann zum Mittagessen?« Jana schaut auf und nickt Dieter zu, der zusammen mit Mara und Nils vor ihrem Tisch steht.

»Wir wollen im Kreuzundquer auch persönliche Angebote machen«, so lautete von Anfang an eine der Devisen der Gründer*innen. Nun, so neu war das nicht, Achtsamkeitsmeditation, Zehn-Minuten-Sport, Andachten in kirchlichen Einrichtungen gab es schon lange. Neu war zweierlei: Der berufliche Alltag sollte viel stärker in den Blick kommen, zum anderen wurden die Angebote miteinander entwickelt. Geeinigt hat man sich darauf, dass jeden Tag, ja wirklich jeden Tag um zwölf Uhr eine kleine Denk-Pause im Raum der Stille stattfindet. Der Raum der Stille ist ein Raum, der allen Besucher*innen des Kreuzundquer zur Verfügung steht, ein Rückzugsort, nicht konfessionell gestaltet, in manchem an ähnliche Räume an Flughäfen erinnernd. Jeden Tag erzählt eine Frau, ein Mann eine persönliche Geschichte, und man hat sich darauf geeinigt, dass es Wochenthemen gibt, die Geschichten müssen zu diesem Thema passen und persönlich sein. Es hat eine Weile gedauert, bis das angenommen wurde, mittlerweile funktioniert es gut. Daneben gibt es inzwischen auch ein spirituell-religiöses

Angebot, einander zu erzählen. Jeden Montag um acht Uhr besteht die Möglichkeit, ebenfalls im Rahmen einer monatlichen thematischen Überschrift zu erzählen, wie ich ein Thema aus meiner Sicht, aus meinem Glauben, meiner Spiritualität, meiner Philosophie betrachte.

»Über das, was uns im Innersten bewegt, woran ich glaube, was mich antreibt, mir Mut macht und Hoffnung gibt, über all das haben wir in den letzten Jahren wieder angefangen zu lernen, uns davon zu erzählen. Spiritualität zieht wieder in unseren Alltag ein und eben auch in den beruflichen Raum, das ist eine der hochspannenden Entwicklungen seit 2020, nach Fridays for Future und Corona, als immer mehr Menschen gemerkt haben, so geht es nicht weiter«, erzählt Frank Weinberg. »Von Anfang an war das eine Wette auf die Zukunft, als wir das Kreuzundquer konzipiert haben. Es sollte auch ein Ort sein und werden, wo Raum für meine eigene Spiritualität ist. Ganz entspannt, ganz persönlich, aber eben im Austausch mit anderen. Warum reden wir so wenig über das, woran wir glauben, und machen uns selten im gegenseitigen Erzählen Mut, freuen uns aneinander, lernen auch in religiösen und spirituellen Fragen voneinander? Diese Frage hat uns angetrieben.«

Aber hier gibt es auch Grenzen: Im Kreuzundquer finden keine Gottesdienste oder Feiern anderer Religionsgemeinschaften statt, und auch für private familiäre Feiern kann es nicht gebucht werden.

»Die Anfragen gab es und gibt es. Aber wir haben uns dagegen entschieden. Für manch eine, einen ist das hier schon so eine Art Zuhause, klar, dass der Wunsch nach Familienfeiern in diesem Umfeld aufkommt. Aber bei aller Durchlässigkeit, die wir anstreben, bei aller Begegnung kreuz und quer durch Berufe und persönliche Hintergründe, es ist und bleibt ein Arbeitsort, ein Ort, an dem ich meiner Erwerbsarbeit und teils auch meinem Ehrenamt nachgehen kann. Aber dann ist auch Schluss. Wir wollen nicht die Einwanderung des Privaten in Arbeitsräume, sondern wir möchten fördern, uns in unserem Arbeiten persönlich zu begegnen, dazu dienen Angebote wie die Denk-Pause, das Café und vieles andere.«

So ist das Kreuzundquer am Samstag ab 14 Uhr und vor allem am Sonntag offiziell geschlossen. Einzelne Workshops oder Sitzungen finden schon auch mal am Samstagnachmittag oder -abend statt. Aber am Sonntag können die offenen Räume nicht gebucht werden. Natürlich kann in den gemieteten Büros oder in den Coworking-Bereichen gearbeitet werden, klar. Aber es ist dann äußerst ruhig, der Sonntag hat in den letzten Jahren auch eine gesellschaftliche Wandlung erfahren, aber das wäre eine ganz andere Geschichte.

Nach der Denk-Pause gehen Jana, Dieter, Mara und Nils noch ins Café im Eingangsbereich der Anlage, essen gemeinsam, unterhalten sich, plauschen. Um 13.00 Uhr hat Jana Feierabend im Rahmen ihrer Halbtagsstelle. Und während sie sich von ihren Kolleg*innen verabschiedet, sagt sie sich wieder einmal, wie toll das ist, dass ihr Arbeitgeber an diesem einen Tag in der Woche, an dem sie im Kreuzundquer arbeiten darf, auch Denk-Pause und Mittagspause zu ihrer Arbeitszeit zählt. Weil da so viel geschieht.

Videocall mit Kübra Gümüşay

Irgendwann im Februar 2020, noch vor dem Lockdown, höre ich während einer morgendlichen Laufrunde um den Maschsee ein Gespräch, das Matze Hielscher mit Kübra Gümüşay für seinen Podcast »Hotel Matze« geführt hat.[141] Dort gibt es eine Passage, die mich tief bewegt hat. Kübra Gümüşay spricht dort über die Wut, die sie jahrelang empfand:

»Ich mache das schon so lange, setze mich für eine bessere Welt ein. Warum passiert so wenig, wo ich doch so viel tue? Und warum packen die anderen nicht mit an? Warum wird es einfach nicht besser in der Welt? Ich war frustriert. Und wütend.«

Eines Tages trifft sie sich mit einer Freundin, kotzt sich mal so richtig aus und hofft, dass die Freundin ihr recht gibt. Doch die sagt zu ihr:

»Kübra, dir mangelt es an Demut.«

Völlig empört antwortet sie:

»Was? Bei allem, was ich getan habe, fehlt es mir ausgerechnet an Demut?!«

Und doch, sie weiß, schon während sie spricht, dass ihre Freundin recht hat:

»Was für eine Vermessenheit zu glauben, nur weil ich so viel für die Welt tue, hätte ich einen Anspruch darauf, dass mein Tun Wirkung erzeugt. Es ist schon meine Verantwortung zu tun, was mir möglich ist. Aber das es funktioniert, das liegt nicht in meiner Hand. Die Erwartungshaltung, das, was ich tue, muss funktionieren, die ist vermessen. Diese Haltung ist ein eklatanter Mangel an Demut. Als ich das realisiert habe, ist die Wut verflogen.«

Wow, dachte ich beim Traben, was für eine Erfahrung. Doch mir blieb keine Zeit, Luft zu holen, denn Kübra Gümüşay erzählt weiter, dass sie immer noch tut, was sie kann, und versucht, auch andere dazu zu bewegen, sich zu engagieren.

»Ich weiß jetzt, dass ich keinen Anspruch auf Wirkung habe. Und das ist so ein Glücksmoment für mich zu erkennen, ich kann etwas beisteuern. Ob das wirkt oder nicht, das kann ich nicht kontrollieren. Aber ich kann Freude darüber empfinden, dass ich etwas in die Gesellschaft hineingeben kann. Etwas, das hoffentlich Wirkung erzielt. Das ist so eine schöne Freude, eine Freude, die ich mir abgewöhnt hatte. Und ich sehe, dass es vielen Menschen so geht wie mir lange Zeit. Sie glauben, angesichts des unendlichen Leids in der Welt, in unserem Land, in unserer direkten Nachbarschaft keine Freude empfinden zu dürfen. Sie glauben in ihrem Weltschmerz nicht glücklich sein zu dürfen. Aber es so wichtig, wieder zu lernen, Freude über das zu empfinden, was gut ist.«

Denn, und dann zitiert sie einen Satz von James Gilbert: »To make injustice the only measure of our attention is to praise the Devil.«

Auf Deutsch so viel wie: »Die Ungerechtigkeit zum einzigen Maß unserer Aufmerksamkeit zu machen ist nichts anderes, als den Teufel zu preisen.«

In diesem Podcast schildert sie auch die Erzählabende, die sie mit ihrem Mann zusammen veranstaltet. Ich ahne, dass dies ein Ort ist, wo Dialog und Verbundenheit erfahren und erlebt werden, und möchte mehr darüber erfahren. Ich schreibe Kübra Gümüşay an und frage, ob sie Lust und Zeit hat, mir mehr davon zu erzählen. Zu meiner Freude sagt sie zu und Anfang Juni treffen wir uns in einem Zoom-Raum und gehen gleich zum Du über.

Ich frage Kübra, wie sie auf die Idee mit den Erzählabenden gekommen sind.

»Den Wunsch nach solch einem Ort haben wir aus Oxford mitgebracht«, erzählt Kübra. »In der üblichen studentischen Enge ist bei uns der Wunsch nach größeren Räumen gewachsen, die Begegnung und Gemeinschaftsgefühl ermöglichen, auch weil es im Islam heißt, dass Segen in eine Wohnung kommt, wenn viele Menschen da sind. Bei der Suche nach einer Wohnung in Hamburg hatten wir dies bereits im Blick. Wir fanden eine loftartige Wohnung, die es uns heute ermöglicht, fünfzig Menschen und mehr zu versammeln. An so einem Abend packen alle an, es werden ein paar Möbel verschoben, Bänke und Sessel geholt, manch eine, einer bringt auch ein eigenes Kissen mit. Wir holen Teppiche aus anderen Räumen, Kerzen werden aufgestellt. Die meisten sitzen auf dem Boden, es gibt immer Livemusik, alle bringen etwas zu essen mit.«

Auch die Idee selbst hat Kübra aus Oxford mit an die Elbe gebracht, dort hat sie an Story-Slams teilgenommen, die ähnlich ablaufen wie Poetry-Slams, und der Wunsch wurde wach, solche Abende in einem eher privaten Raum anzubieten. Ich frage Kübra, wie die Abende ablaufen:

»Der Ablauf ist klar strukturiert. Es gibt ein Thema, Mut, Liebe und Hass, Vergessen, zu dem meistens acht Frauen und Männer jeweils eine persönliche und wahre Geschichte erzählen, in Blöcken, zwei Geschichten, Musik und Pause, wieder zwei Geschichten und so weiter. Die Geschichtenerzähler*innen werden vorher ausgesucht, angesprochen, manchmal auch ermutigt. Aber es kommt auch vor, dass sich nach der Einladung die eine, der andere meldet und sagt, oh, dazu kann ich etwas erzählen. Die meisten Geschichten sind gut, schlechte gibt es nur wenig, schlecht sind Geschichten dann, wenn Menschen referieren und sich nicht öffnen. Und es wird auch nicht nachgefragt oder diskutiert, nach einer Geschichte gibt es Applaus und ein paar Umarmungen, und die oder der Erzähler*in setzt sich wieder.«

»Wie ladet ihr ein?«

»Mittlerweile stehen 350 Frauen und Männer auf der Liste, wir laden per Mail ein, man muss sich anmelden, und wenn voll ist, ist voll. Bei der Auswahl achten wir darauf, dass es Menschen mit offenem Blick und wachem Herz sind, weißt du, was ich meine? Es gibt Menschen, da liegt ein Schleier auf dem Gesicht, oder sie können dir nicht in die Augen schauen, und bei anderen glänzen die Augen.«

»Ja«, sage ich, »das ist doch das, was Hartmut Rosa mal den ›Leuchtende-Augen-Index‹ genannt hat, da sieht man sofort, ob die Augen meines Gegenübers leuchten oder blass oder gar feindselig sind und abwehrend.«

»Oh«, meint Kübra, »von diesem Index hat mir jemand vor einiger Zeit gemailt, spannend, dass du das jetzt erwähnst.«

Später am Tag schicke ich ihr den Link zu einem kleinen Blogartikel von mir zum Leuchtende-Augen-Index,[142] jetzt aber erzählt Kübra weiter über die Geschichten, die erzählt werden.

»Es sind immer persönliche Geschichten. Sie fangen nicht damit an, dass einer, eine erzählt, ich bin Professorin oder Bankangestellte, so dieser ganze übliche Rahmen, den wir oft auf Bühnen entweder selber setzen oder mit dem wir angekündigt werden. Dieser Rahmen, diese ganzen Hierarchien fallen weg. Es geht um ein Erlebnis, eine Reflexion, um Gefühle und was sie mit mir machen. Wer der Mensch ist, der dahintersteht, bleibt offen. Niemand ist an solch einem Abend ›der jüdische Lehrer‹ oder ›die Physikprofessorin‹. Es sei denn, klar, die eine, der andere kennt mich schon. Diese offene Atmosphäre ist für viele befreiend. Es ist nicht wichtig, welchen Beruf du ausübst, ob du hetero, schwul oder lesbisch bist, welcher Partei du angehörst und so weiter und so fort. Ich lerne, durchs Zuhören mit den Augen eines anderen Menschen auf die Welt zu schauen. Und das ist etwas, wo immer wieder Gäste hinterher zu uns sagen, wow, so etwas habe ich noch nicht oder schon lange nicht mehr erlebt, ich war Mensch unter Menschen, verbunden miteinander, und die ganzen Statussymbole spielten gar keine Rolle. Und es geht uns auch gar nicht nur darum, Räume für Dialog zu öffnen, sondern Räume, wo Menschen einfach nur mal sein dürfen, jenseits ihres Status.«

Ich nicke und erzähle Kübra von der wunderbaren Philosopherei, die Anna Brandes in Hannover veranstaltet. Zehn Leute können sich zu einem Thema anmelden, essen gemeinsam und diskutieren über das Thema. Am Anfang stellt sich jede*r kurz vor, so lange, wie ein Streichholz brennt, was ich da sage, entscheide ich selbst. Mittlerweile war ich ein paarmal dabei, aber an das erste Mal erinnere ich mich genau. Da ging es um das Thema Sünde. Und ich habe *nicht* erzählt, dass ich evangelischer Pastor bin, denn dann wäre garantiert der Abend ganz anders verlaufen.

»Mit Sicherheit«, meint Kübra, »wir haben ja unsere Bilder im Kopf, und die werden sofort aktiviert, ein Pfarrer und Sünde, klar.«

»Wenn ich dir so zuhöre«, nehme ich den Faden wieder auf, »dann geschieht hier das, was ich unter Dialog verstehe, ein voraussetzungsloses offenes und neugieriges Zuhören, persönliches Erzählen und anschließend der Austausch in Gespräch mit dem oder der Sitznachbar*in.«

»Es geschieht Verbundenheit«, antwortet Kübra, »und das ist großartig.«

»Aber«, frage ich nach, »das hängt auch an dem Raum, den ihr dort habt. Ihr ladet in euer Zuhause ein, Christine und ich könnten das bei unserer kleinen Wohnung gar nicht, und ein fremder Raum ist immer ein fremder Raum, mit einer anderen Atmosphäre.«

Hier widerspricht Kübra mir:

»Natürlich ist es richtig, das findet bei uns zu Hause statt. Aber nach meiner Erfahrung wird der Raum vor allem durch das gemeinsame Vorbereiten hergerichtet, da entsteht eine Atmosphäre, durch die Menschen, die ihre Energie mitbringen. Und das ist auch in fremden Räumen möglich, und ich bin mir sicher, es lassen sich auch Räume nach und nach mit einer bestimmten Energie aufladen, eben durch die Menschen, die hier immer wieder zusammenkommen.«

Ich schaue wohl noch etwas skeptisch, daher erzählt Kübra von dem Garten, der hinter ihrem Mehrfamilienhaus liegt und in dem sich jahrelang niemand aufgehalten hat. Er war auch vermüllt, das war unwirtlich. Dann blieben ihre Schwiegereltern durch den Lockdown in Hamburg hängen, wochenlang. Irgendwann fingen sie an, sich mit diesem Stück Garten zu beschäftigen. Mittlerweile ist er ein lebendiger Ort, wo sich bei gutem Wetter Frauen, Männer und Kinder treffen und miteinander essen, trinken, lachen, erzählen und spielen. Diese Geschichte beeindruckt mich sehr und macht mir Mut, da noch mal auch in meinem Umfeld nach Räumen Ausschau zu halten, denn die Idee zu einem Salon, in dem Menschen miteinander sprechen, erzählen, diskutieren und sich vor allem auf Augenhöhe begegnen, beschäftigt Christine und mich sehr.

Allmählich verlagert sich unser Gespräch, wir kommen auf einige Aspekte in Kübras Buch zu sprechen, ich erzähle ihr, dass mich vor allem die Unterscheidung zwischen Benannten und Unbenannten ins Nachdenken gebracht und die Suche, das Ringen um Sprache. Ich hatte morgens vor unserem digitalen Treffen noch mal »Sprache und Sein« durchgeblättert und geschaut, welche Passagen ich angestrichen hatte. Dabei war mir aufgefallen, dass Kübra auch von Sprachlosigkeit schreibt, die sie immer wieder empfunden hat. Sprechen, um zu werden, ist das eine, Sprachlosigkeit das andere, und ich teile ihr einen Gedanken mit, der mir beim Blättern durch den Kopf schoss:

»Ist Sprachlosigkeit im Dialog nicht der Normalzustand? Wenn ich schon weiß, was ich sagen will oder meine sagen zu müssen, ist dann noch Dialog möglich oder ›nur noch‹ Diskurs und Debatte? Beide sind keineswegs sinnlos, aber mein Erleben ist immer wieder, wenn ich mit leuchtenden Augen in einer Begegnung sitze, dass ich dann nicht weiß, was ich sagen ›soll‹ – und die Worte kommen dann von ganz allein, und sie sind ›richtig‹ und gut und verbinden uns.«

Während ich versuche, das in Worte zu fassen, sehe ich auf dem Bildschirm in die offenen Augen von Kübra, auf das Lächeln auf ihrem Gesicht und weiß, ja, genau so ist es. Ich erzähle ihr von der Denkumenta 2013, von Differenz und Verbundenheit, weil ich diese beiden Gefühle jetzt auch bei ihr empfinde, ich fühle mich verbunden und sehe zugleich die Differenz, das, was uns unterscheidet, und ja vielleicht auch trennt. Die vorhandenen Grenzen oder Mauern, wie Kübra sie in ihrem Buch nennt, wahrzunehmen und im Dialog zur Sprache zu bringen schafft Verbundenheit, eine paradoxe Verbundenheit in der Verschiedenheit. Kübra findet das spannend, dass ich damals einer von zwei Männern unter siebzig Frauen war, und sagt einen Satz, der bei mir einschlägt:

»Diese Erfahrung von Differenz und Verbundenheit, die sich in dem Votum der einen Frau in der Schlussrunde ausspricht, wo sie sich bei euch beiden Männern ausdrücklich bedankt, diese Erfahrung hättest du nicht machen können, wenn da zehn Männer und siebzig Frauen gewesen wären.«

Das macht mich nachdenklich, ich überlege, was das bedeutet. Ist das ein Element von Verlassen der Komfortzone, wenn ich mich in solch riskante Umgebungen hineinbegebe? Die Denkumenta hätte auch ganz anders verlaufen können.

Unser Gespräch endet dann abrupt, weil der nächste Gesprächspartner von Kübra vor ihrer Tür steht. Ich ziehe meine Laufschuhe an und begebe mich in den Georgengarten, lasse das Gespräch noch mal wirken. Sowohl im Podcast als auch jetzt im Gespräch hat mich neben den leuchtenden Augen der Ton in ihrer Stimme berührt. Klar, zugewandt, locker, mit Freude im Herzen. Eine fröhliche Gelassenheit, trotz allem, was sie auch an Widerspruch und auch Anfeindung erlebt. Über Glauben haben wir nicht geredet, aber ich bin überzeugt, dass ihr Glaube wesentlich zu dieser Grundhaltung beiträgt und die Hoffnung beflügelt, dass aus ihren Worten, ihrem Buch, den Erzählabenden oder was auch immer etwas Gutes entsteht. Da ist in ihren Augen und in ihren Worten dieses Glücksgefühl zu spüren, das sie in dem Podcast beschrieben hat, nachdem ihre Freundin ihr das mit der Demut gesteckt hat, dass niemand von uns die Wirkung dessen in der Hand hat, was wir sagen oder tun. Während ich laufe und das Gespräch innerlich noch einmal Revue passieren lasse, fallen mir Worte von Martin Luther ein, die ganz ähnlich klingen. Auch dort geht es um Glauben:

»Der innerliche Mensch ist mit Gott eins, fröhlich und lustig um Christus willen, der ihm so viel getan hat, und all seine Lust besteht darin, dass er seinerseits Gott auch umsonst in freier Liebe dienen möchte. (…) Die Werke sind nicht das rechte Gut, durch das der Mensch vor Gott rechtschaffen und gerecht ist; sondern er tue sie umsonst aus freier Liebe, um Gott zu gefallen (…) Denn ebenso wie unser Nächster Not leidet und unseres Überflusses bedarf, haben wir vor Gott Not gelitten und seiner Gnade bedurft. Darum sollen wir so, wie uns Gott durch Christus umsonst geholfen hat, mit dem Leib und seinen Werken dem Nächsten helfen.«[143]

Fröhlich und lustig um Christi willen. Ich merke, ich traue ich mich oft nicht. Weil die Welt so schlecht ist. Martin Luther würde dazu wohl sagen, lieber Matthias, das ist schon die Sünde. Kübra sagt bei »Hotel Matze« mit James Gilbert: Schaust du nur auf die Probleme, dann dienst du dem Teufel. Und die Wut nimmt in dir Raum. Glaube lehrt den Blick zu wechseln. Doch was sehe ich dann? Wie übersetzt sich Gottes neue Welt, das kommende Reich Gottes, um es mit Jesus zu sagen, heute in Bilder, die erst einmal mich, vielleicht dann auch andere anregen?

Poetisch sprechen an unbekannten Orten

Mitte Juni verabrede ich mich mit Birgit Mattausch zu einem Spaziergang mit Abstand in Hannover. Eigentlich hatten wir etwas ganz anderes geplant. Ende April wollten wir uns mit einigen Theolog*innen zu einem theologischen Workshop im Michaeliskloster in Hildesheim treffen, um kreuz und quer zu denken, aber der Lockdown machte wie so vieles andere auch dies zunichte.

Mir war bewusst, dieser Spaziergang wird etwas Besonderes. Zum einen würde es das letzte Gespräch sein, das ich für dieses Buch führen würde. Zum anderen sind Begegnungen mit Birgit für mich kleine Highlights im Alltag. Am Vormittag hatte ich ihr geschrieben, dass ich gerne mit ihr über die Frage nachdenken möchte, was Poesie ist und welche Wirkung poetische Sprache entfalten kann.

Birgit gehört zu denen, die ich vor Jahren ganz klassisch übers Netz kennengelernt habe. Irgendwie und irgendwann bin ich über ihren Blog gestolpert, auf dem sie Predigten von sich einstellte. Damals war sie noch Gemeindepfarrerin in Württemberg, und eines Tages veröffentlichte sie nicht nur den Text einer Predigt, sondern hatte sie auch aufgenommen und stellte den Audiofile zum Download bereit. Ich lud ihn herunter, hörte mir die Predigt an und dachte: Was für eine Sprache, was für eine Dichte! Reine Poesie. *So* kann auch gepredigt werden, ich war fasziniert.

Die Predigt legte einen Abschnitt aus der hebräischen Bibel aus dem Buch Ruth aus. Ich war es durchaus gewohnt, Predigen von anderen ganz oder teilweise zu übernehmen, wenn ich mich mit dem Inhalt identifizieren konnte. Hier konnte ich bis auf einen kleinen Abschnitt Wort für Wort mitsprechen. Schnell reifte eine Idee: Ich werde diese Predigt am nächsten Sonntag exakt so halten und lediglich an der einen Stelle umformulieren. Und: Ich werde meine Predigt auch aufnehmen und Birgit schicken. Gesagt, getan. So kamen wir ins Gespräch, das heute immer wieder auch ein analoger Dialog ist, weil Birgit mittlerweile als Referentin am Michaeliskloster tätig ist.

Ich hole Birgit am Hauptbahnhof ab, und wir fahren in den Georgengarten. Es ist angenehm warm, es hat die Tage zuvor geregnet, die Wiesen sind grün, aber die Sonne scheint nicht. Wir schlendern die Herrenhäuser Allee hinauf und kommen ins Gespräch. Was ist so faszinierend an poetischer Sprache? Und welches Konzept steckt hinter dieser Art zu predigen?

Birgit erzählt, dass ihre Art, zu predigen und zu schreiben, geprägt ist von dem Konzept der »Dramaturgischen Homiletik«, die von Martin Nicol in Zusammenarbeit mit Alexander Deeg entwickelt wurde. Sie versucht,

Texte in Szene zu setzen, orientiert sich an Kunst, vor allem am Film. »Predigen heißt: einander ins Bild setzen«,[144] so hat es Martin Nicol einmal formuliert. Birgit sagt dazu, es gehe nicht darum, über etwas zu reden, sondern Prediger*in und Zuhörer*innen kommen in eine Beziehung auf Augenhöhe. Die Sprache beschreibt Bilder und Szenen, versucht den biblischen Text und mich miteinander zu verbinden. Es ist eine eher schwebende Sprache, viel geschieht zwischen den Zeilen. Solche Predigt ist keine Rede und auch kein Vortrag, es geht um kurze Szenen, die auch wechseln, wie eben in einem Film. Dazu kann auch gehören, dass der oder die Prediger*in nicht auf der Kanzel steht, sondern unten oder auch vielleicht herumgeht, auf einem Stuhl oder einem Sofa sitzt.

Während ich Birgit zuhöre, fallen mir viele Anknüpfungspunkte aus der Arbeit an diesem Buch ein. Poesie ist Sprache, die nicht benennt. Eine Sprache, die flimmert und schwebt. Spielerische Sprache. Sprache, die tanzt. Weite Teile der Verkündigung Jesu sind poetische Sprache, sie dreht um und provoziert, bringt in Bewegung. Poetische Sprache ist eine dialogische Sprache. All das wird gebraucht in der Gegenwart, wo nach Pfaden für die Zukunft gesucht wird. Nach Pfaden für das gute Leben, heute und in Zukunft. Zukunftskunstfertigkeit braucht eine Sprache, die anders und neu ist, die Differenz und Verbundenheit gleichermaßen zur Sprache bringt. Zukunftskunstfertigkeit braucht eine Sprache, die an Mustern mitwebt, Fäden findet, Garn spinnt und einfädelt in die neue Große Erzählung, immer auch in der Hoffnung, dass Gottes Geist Glauben schafft und ich mich als Geschöpf in der Schöpfung wahrnehme, als Sünder*in, der oder dem die Augen geöffnet wurden. Solche Sprache nimmt wie Jesus Aspekte aus der eigenen Wirklichkeit und Umgebung auf, es sind keine »Beispiele«, sondern meine Mitwelt und ich selbst werden transparent für die Liebe, die mich ins Leben gerufen hat und am Leben erhält. Poetische Sprache ist erkundendes Sprechen, tastendes Sprechen, sie weiß um die Verletzlichkeit aller Geschöpfe, sie zielt darauf ab, zu verbinden, was unverbunden ist. Es geht um das Heil, sagt Birgit, um das Heilwerden unter den Bedingungen unserer Existenz, es wird etwas neu und anders, solche poetische Sprache berührt mich. Und sie erzählt von einer Andacht, die Nadja Bolz-Weber vor ein paar Tagen aufgezeichnet hat für Frauen in einem Frauengefängnis.[145]

»Nadja beginnt diese Andacht mit den Worten: ›You are not forgotten‹«, sagt Birgit, »und diese Worte gingen bei mir durch und durch. Wir sind nicht vergessen, nicht hinter Gefängnismauern, nicht in der Einsamkeit des Lockdowns. Vier Worte, eigentlich hätte die Predigt schon zu Ende sein können.«

Mir läuft ein Schauer über den Rücken, ich spüre die Bewegtheit in Birgits Worten und auch die Verbundenheit, die sich in diesem Moment zwischen uns ausbreitet, wo sie diese Erfahrung mit mir teilt. Worte können heilen, können heil machen, mir fällt wieder Kübras Gedanke ein, dass ich im Sprechen werde, frei werde. Ist frei vielleicht auch nur ein anderes Wort für heil werden? Und umgekehrt, auch das gilt es mitzudenken, es gibt auch die Gegen-Geschichte, Worte können mich auch unfrei machen und Sprache krank. In solchen Worten »werde« ich auch, wie verheerend sich das auswirken kann, zeigt sich an Ideologien, Verschwörungstheorien, Fake News und vielem mehr. Sprache ist riskant, wenn ich spreche, setze ich mich aufs Spiel – oder ich spreche nicht »wirklich«. Hier zeigt sich am Ende wieder der schmale Grat zwischen Vertrauen und Angst, Glauben und Sicherheit, diese zwei völlig unterschiedlichen Existenzweisen, um noch einmal an Ingolf Dalferth und seine Unterscheidung zwischen Glauben und Sünde zu erinnern.

Wir sind mittlerweile auf dem Rückweg Richtung U-Bahn-Station, ich lasse auf dem Weg noch mal andere Gespräche Revue passieren und erzähle Birgit davon. Auch manches Buch, das ich gelesen habe, steht wieder vor meinem inneren Auge. Ich bin überrascht, wie sich Menschen und Texte zueinandergefügt haben, mehr als einmal dachte ich, das ist jetzt genau das richtige Buch oder das jetzt passende Gespräch. Wir steigen in die U-Bahn, ich will Birgit noch zum Bahnhof begleiten, am Kröpke müssen wir umsteigen, und dort unten steht mir schlagartig eine andere Erfahrung vor Augen, an der Birgit und ich beteiligt waren.

Gründonnerstag 2018 war »Mahl ganz anders« in Hannover. Seit einigen Jahren trifft sich eine immer wieder neu zusammengesetzte Gruppe an diesem Tag in einer deutschen Großstadt und spielt die Szene vom letzten Abendmahl an öffentlichen Orten nach. Die Szene ist immer die gleiche: Mit Tapeziertischen, Stühlen, Brot und Kelchen zieht die Gruppe als Jünger mit Jesus durch die Stadt. An markanten Orten bleibt die Gruppe stehen, baut das Abendmahl auf, es wird gegessen und getrunken, bis Judas den Geldsack auf den Tisch knallt und geht. Dann wird abgebaut, und es geht weiter.

Neben den Spieler*innen, die kein Wort sagen, sind eine Reihe von Begleitpersonen dabei, die Flyer verteilen, Fotos machen und Fragen beantworten. Etwa zehnmal führen wir die Szene in Hannover auf, vor dem Hauptbahnhof und vor der Oper, am Eingang zum Kaufhaus, bei Sonnenschein und im Nieselregen. Tief eingebrannt hat sich mir der Moment, als wir hier unten auf der U-Bahn-Ebene unterhalb des Kröpke spielen.

(Rechte: Thomas Hirsch-Hüffel)

Auf engem Raum, düster. Wer an uns vorbeiwill, muss sich rechts und links vorbeiquetschen. Das Sicherheitspersonal kommt und weist unsere Begleitung darauf hin, dass das hier unten nicht erlaubt ist. Aber sie lassen uns fertig spielen, vielleicht sind sie selbst von der Szene in Bann gezogen. Denn es eine dichte Atmosphäre, auch geschuldet der begnadeten Weise, wie Johanna Klee sich in Jesus hineingefühlt hat und ihn lebendig werden lässt. Die uralte, tausendfach in Gottesdiensten erzählte Geschichte wird aktualisiert in einem U-Bahn-Schacht in Hannover. Später erzählen uns unsere Begleiter*innen, dass insbesondere Menschen muslimischen Glaubens fasziniert stehen geblieben sind und sagten:

»Wie gut, dass ihr endlich mal mit eurem Glauben aus euren Kirchen raus und auf die Straße kommt, wo wir euch sehen!«[146]

Und genau darum geht es, sichtbar werden an ungewohnten Orten, außerhalb unserer vertrauten Mauern aktiv werden, Menschen erwarten das von uns oder ersehnen sich, dass wir Christ*innen sichtbar werden, uns trauen, zu sprechen, poetisch zu sprechen.

Doch brauche ich das nicht auch für mich selbst, dass ich an mir unbekannten Orten schreibe, Texte aus der Tradition meditiere und neu höre? Es gibt eine Spiritualität im Café und eine im ICE. Es gibt Spiritualität im Alltag, im Coworking-Space, in der Fabrikhalle, auf der Baustelle, im Krankenhaus. Es lauscht und alles lebt. Das gilt dann auch für die Theologie. Ich bin überzeugt, dass die Reflexion meines Glaubens je anders ausfällt, wenn ich sie im Büro, im Schreibzimmer, in der Bibliothek betreibe oder im Café, im Zug, im Garten oder auch mal im Bett, wie Birgit dies im Rahmen eines Projekts einmal ausprobiert hat.[147] Das ist Gottesdienst in der Welt. Wenn das aber stimmt, wie verändert sich mein Glaube durch die Begegnung mit der Kultur? Und wie verändert sich meine Theologie durch den Ort?

Dann ist es Zeit, dass wir uns trennen. Ich bedanke mich bei Birgit für den Spaziergang und die Gedanken.

»Habe ich dir denn weiterhelfen können«, fragt sie.

»Aber ja«, sage ich, »deine Gedanken waren anregend und neu, aber vor allem war es ein Abschluss, dieser Spaziergang hat das Buch für mich auf der einen Seite rund gemacht. Und auf der anderen Seite gibt es so viele neue und offene Fragen.«

Ankommen

»Transformierende Spiritualität wird die maßlose Selbst-
überschätzung der Welt in den Dialog mit Gottes maßvoller
Liebe bringen. Dabei weckt sie die Hoffnung nach einem
gelingenden Leben in Fülle innerhalb der Grenzen eines
materiellen Wohlstandes. (Sehnsucht)«[148]

was wäre
wenn die welt zu retten wäre
durch neue worte
was wäre
wenn das alles wäre

ich ahne
nichts wird bleiben
wie es war
alte worte tragen nicht mehr
vertraute erzählungen zerfasern

was wäre
wenn das alles wäre
frei sprechen und werden
in den verwirrungen und ängsten
weil worte verbundenheit weben

was wäre
wenn worte wie diese wahr werden
sehnsuchtswach
caremutigen
zaunspalter*in
einverstimmig
transformationszauber
geistweben
traumspinnen

wortwalten
spielfalt

oder
fadenhochzeit
der moment
in dem ich spüre
mein wort
kommt bei dir an
mein faden verschmilzt
mit deinem gewebe
das muster wird neu

was wäre
wenn die welt zu retten wäre
allein durch neue worte
was wäre
wenn das wahr ist

Danksagung

... an die Erstmitdenkerin

Es gab Momente, da habe ich Christine gefragt, ob wir dieses Buch nicht zusammen veröffentlichen wollen. In unzähligen Gesprächen haben wir die Thesen hin und her gewendet, viele Ideen und Anregungen stammen von ihr, und ihr Name taucht im Verlauf des Buchs ja auch immer wieder auf. Frithjof Bergmann haben wir gemeinsam kennengelernt und sind seither in einem permanenten Dialog und Diskurs über New Work. Christines langjährige Beschäftigung mit feministischen Fragestellungen hat mich ebenfalls mitgeprägt.

Dennoch war uns immer klar, dass dies mein Buch ist. Nicht nur, weil es zum einen ein theologisches Buch ist und ich zugleich meine berufliche Biografie reflektiere. Entscheidender ist die Tatsache, dass wir bei vielen Aspekten zwar gleiche Positionen vertreten, in verschiedenen Fragen von Menschenbild und Spiritualität aber recht unterschiedlicher Meinung sind.

Nichtsdestotrotz ist Christine die Erstmitdenkerin. Ohne sie gäbe es dieses Buch nicht, weil unsere Wege seit Jahrzehnten so stark verwoben sind, dass ich heute nicht da wäre, wo ich bin.

Ich kann mich dafür nur bei Dir bedanken, fürs Erstmitdenken, die Anregungen und die Kritik, die Zeit für die Gespräche, auch für Dein Ertragen, wenn ich mich zurückziehen musste oder in gereizter Stimmung war. Worte können das nicht wirklich wiedergeben, aber ich hoffe, Du weißt, was ich meine.

... an die Zweitmitdenker*innen

Dieses Buch war so gedacht, dass es möglichst in direkten, analogen Dialogen entstehen sollte. Das Corona-Virus hat das verhindert. Dennoch haben sich viele Menschen Zeit genommen, mit mir zu sprechen, Mails mit Fragen zu beantworten, sich mit mir per Video zu verabreden: Anette Fintz, Antje Schrupp, Birgit Mattausch, Georg Lämmlin, Kübra Gümüşay,

Sina Adrian Vollmer ... Vielen Dank bei Euch und Ihnen allen für die Gespräche, die Anregungen, die Gedanken.

Antje, Dich möchte ich noch einmal besonders erwähnen, da im Manuskript das Gespräch, das wir im September 2019 in Frankfurt geführt haben, nicht erwähnt wird. Das hat am Ende nicht gepasst, wir haben das Gespräch in einer so frühen Phase meines Such- und Schreibprozesses geführt, das noch zu viele Fäden ungeordnet auf dem Tisch lagen, vielleicht auch darunter. Dir verdanke ich aber den Hinweis auf Julia Fritzsche und ihr Buch »Tiefrot und radikal bunt« und somit hast Du entscheidenden Anteil am Titel meines Buches, da ich das Zitat von Bine Adamczak, das schließlich zu »Unverbundenes verbinden« geführt hat, dort gefunden habe.

Ich bedanke mich auch bei meinem Team im Fachbereich Kirche. Wirtschaft. Arbeitswelt im Haus kirchlicher Dienste in Hannover (HkD). Ihr habt hier mitgedacht, meist nur in meinem inneren Zwiegespräch. Der eine wird sich da wiederfinden, die andere dort, vielleicht auch gar nicht, aber seid sicher, Ihr wart sozusagen als »inneres Team« mit dabei, wenn ich geschrieben habe. Und einige der von mir beschriebenen Themen und Ideen tauchten in Dienstbesprechungen, in persönlichen Gesprächen, in Begegnungen in der Kantine oder auf dem Flur auf. Vielen Dank an Euch, die Ihr aktuell zum Team gehört: Andrea, Anna, Anna und Anna, Astrid, Beate, Benjamin, Brigitte, Detlef, Eileen, Gabi, Hille, Isabel, Joanna, Laura, Maria, Mona, Michael, Peer, Ralf, Reinhard, Ricarda, Stephan, Ulrike, Waltraud. Einige haben kurz vor Schluss auch Korrektur gelesen, was jetzt noch an Fehlern zu finden ist, geht auf meine Kappe. Danke an Euch, die Ihr da Zeit investiert habt.

Ähnliches gilt auch für viele andere Mitarbeitende im HkD, ich bedanke mich stellvertretend hier bei unserem Direktor Ralf Tyra. Er war es auch am Anfang, der mir den Floh mit der Studienzeit ins Ohr gesetzt hat. Ohne die Perspektive, mich einmal drei Monate aus dem Tagesgeschäft herausziehen zu können, hätte ich mit der Arbeit an diesem Buch nicht angefangen. Am Ende entstand es ohne Studienzeit, das gehört zu den Wegen, die das Leben so spielt. Im HkD haben wir diese offene, bunte, kreative Diskussionskultur, kreuz und quer Denken wird gefördert, und das hat sich in meinem Kopf und zwischen diesen Buchdeckeln niedergeschlagen. Die

Chance zu bekommen, das Gemeindepfarramt in einer Landeskirche mit einem funktionalen Pfarrdienst in einer anderen Landeskirche tauschen zu können, war schon großartig, dass ich dann auch noch in diesem »bunten Haufen« gelandet bin, hat wie ein Katalysator gewirkt.

Viele Anregungen habe ich auch aus meinem Netzwerk in den sozialen Medien erhalten, vornehmlich über mein Lieblingsnetzwerk Twitter. Vielen Dank für die Tweets, die mich angeregt oder mich auf Texte hingewiesen haben.

Und dann gibt es noch die vielen Frauen und Männer, mit denen ich unterwegs und zwischendurch, zufällig oder geplant, beruflich oder privat, hier und dort Gespräche geführt habe, die wieder neue Gedanken in mir wachgerufen haben. Ich bin Tag für Tag von Herzen dankbar, dass ich als Grenzgänger unterwegs sein und meiner Leidenschaft für Dialoge nachgehen kann.

Zum Schluss geht mein Dank an die Stiftung Sozialer Protestantismus, die den Druck des Manuskripts finanziell gefördert hat.

Katerini, im August 2020

Literatur

Arendt, Hannah (2008): Vita activa oder Vom tätigen Leben, München

Barth, Karl (1922): Das Wort Gottes als Aufgabe der Theologie, in: Moltmann, Jürgen (Hrsg.): Anfänge der dialektischen Theologie Teil 1, München, S. 197–218

Beckert, Jens (2018): Imaginierte Zukunft. Fiktionale Erwartungen und die Dynamik des Kapitalismus, Berlin

Bed in church (2019): [https://www.bdkj.info/meldungen/10-09-2019-bedinchurch-2019/; 20.06.2020]

Beringer, Almut (2018): Transformation zur Nachhaltigkeit – Nachfolge und Bekenntnis. Gedanken zu einer evangelischen Leitkultur im Anthropozän, in: Bertelmann, Brigitte/Heidel, Klaus (Hrsg.): Leben im Anthropozän. Christliche Perspektiven für eine Kultur der Nachhaltigkeit, München, S. 281–292

Bolz-Weber, Nadja (2020): A sermon for inside a women's prison. [https://nadiabolzweber.substack.com/p/a-sermon-for-inside-a-womens-prison; 20.06.2020]

Bonhoeffer, Dietrich (1977): Widerstand und Ergebung. Neuausgabe, München

Bräuer, Siegfried/Vogler, Günter (2016): Thomas Müntzer: Neu Ordnung machen in der Welt. Eine Biographie, Gütersloh

Bregmann, Rutger (2017): Utopien für Realisten. Die Zeit ist reif für die 15-Stunden-Woche, offene Grenzen und das bedingungslose Grundeinkommen, Hamburg

Cammann, Alexander (2017): Wir Einzigartigen, in: Die Zeit 41/2017, S. 42

Coenen-Marx, Cornelia (2018): »Are the churches prepared to take a risk?« Sieben Thesen zu den Herausforderungen der Transformation für Theologie und Kirche, in: Bertelmann, Brigitte/Heidel, Klaus (Hrsg.): Leben im Anthropozän. Christliche Perspektiven für eine Kultur der Nachhaltigkeit, München, S. 295–304

Dalferth, Ingolf U. (2020): Sünde. Die Entdeckung der Menschlichkeit, Leipzig

DeZengotita, Daryn (2018): Bringing coworking to idle church space: a q&a with Daryn DeZengotita [https://allwork.space/2018/04/bringing-co-working-to-idle-church-space-a-qa-with-daryn-dezengotita/; 10.07.2020]

Dickopp, Karl-Heinz (o. J.): Systematische Pädagogik II. Studienbrief 3004 der Fernuniversität Hagen, Hagen

Eisenstein, Charles (2018): Klima. Eine neue Perspektive, Berlin

Eisenstein, Charles (2020): Die Krönung. [https://charleseisenstein.org/essays/die-kronung/; 15.07.2020]

Evangelische Kirche im Rheinland (2014): Den Wandel gestalten – zum Leben umkehren. Große Transformation und transformative Spiritualität. [medienpool.ekir.de/archiv/A/Medienpool/82478?encoding=UTF-8; 17.07.2020]

Evangelische Kirche in Deutschland (2018): »Geliehen ist der Stern, auf dem wir leben«. Die Agenda 2030 als Herausforderung für die Kirchen. Ein Impulspapier der Kammer der EKD für nachhaltige Entwicklung (EKD-Texte (130), Hannover

Fritzsche, Julia (2019): Tiefrot und radikal bunt, Hamburg

Geiser, Christiane (2015): Der Dialog nach David Bohm. Eine Einführung. [https://www.gfk-institut.ch/wp-content/uploads/2015/07/a_cg_einf-bohm.pdf; 09.06.2020]

Gollwitzer, Helmut (1982): Krummes Holz, aufrechter Gang. Zur Frage nach dem Sinn des Lebens (9. Auflage), München

Gräber, David (2020): Bullshit Jobs. Vom wahren Sinn der Arbeit, Stuttgart

Graupe, Silja (2020a): Denken in der Krise. Für ein neues Erkenntnisparadigma und grundlegenden Bildungswandel. [https://agora42.de/denken-in-der-krise-silja-graupe/; 09.06.2020]

Graupe, Silja (2020b): Der Gemeinsinn als dynamisches Fundament von Wirtschaft und Gesellschaft. Für ein neues Erkenntnisparadigma der Ökonomie. [https://www.cusanus-hochschule.de/wp-content/uploads/2020/05/59_Gemeinsinn_Fundament_Wirtschaft_Graupe_2020.pdf; 09.06.2020]

Graupe, Silja/Panther, Stephan (2019): »Stop and Think!«. Plädoyer für eine Gemeinsinn-Ökonomie, in: agora 42 03/2019, S. 88–91

Gümüşay, Ali Aslan (2019): Religionen und Wirtschaften im gesellschaftlichen Wandel, in: Mokrosch, Reinhold/El Mallouki, Habib (Hrsg.): Reli-

gionen und der globale Wandel. Politik, Wirtschaft, Bildung, Stuttgart,
S. 109–119

Gümüşay, Kübra (2020): Sprache und Sein, Berlin

Härle, Wilfried (2012): Dogmatik (4. Auflage), Berlin

Hamann, Karen/Baumann, Anna/Löschinger, Daniel (2016): Psychologie im
Umweltschutz. Handbuch zur Förderung nachhaltigen Handelns,
München

Haskell, David (2017): Das verborgene Leben des Waldes. Ein Jahr Natur-
beobachtung, München

Haug, Frigga (2008): Die Vier-in-einem-Perspektive. Politik von Frauen für
eine neue Linke, Hamburg

Hielscher, Matze (o. J.): Wie können wir menschliche Ausgrenzungen überwinden? – Kübra Gümüşay im Hotel Matze.
[https://mitvergnuegen.com/hotelmatze/kuebra-guemuesay/; 15.06.2020]

Holmgren, David (2016): Permakultur. Gestaltungsprinzipien für zukunftsfähige Lebensweisen, Klein Jasedow

Jähnichen, Traugott (2009): Die Parallelität von gesellschafts- und kirchen-
reformerischen Diskursen im 20. Jahrhundert: ein Beispiel der Zeitgeistanfälligkeit des deutschen Protestantismus?, in: Karle, Isolde (Hrsg.):
Kirchenreform. Interdisziplinäre Perspektiven. Leipzig: Evangelische
Verlagsanstalt, S. 81–96

Janssen, Bodo (2019): Kraftquelle Tradition. Benediktinische Lebenskunst
für heute, Münsterschwarzach

Jauer, Marcus (2020): Wird schon gut gehen, oder? Warum Vertrauen gerade
in einer Zeit so wichtig ist, in der alles auf Wissen und Kontrolle beruht,
in: DIE ZEIT Nr. 23/2020, 28. Mai 2020, S. 13–15

Jung, Matthias (2012): Entgrenzung und Begrenzung von Arbeit, Münster

Jung, Matthias (2013): Differenz und Verbundenheit. Rückblick auf die
Denkumenta. [https://blog.matthias-jung.de/2013/09/08/differenz-und-
verbundenheit-ruckblick-auf-die-denkumenta-2013/; 07.06.2020]

Jung, Matthias (2014a): Über den Habitus der Vielbeschäftigkeit unter Pfar-
rersleuten. [https://blog.matthias-jung.de/2014/05/17/uber-den-habitus-
der-vielbeschaftigkeit-bei-pfarrersleuten/; 07.06.2020]

Jung, Matthias (2014b): Zeitsprung – Gemeinde 2030. Erzählung aus der
Zukunft der Kirche, Jena

Jung, Matthias (2018a): Gedankenspielerei über den Leuchtende-Augen-Index von Hartmut Rosa. [https://blog.matthias-jung.de/2018/10/15/gedankenspielerei-ueber-den-leuchtende-augen-index-von-hartmut-rosa/; 15.06.2020]

Jung, Matthias (2018b): Ich war Thaddäus. Bei #mahlganzanders. [https://blog.matthias-jung.de/2018/03/30/ich-war-thaddaeus-bei-mahlganzanders/; 15.06.2020]

Kirchhoff, Thomas (2012): Natur – Landschaft – Wildnis. [https://www.bpb.de/gesellschaft/umwelt/dossier-umwelt/76052/natur-landschaft-wildnis; 09.06.2020]

Knecht, Ursula et al. (2012): ABC des guten Lebens, Rüsselsheim

Kraus, Wolfgang (1999): Identität als Narration: Die narrative Konstruktion von Identitätsprojekten. [web.fu-berlin.de/postmoderne-psych/berichte3/kraus.htm; 14.06.2020]

Kutting, Dirk (2019): Kaufhandlung und Gebung. [http://pfarrerblatt.de/dr-dirk-kutting/kaufhandlung-und-gebung/; 16.07.2020]

Laloux, Frédéric (2015): Reinventing Organizations. Ein Leitfaden zur Gestaltung sinnstiftender Formen der Zusammenarbeit, München

Lämmlin, Georg (2020): Religionsforschung? – Paradoxien religiöser Kommunikation zwischen Rationalitätserwartungen und Singularität (bislang unveröffentlicht)

Lin-Hi, Nick (2019): Interview mit Uni-Professor aus Vechta: Forscher sieht vegane Wende: Bauern müssen reagieren. [https://www.nwzonline.de/vechta/vechta-interview-mit-uni-professor-aus-vechta-forscher-sieht-vegane-wende-bauern-muessen-reagieren_a_50,6,1271043163.html; 15.06.2020]

Luther, Henning (1992): Identität und Fragment, in: ders.: Religion im Alltag. Bausteine zu einer praktischen Theologie des Subjekts, S. 160–182, Stuttgart

Luther, Martin (1520): Von der Freiheit eines Christenmenschen. [https://www.luther2017.de/de/martin-luther/texte-quellen/lutherschrift-von-der-freiheit-eines-christenmenschen/; 15.06.2020]

Luther, Martin (1524): Von Kaufhandlung und Wucher, in: Calwer Luther-Ausgabe Band 4, Von weltlicher Obrigkeit, S. 115–150, Stuttgart

Macy, Joanna (o. J.): Die Welt als Geliebte. [https://tiefenoekologie.de/12-politik-des-herzens/9-joanna-macy-welt-als-geliebte; 15.06.2020)

Mäder, Claudia (2020): Adieu, liebes Büro! [https://www.nzz.ch/feuilleton/das-buero-stirbt-in-der-pandemie-einen-langsamen-tod-ein-nachruf-ld.1561279; 04.07.2020]

Nicol, Martin (2002): Einander ins Bild setzen. Dramaturgische Homiletik, Göttingen

Papst Franziskus (2015): Laudato Si. [http://www.vatican.va/content/francesco/de/encyclicals/documents/papa-francesco_20150524_enciclica-laudato-si.html; 07.06.2020]

Plurale Ökonomik (2020): Geld oder Leben? Wissenschaftliche Gedanken zur Coronakrise. [https://youtu.be/S6tuD0CGfys; 25.06.2020]

Praetorius, Ina (2008): Gott dazwischen. Ein unfertige Theologie, Ostfildern

Reckwitz, Andreas (2020): Verblendet vom Augenblick, in: Die Zeit 25/2020, S. 45

Rivera, Manuel/Nanz, Patrizia (2018): Erzählend handeln, Handeln erzählen: Fragen an Narrative nachhaltiger Entwicklung, in: Bertelmann, Brigitte/Heidel, Klaus (Hrsg.): Leben im Anthropozän. Christliche Perspektiven für eine Kultur der Nachhaltigkeit, München, S. 137-148

Rosa, Hartmut (2018): Resonanz: Eine Soziologie der Weltbeziehung, Berlin

Rosa, Hartmut (2019a): Macht Glaube glücklich? in: Die Zeit 28/2019, Beilage Christ und Welt, S. 1-2

Rosa, Hartmut (2019b): Moderne. Ohnmacht, in: Die Zeit 29/2019, S. 38

Scharmer, Otto (2012): Heute fängt die Zukunft an. [http://www.wirks.at/wp-content/uploads/2013/03/scharmer.pdf; 07.06.2020]

Scharmer, Otto (2014): Theorie U: Von der Zukunft her führen: Presencing als soziale Technik, Heidelberg

Schaufelberger, Thomas (2017): Coworking Space als Lernort für pastorale und soziale Innovation, in: Lebendige Seelsorge 68. Jahrgang 6/2017, S. 437–441

Schein, Edgar H./Schein, Peter (2018): Organisationskultur und Leadership, München

Schellnhuber, Hans Joachim (2020): Wir brauchen einen Klima-Corona-Vertrag. [https://www.klimareporter.de/gesellschaft/wir-brauchen-einen-klima-corona-vertrag; 15.07.2020]

Schmid, Wilhelm (2000): Schönes Leben? Einführung in die Lebenskunst, Frankfurt am Main

Schneider, Nikolaus (2013): Ethik des Genug. Impulse aus der Ökumene und der kirchlichen Entwicklungsarbeit. [https://www.ekd.de/2013_01_31_schneider_ethik_des_genug_tu_berlin.htm; 18.06.2020]

Schneidewind, Uwe (2018): Die Große Transformation. Eine Einführung in die Kunst gesellschaftlichen Wandels, Frankfurt am Main

Schneidewind, Uwe (2019): Auf dem Weg zur Zukunftskunst. [https://youtu.be/K5luyg6gtqQ; 24.07.2020]

Schnell, Tatjana (2010): 26 Lebensbedeutungen. [https://www.sinnforschung.org/mein-lebenssinn/26-lebensbedeutungen; 15.07.2020]

Schottroff, Luise (2015): Die Gleichnisse Jesu, Gütersloh

Seliger, Ruth (2008): Das Dschungelbuch der Führung. Ein Navigationssystem für Führungskräfte, Heidelberg

Shah, Sonia (2020): Woher kommt das Coronavirus? [https://atlas-der-globalisierung.de/woher-kommt-das-coronavirus/; 15.07.2020]

Sommer, Bernd/Welzer, Harald (2014): Transformationsdesign. Wege in eine zukunftsfähige Moderne, München

Spiekermann, Sarah (2019a): Digitale Ethik. Ein Wertesystem für das 21. Jahrhundert, München

Spiekermann, Sarah (2019b): Human Progress, Ethics and the Nature of the Digital. [https://youtu.be/0eJz1T3tAlg; 09.06.2020]

Stierle, Wolfram (2018): Spirit Matters. Zur Bedeutung von Werten und Religionen für eine nachhaltige Entwicklung, in: Bertelmann, Brigitte/Heidel, Klaus (Hrsg.): Leben im Anthropozän. Christliche Perspektiven für eine Kultur der Nachhaltigkeit, München, S. 189–200

Tabakfabrik (o. J.): Konzept. [https://tabakfabrik-linz.at/konzept/; 10.07.2020]

Ulrich, Bernd (2019): Alles wird anders. Das Zeitalter der Ökologie, Köln

Vogt, Markus (2018): Gottesperspektiven im Nachhaltigkeitsdiskurs, in: Bertelmann, Brigitte/Heidel, Klaus (Hrsg.): Leben im Anthropozän. Christliche Perspektiven für eine Kultur der Nachhaltigkeit, München, S. 247–258

Wegner, Gerhard (2016): Erneuerte Sozialität – Kirche im Gemeinwesen, in: ders., Religiöse Kommunikation und soziales Engagement. Die Zukunft des liberalen Paradigmas, Leipzig, S. 67–100

Welzer, Harald (2011): Mentale Infrastrukturen. Wie das Wachstum in die Welt und in die Seelen kam, Heinrich Böll Stiftung Schriften zur Ökologie Band 14, Berlin

Welzer, Harald (2013): Selbst denken. Eine Anleitung zum Widerstand, Frankfurt am Main

Welzer, Harald/Rammler, Stephan (2012): Der FUTUREZWEI Zukunftsalmanach 2013. Geschichten vom guten Umgang mit der Welt, Frankfurt am Main

Wittgenstein, Ludwig (1921): Tractatus logico-philosophicus. [http://www.gutenberg.org/files/5740/5740-pdf.pdf; 25.07.2020]

Wrogemann, Hennig (2012a): Den Glanz widerspiegeln. Vom Sinn der christlichen Mission, ihren Kraftquellen und Ausdrucksgestalten. Interkulturelle Impulse für deutsche Kontexte. Beiträge zur Missionswissenschaft/Interkulturellen Theologie, Bd. 28, Münster

Wrogemann, Henning (2012b): Interkulturelle Theologie und Hermeneutik. Grundfragen, aktuelle Beispiele, theoretische Perspektiven, Gütersloh

Anmerkungen

[1] Papst Franziskus (2015), Abschnitt 222.

[2] Zitiert bei Fritzsche (2019), S. 162.

[3] »Da Menschen nicht von ungefähr in die Welt geworfen werden, sondern von Menschen in eine schon bestehende Menschenwelt geboren werden, geht das Bezugsgewebe menschlicher Angelegenheiten allem einzelnen Handeln und Sprechen voraus, so daß sowohl die Enthüllung des Neuankömmlings durch das Sprechen wie der Neuanfang, den das Handeln setzt, wie Fäden sind, die in ein bereits vorgewebtes Muster geschlagen werden und das Gewebe so verändern, wie sie ihrerseits alle Lebensfäden, mit denen sie innerhalb des Gewebes in Berührung kommen, auf einmalige Weise affizieren. Sind die Fäden erst zu Ende gesponnen, so ergeben sie wieder klar erkennbare Muster bzw. sind als Lebensgeschichten erzählbar.« Arendt (2008), S. 226.

[4] Fritzsche (2019), S. 167.

[5] Bonhoeffer (1977), S. 27.

[6] Jung (2012).

[7] Welzer (2013), S. 136.

[8] Knecht et al. (2012).

[9] So lautete der Blogartikel, in dem ich meine Erfahrungen reflektierte.

[10] Vgl. Jung (2012), S. 180–196.

[11] Jung (2014a).

[12] Schneidewind (2018), S. 21.

[13] Schneidewind (2018), S. 38.

[14] Beckert (2018), S. 425.

[15] Rosa (2019a).

[16] Rosa (2019b).

[17] Geiser (2015).

[18] Spiekermann (2019a), S. 38 und 40.

[19] Spiekermann (2019a), S. 92f.

[20] Spiekermann (2019a), S. 146.

[21] Spiekermann (2019b).

[22] Gümüşay (2020), S. 48.

[23] Gümüşay (2020), S. 54.

[24] Gümüşay (2020), S. 68f.

[25] Gümüşay (2020), S. 158.

[26] Gümüşay (2020), S. 161.

[27] Marquard, zitiert bei: Dickopp (o. J.), S. 180.
[28] Schmid (2000), S. 54
[29] Luther (1992), S. 168ff.
[30] Macy (o. J.). Alle folgenden Zitate entstammen diesem Text.
[31] Im Original lautet der Satz: »There is no such thing as society. There are individual men and women, and there are families. And no government can do anything except through people, and people must look to themselves first.«
[32] Schnell (2010).
[33] Graupe/Panther (2019) S. 91.
[34] Das Video gibt es auf YouTube, vgl. Plurale Ökonomik (2020).
[35] Graupe (2020b), S. 6.
[36] Graupe (2020b), S. 7.
[37] Graupe (2020b) S. 8.
[38] Graupe (2020a).
[39] Die Originalgrafik findet sich hier: Graupe (2020b), S. 9.
[40] Graupe (2020b), S. 10.
[41] Graupe (2020b), S. 13f.
[42] Graupe (2020b), S. 15.
[43] Graupe (2020b), S. 18.
[44] Graupe (2020a), S. 20.
[45] Schein/Schein (2018), S. 14f.
[46] Schein/Schein (2018), S. 77f.
[47] Schein/Schein (2018), S. 262
[48] Janssen (2019), S. 48f.
[49] Welzer (2011), S. 39.
[50] Welzer (2013), S. 136.
[51] Welzer (2013), S. 138f.
[52] Beringer (2018), S. 282f.
[53] Kraus (1999), S. 5f.
[54] Rivera/Nanz (2018), S. 147.
[55] Welzer/Rammler (2012), S. 312.
[56] Spiekermann (2019a), S. 159.
[57] Spiekermann (2019a), S. 169.
[58] Beckert (2018), S. 23f.
[59] Beckert (2018), S. 133.
[60] Beckert (2018), S. 300.
[61] Beckert (2018), S. 327.
[62] Beckert (2018), S. 410.

63 Holmgren (2016), S. 360f.
64 Holmgren (2016), S. 52
65 Holmgren (2016), S. 328.
66 Holmgren (2016), S. 39.
67 Holmgren (2016), S. 289.
68 Eisenstein (2018), S. 186.
69 Eisenstein (2018), S. 207f. und 236.
70 Eisenstein (2018), S. 343.
71 Eisenstein (2018), S. 352.
72 Eisenstein (2018), S. 353–355.
73 Reckwitz (2020).
74 Georg Lämmlin hat mir nach unserem Gespräch seinen Vortragstext zugänglich gemacht, aus dem ich die Zitate entnommen habe. Vgl. Lämmlin (2020).
75 Vgl. z. B. Gümüşay (2019).
76 Rosa (2018), 387f.
77 Stierle (2018), S. 193.
78 Stierle (2018), S. 199.
79 Wrogemann (2012a), S. 98.
80 Wrogemann (2012a), S. 104.
81 Vogt 256.
82 Rosa (2019a).
83 Schneidewind (2019).
84 https://www.aluna-der-film.de/.
85 Vgl. dazu Wrogemann (2012b), S. 189ff.
86 Bonhoeffer (1977), S. 411.
87 Fritzsche (2019), S. 173.
88 Barth (1922), S. 199.
89 Wittgenstein (1921), S. 161.
90 Dalferth (2020), S. 86.
91 Dalferth (2020), S. 105.
92 Dalferth (2020), S. 414.
93 Dalferth (2020), S. 18.
94 Dalferth (2020), S. 100.
95 Dalferth (2020), S. 381.
96 Dalferth (2020), S. 172.
97 Härle (2012), S. 486f.
98 Härle (2012), S. 493f.
99 Dalferth (2020), S. 107.

[100] Schottroff (2015), S. 114.
[101] Schottroff (2015), S. 113.
[102] Luther (1521).
[103] Luther (1524), S. 117.
[104] Luther (1524), S. 128.
[105] Hier nehme ich Gedanken von Dirk Kutting (2019) auf.
[106] Jähnichen (2009), S. 91 ff.
[107] Kirchhoff (2012).
[108] Eisenstein (2019), S. 214.
[109] Schellnhuber (2020).
[110] Schellnhuber (2020).
[111] Shah (2020).
[112] Vgl. oben S. 20.
[113] Eisenstein (2020).
[114] Seliger (2008), S. 18 f.
[115] Jauer (2020, die folgenden Zitate finden sich ebenfalls dort.
[116] Dalferth (2020), S. 107.
[117] Scharmer (2013).
[118] »Wir können uns auf das Ding konzentrieren, das aus einem kreativen Prozess hervorgeht – sagen wir, ein Bild; oder wir können uns auf den Prozess des Malens konzentrieren; oder wir können die Künstlerin beobachten, während sie vor einer leeren Leinwand steht. Mit anderen Worten: Wir können ihr Werk ansehen, nachdem es geschaffen worden ist (das Ding), während sie es schafft (den Prozess) oder bevor der schöpferische Prozess einsetzt (die leere Leinwand oder die Dimension der Quelle).« Scharmer (2014), S. 32–35.
[119] Holmgren (2016), S. 60.
[120] Evangelische Kirche in Deutschland (2018), S. 31.
[121] Wegner (2016), S. 99.
[122] Haskell (2017).
[123] Evangelische Kirche im Rheinland (2014), S. 9–11.
[124] Vgl. Praetorius (2008), S. 30-34.
[125] Bregmann (2018).
[126] Haug (2008), S. 21.
[127] Vgl. Jung (2012), S. 25-37
[128] Gräber (2020).
[129] Vgl. als kurze Einführung in den Gedankengang von Andreas Reckwitz das Interview, das Alexander Cammann mit ihm geführt hat. Cammann (2017).

[130] Schneider (2013).
[131] Ulrich (2019), S. 210.
[132] Spiekermann (2019a), S. 188ff.
[133] Sommer/Welzer (2014), S. 179.
[134] Schneidewind (2018), S. 176–183.
[135] Eisenstein (2019), S. 208.
[136] Die Aussagen von Nick Li-Hi entstammen meinen Notizen von der Veranstaltung auf der Grünen Woche in Berlin. Unter Lin-Hi (2019) findet sich ein Interview mit ihm zu der Thematik.
[137] Schneidewind (2018), S. 208.
[138] Tabakfabrik (o. J.).
[139] Schaufelberger (2017), S. 439.
[140] DeZengotita (2018).
[141] Hielscher (o. J.).
[142] Jung (2018a).
[143] Luther (1520), Abschnitte 20, 21 und 27.
[144] Nicol (2002), S. 65.
[145] Bolz-Weber (2020).
[146] »Der NDR hat einen Beitrag gesendet, kurz vor 20 Uhr. Dort wird erwähnt, dass viele Muslim*innen stehen blieben und sich positiv äußern: ›Finden wir gut, dass ihr mal was von eurer Religion zeigt, das interessiert uns auch!‹ Stimmt schon, wir verstecken uns gerne hinter unseren Mauern. Überlassen die Straße lieber Sektierer*innen. Uns auf dem Markt der Möglichkeiten und Meinungen zu bewegen ist uns nicht vertraut. ›Kirche aus dem Häuschen‹, so wird Frank Muchlinski auf NDR zitiert.« Jung (2018b).
[147] Bed in Church (2019).
[148] Evangelische Kirche im Rheinland (2014), S. 11.

Nachhaltigkeit bei oekom: Wir unternehmen was!

Die Publikationen des oekom verlags ermutigen zu nachhaltigerem Handeln – glaubwürdig und konsequent. Auch als Unternehmen sind wir Vorreiter: Ein umweltbewusster Büroalltag sowie umweltschonende Geschäftsreisen sind für uns ebenso selbstverständlich wie eine nachhaltige Ausstattung und Produktion unserer Publikationen.

Für den Druck unserer Bücher und Zeitschriften verwenden wir fast ausschließlich Recyclingpapiere, überwiegend mit dem Blauen Engel zertifiziert, und drucken wann immer möglich mineralölfrei und lösungsmittelreduziert. Unsere Druckereien und Dienstleister wählen wir im Hinblick auf ihr Umweltmanagement und möglichst kurze Transportwege aus. Dadurch liegen unsere CO_2-Emissionen um 25 Prozent unter denn vergleichbar großer Verlage. Unvermeidbare Emissionen kompensieren wir zudem durch Investitionen in ein Gold-Standard-Projekt zum Schutz des Klimas und zur Förderung der Artenvielfalt.

Als Ideengeber beteiligt sich oekom an zahlreichen Projekten, um in der Branche und darüber hinaus einen hohen ökologischen Standard zu verankern. Über unser Nachhaltigkeitsengagement berichten wir ausführlich im Deutschen Nachhaltigkeitskodex (www.deutscher-nachhaltigkeitskodex.de).

Schritt für Schritt folgen wir so den Ideen unserer Publikationen – für eine nachhaltigere Zukunft.

Jacob Radloff
Verleger

Dr. Christoph Hirsch
Leitung Buch

Nachhaltigkeit als christliche Aufgabe

Der Mensch ist im Zeitalter des Anthropozän zu einem geologischen Faktor geworden. Weil von den negativen Folgen zuerst Ausgebeutete in den Ländern des Südens betroffen sind, stellt sich im Anthropozän die alte Gerechtigkeitsfrage in neuer Schärfe und neuer Gestalt. Daher brauchen wir eine »kulturelle Revolution«, so Papst Franziskus. Auch die christliche Theologie und die Kirchen können und sollten entscheidend zur sozialökologischen Transformation beitragen – dies wird im Anthropozän zu einer Hauptaufgabe der Kirchen.

B. Bertelmann, K. Heidel (Hrsg.)

Leben im Anthropozän
Christliche Perspektiven für eine Kultur der Nachhaltigkeit
352 Seiten, Broschur,
20 Euro, ISBN 978-3-96238-060-1

Wie kann sie aussehen, die Welt von morgen?

Die ökologischen und sozialen Krisen der Gegenwart spitzen sich immer weiter zu. Als Reaktion darauf diskutieren Zivilgesellschaft, Politik und Wissenschaft vielfältige Vorstellungen darüber, wie eine ökologischere und gerechtere Welt aussehen und gestaltet werden kann. Dieses Buch führt in die Bedeutung des utopischen Denkens für eine sozial-ökologische Transformation ein und gibt einen Überblick über aktuelle Utopien, die ein gutes Leben für alle Menschen erstreben.

B. Görgen, B. Wendt (Hrsg.)

Sozial-ökologische Utopien
Diesseits oder jenseits von Wachstum und Kapitalismus?
336 Seiten, Broschur,
28 Euro, ISBN 978-3-96238-121-9

DIE GUTEN SEITEN DER ZUKUNFT